★《诏安县革命老区发展史》编纂委员会

名誉主任：陈文聪　洪泰伟

主　任：陈　斌

副主任：陈文师　许建周　陈建光

委　员：陈梅晖　黄朝晖　陈碧火　谢德祥　许渊彪
许喜光　郑少坤　张宜山　沈元苍

★《诏安县革命老区发展史》下设编辑室

主　任：沈元苍（兼）

主　编：黄家祥

编　辑：高晓明　许国松　沈瑞士

革命老区
全国革命老区县发展史丛书

全国革命老区县发展史丛书——福建卷

诏安县革命老区发展史

诏安县老区建设促进会 编

厦门大学出版社 XIAMEN UNIVERSITY PRESS 国家一级出版社 全国百佳图书出版单位

图书在版编目(CIP)数据

诏安县革命老区发展史/诏安县老区建设促进会编.—厦门:厦门大学出版社,2019.12

(全国革命老区县发展史丛书.福建卷)

ISBN 978-7-5615-7690-8

Ⅰ.①诏…　Ⅱ.①诏…　Ⅲ.①诏安县—地方史　Ⅳ.①K295.74

中国版本图书馆CIP数据核字(2019)第296597号

出版人 郄文礼
责任编辑 薛鹏志　林　灿
美术编辑 李嘉彬
技术编辑 朱　楷

出版发行 厦门大学出版社
社　　址 厦门市软件园二期望海路39号
邮政编码 361008
总　　机 0592-2181111　0592-2181406(传真)
营销中心 0592-2184458　0592-2181365
网　　址 http://www.xmupress.com
邮　　箱 xmup@xmupress.com
印　　刷 厦门兴立通印刷设计有限公司

开本 720 mm×1 000 mm　1/16
印张 24.5
插页 4
字数 331千字
版次 2019年12月第1版
印次 2019年12月第1次印刷
定价 135.00元

本书如有印装质量问题请直接寄承印厂调换

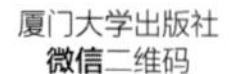

厦门大学出版社
微信二维码

厦门大学出版社
微博二维码

乌山（许少球　摄）

诏安县城新貌（许少球　摄）

总　序

在举国欢庆新中国成立70周年前夕，中国老区建设促进会王健会长请我为“全国革命老区县发展史丛书”作序，作为一名在老区战斗过并得到老区人民生死相助的老兵，回首往事，心潮澎湃，感慨万千，深感义不容辞，欣然应允。

中国革命老区，是以毛泽东为代表的中国共产党人在领导人民推翻帝国主义、封建主义和官僚资本主义三座大山，争取民族独立和人民解放伟大斗争中建立的革命根据地。在这片红色的土地上，诞生了无数可歌可泣的革命英雄儿女，为后人树起了一座不朽的丰碑，她是新中国的摇篮，是党和军队的根。

在艰苦卓绝的战争年代，老区人民把自己的命运与中华民族的命运紧紧地联系在一起，与中国共产党和人民军队的命运紧紧地联系在一起，他们生死相依，患难与共。我曾亲历过战争年代，并得到过老区红哥红嫂的救助，切身感受到发生在身边的一幕幕撼天动地的革命故事，在那极其艰难的条件下，老区人民倾其所有、破家支前，不怕艰难困苦，不怕流血牺牲。“最后一碗米送去做军粮，最后一尺布送去做军装，最后一件老棉袄盖在担架上，最后一个亲骨肉送去上战场”，这是当时伟大的老区人民为建立新中国做出巨大牺牲的真实写照，它将永远镌刻在中国共产党、中国人民解放军、中华人民共和国的历史丰碑上。他们的光辉业绩永载史册，他们的革命精神必将影响一代又一代的革命新人，造就一代又一代的民族脊梁。

在社会主义革命和建设时期，革命老区和老区人民响应党的号召，面对落后的面貌、脆弱的经济、恶劣的生态环境，本色不变，精神不丢，自力更生，艰苦奋斗，干一行爱一行。他们始终坚持“革命理想高于天”，自觉做共产主义远大理想的坚定信仰者和忠实实践者，勇于向恶劣的自然环境和贫穷落后宣战。他们在各条战线上为国建功立业，用平凡的双手创造了一个又一个不平凡的奇迹，彰显了老区人的崇高精神和人格力量。

在改革开放的伟大进程中，老区人民解放思想、勇于创新、发奋图强、攻坚克难，老区的经济社会建设取得了辉煌成就。特别是在改变中国的面貌、中华民族的面貌、中国人民的面貌、中国共产党的面貌的伟大实践中发挥了至关重要的作用。老区人民既是改革开放的参与者，也是改革开放的推动者。

艰苦练意志，危难见精神。老区人民在近百年的革命战争、社会主义建设和改革开放的伟大实践中，孕育形成了伟大的老区精神：爱党信党、坚定不移的理想信念；舍生忘死、无私奉献的博大胸怀；不屈不挠、敢于胜利的英雄气概；自强不息、艰苦奋斗的顽强斗志；求真务实、开拓创新的科学态度；鱼水情深、生死相依的光荣传统。这是党和人民宝贵的精神财富、丰厚的政治资源，是凝心聚力、振奋民族精神的重要法宝，也是社会主义核心价值观的重要内容。

中国老区建设促进会怀着强烈的政治责任感和历史使命感，组织全国各地老促会人员克服困难，尽心竭力编纂“全国革命老区县发展史丛书”，记录老区的光辉历史和辉煌成就，传承红色基因，弘扬老区精神，是功在当代、利及千秋的一件大事。手捧这部丛书的部分书稿，读着书中的故事，我倍感亲切，深感这部丛书具有资政、育人、存史的社会功能，有着重要的时代和历史价值。它是不忘初心、牢记使命的源头活水，是赞颂共产党、讴歌老区人民的一部精品力作，是弘扬老区精神、传承红色记忆的丰厚载体，是一项继承优秀传统文化、弘扬革命文化、发展社会主义先进文化，坚定“四个自信”的宏大文化工程。它必将成为一种文化品牌，为各界人士了解老区、宣传老区、支持老区提供一部有研究价值的史料。希望读者朋友们能从中了解并牢记这些为党和民族的利益不断奉献的老区人民，从中得到教益，汲取人生奋斗的精神动力。

新时代赋予新使命，新起点开启新征程。让我们更加紧密地团结在以习近平同志为核心的党中央周围，坚持以习近平新时代中国特色社会主义思想为指导，增强“四个意识”，坚定“四个自信”，做到“两个维护”，弘扬老区精神，铭记苦难辉煌。为实现“两个一百年”奋斗目标，实现中华民族伟大复兴的中国梦做出新的更大的贡献！

迟浩田

2019 年 4 月 11 日

序

按照中国老区建设促进会的统一部署,“全国革命老区县发展史丛书”之《诏安县革命老区发展史》的编纂由我县承担。一年多来,多方努力,数易其稿,终于在诏安解放70周年之际脱稿付梓。

诏安作为原中央苏区县、福建省革命老区重点县,1926年就建立中共支部、兴起农民运动。大革命失败后,闽粤边革命力量在这里聚集。随着饶和埔诏县委、县苏设立,诏安成为饶和埔诏苏区的中心区域、中央苏区组成部分,县内多数乡村建立苏维埃政权,土地革命和武装斗争如火如荼,为苏维埃中央政府粉碎“围剿”、打破封锁做出了贡献。中央红军长征后,诏安人民在中共云和诏县委领导下,以乌山为依托,进行艰苦卓绝的三年游击战争。抗日战争、解放战争时期,闽南特(地)委领导机关长驻乌山,组织工农武装和广大民众,抗击敌人对红色区域的一次次进攻,又将游击战扩展到敌占区。

中华人民共和国成立后,党和政府带领全县人民,开展剿匪反霸、民主建政、土地改革和抗美援朝等运动,完成社会主义改造,投入社会主义建设,由此兴起的依靠集体力量开发万宝山的“太平之风”,吹遍八闽大地。改革开放以来,诏安立足本土资源,承揽外来投资,农工贸经济欣欣向荣,城乡面貌日新月异。进入新世纪,农业转型升级、工业提速增效步伐加快,农业基地、工业园区形成较好的规模效益,各项社会事业有了长足的发展。在相继获得福建省“小康建设先进县”“经济发展十佳县”等荣誉后,诏安正朝着“工业强县、旅游兴县、文化名县、农业稳县、生态立县”的目标迈进。

这本史书的编纂，采用编年体与纪事体相结合的体例，即对不同时期的史料以编年体为主依时序安排（纵向）；将同一时期的史料以纪事体为辅分事类编写（横向）。本书主体分上、中、下三篇，上篇时间跨度为 1911 年至 1949 年，涵盖从军阀统治、大革命、土地革命、游击战争到抗日战争、解放战争等各个时期；中篇时间跨度为 1950 年至 1978 年，涵盖从诏安全境解放、社会主义改造基本完成、社会主义建设全面展开到“文化大革命”内乱、走向转折等各个时期；下篇时间跨度为 1979 年至 2018 年，涵盖从改革开放起步、改革开放全面展开到创建社会主义市场经济体制、全面建设小康社会等各个时期。

全书在内容选择上，突出党的核心地位、老区人民的主体作用，紧扣地方革命斗争、经济建设和社会发展的主线，再现百年诏安的峥嵘岁月、曲折历程和沧桑巨变。同时，通过一些历史事件，总结正反两个方面的经验；通过一些英模人物，揭示优良传统、红色基因。在表现形式上，以时系事，以事带人；以叙为主，叙论结合。

《诗经》曰：“维桑与梓，必恭敬止。”衷心希望“生于斯、长于斯”的诏安人，能了解家乡这段历史，弘扬老区精神，承担时代责任。诚如习近平总书记所期许：“在对历史的深入思考中做好现实工作，更好走向未来，不断交出坚持和发展中国特色社会主义的合格答卷。”

《诏安县革命老区发展史》编纂委员会

编纂说明

2017年6月，中国老区建设促进会组织全国各地老促会启动编纂“全国革命老区县发展史丛书”，按照“建立中国共产党、成立中华人民共和国、推进改革开放和中国特色社会主义事业”三大里程碑的历史脉络，系统书写革命老区百年历史，深入挖掘革命老区红色文化资源。这对于充实丰富中国革命史籍宝库、在新时代传承红色基因、弘扬革命精神、强固根本，对于激励人们在新的历史条件下夺取中国特色社会主义伟大胜利，实现中华民族伟大复兴的中国梦具有重要意义。

丛书编纂以习近平新时代中国特色社会主义思想为指导，以《中国共产党历史》《中国共产党的九十年》等重要文献为基本依据，以党的领导为核心，以老区人民为主体，以老区发展为主线，体现历史进程特征，突出时代发展特色，坚持辩证唯物主义和历史唯物主义相统一、历史真实性与内容可读性相统一的原则，书写革命老区从站起来、富起来到强起来的光辉革命史、不懈奋斗史、辉煌成就史，把老区人民的伟大贡献、伟大创造、伟大成就、伟大精神充分展示出来，形成一部具有厚重历史特征和鲜明时代特色的精品力作。这是一部培根铸魂、守正创新，既为历史立言，又为时代服务，字里行间流淌着红色血脉、催生着革命激情的传世之作。丛书的编纂出版将成为讴歌党、讴歌人民、讴歌时代、传播红色文化、为革命老区和老区人民树碑立传的重要载体。

丛书按照编年体与纪事本末体相结合、以编年体为主的编写体例确定框架结构;运用时经事纬、点面结合的方式记述史实;坚持人事结合、以事带人的原则处理人与事的关系;采取夹叙夹议、叙论结合、以叙为主的方法展开内容。做到了史料与史论、历史与现实、政治与学术统一,文献性、学术性、知识性相兼容。

为编纂好"全国革命老区县发展史丛书",打造红色文化品牌,中国老区建设促进会认真组织、积极协调,提出政治立场鲜明、史料真实准确、思想论述深刻、历史维度厚重、时代特色突出、编写体例规范、篇目布局合理、审读把关严格、出版制作精良的编纂出版总要求,力求达到革命史籍精品的精神高度、思想深度、知识广度、语言力度,增强丛书的权威性和社会影响力。各省(区、市)、市(州、盟)、县(市、区、旗)老促会的同志,以强烈的使命感、责任感和紧迫感,勇于担当,积极作为,认真实施,组织由老促会成员、专家学者等参加的十余万人编纂队伍。编纂工作主体责任在县(市、区、旗),省(区、市)、市(州、盟)组织协调、有力指导、审读把关。各方面人员以高度负责的精神和科学严谨的态度,满腔热情地投入工作,为丛书编纂出版做出了重要贡献。丛书编纂工作还得到了党和国家有关部委、地方各级党委政府及有关部门的大力支持和积极参与,社会各界也给予了热情帮助。中共中央政治局原委员、中央军委原副主席、原国务委员兼国防部长迟浩田上将,对老区人民怀有深厚情感,对革命老区建设发展十分关注,欣然为"全国革命老区县发展史丛书"作总序。

丛书由总册和1599部分册(每个革命老区县编纂1部分册)组成,共1600册。鉴于丛书所记述的史实内容多、时间跨度长和编纂时间紧,不妥之处,敬请批评指正。

中国老区建设促进会

目　录

诏安概览 …………………………………………………………… 1

上　篇　燃起革命烽火　开展红色割据

第一章　革命风潮　鼓荡边邑 ………………………………… 11
　第一节　封建军阀统治诏安始末 ……………………………… 11
　第二节　民众的觉醒 …………………………………………… 16
　第三节　大革命中的党建和农运 ……………………………… 19

第二章　红色割据　苏区建政 ………………………………… 25
　第一节　共产党领导的工农武装割据 ………………………… 25
　第二节　苏区的建立和保卫 …………………………………… 33
　第三节　中央苏区的前哨站与交通线 ………………………… 40

第三章　依托乌山　游击破敌 ………………………………… 44
　第一节　党组织变更与肃反扩大化 …………………………… 44
　第二节　开创游击战争新局面 ………………………………… 49
　第三节　发动各方共赴国难 …………………………………… 56

第四章　抗日救亡　反顽自卫 ………………………………… 59
　第一节　为救亡图存而斗争 …………………………………… 59

第二节　抗击日寇保家护闽 …………………………… 64
第三节　进行反顽自卫斗争 …………………………… 70
第四节　开展统一战线工作 …………………………… 74

第五章　蓄势待机　迎接解放 …………………………… 80
第一节　巩固战略据点 ………………………………… 80
第二节　开拓陆海游击区域 …………………………… 88
第三节　南北会师解放诏安 …………………………… 91

第六章　革命群众　老区干城 …………………………… 98
第一节　老区民众对革命的贡献与牺牲 ……………… 98
第二节　对敌斗争的坚强堡垒 ……………………… 103
第三节　红土地上的革命英杰 ……………………… 107

上篇参考书目 ……………………………………………… 113

中　篇　实行民主专政　发展公有经济

第七章　巩固政权　恢复经济 ………………………… 117
第一节　新旧政权交替 ……………………………… 117
第二节　土地改革运动 ……………………………… 123
第三节　地方经济的复苏 …………………………… 127
第四节　“三反”“五反”和整党建党 …………………… 129
第五节　抗美援朝运动 ……………………………… 133

第八章　行业改造　社会建设 ………………………… 136
第一节　社会主义三大改造 ………………………… 136

第二节　供销合作与信用合作 …………………………… 140
第三节　发展教育事业 ………………………………… 143
第四节　发展卫生事业 ………………………………… 148
第五节　发展文体事业 ………………………………… 152
第六节　改变社会风气 ………………………………… 154

第九章　计划经济　公有体制 ………………………… 156
第一节　国民经济的计划及其实施 ……………………… 156
第二节　反右派和“反右倾” …………………………… 161
第三节　人民公社化和“大跃进” ……………………… 165
第四节　贯彻“八字方针” ……………………………… 168

第十章　改造河山　整治家园 ………………………… 175
第一节　影响深远的“太平之风” ……………………… 175
第二节　抗击风水旱灾害 ……………………………… 178
第三节　基础设施建设 ………………………………… 180
第四节　扶持老区脱困 ………………………………… 183

第十一章　经历动乱　徘徊前进 ……………………… 187
第一节　“社教”延及“文革” ………………………… 187
第二节　红卫兵运动 …………………………………… 190
第三节　军管建政与整党建党 ………………………… 192
第四节　自上而下的政治运动 ………………………… 193
第五节　地方产业状况 ………………………………… 196
第六节　上山下乡 ……………………………………… 202

第十二章　拨乱反正　转移重心 …………………………… 205
第一节　全面整顿与“反击右倾翻案风” ……………… 205
第二节　粉碎“四人帮”和揭批查运动 ………………… 209
第三节　社会政治关系的调整 …………………………… 213
第四节　实现历史性转折 ………………………………… 217

中篇参考书目 ………………………………………………… 220

下　篇　坚持改革开放　争创全面小康

第十三章　改革体制　对应市场 …………………………… 225
第一节　城乡经济体制改革 ……………………………… 225
第二节　以市场为取向的改革 …………………………… 231
第三节　构筑现代市场体系 ……………………………… 235
第四节　经济调控体制改革 ……………………………… 238

第十四章　经济建设　跨越发展 …………………………… 243
第一节　国民经济五年计划执行情况 …………………… 243
第二节　产业结构 ………………………………………… 245
第三节　农业生产 ………………………………………… 247
第四节　工业生产 ………………………………………… 251
第五节　内外商贸 ………………………………………… 254
第六节　财政和金融 ……………………………………… 256
第七节　基础设施建设 …………………………………… 257

第十五章　社会事业　渐臻善境 …………………………… 262
第一节　教育事业与卫生事业 …………………………… 262

第二节　文艺事业与科技事业 …… 265
第三节　传媒事业与体育事业 …… 270
第四节　文明建设与平安建设 …… 272

第十六章　民生工程　助力圆梦 …… 274
第一节　劳动就业 …… 274
第二节　城乡居民收入与支出 …… 277
第三节　居民最低生活保障 …… 280
第四节　社会养老保险 …… 282
第五节　社会医疗保险 …… 287
第六节　住房保障 …… 290

第十七章　综合实力　显著增强 …… 292
第一节　产业经济增量提质 …… 292
第二节　基础设施日新月异 …… 297
第三节　民生福祉不断改善 …… 301

第十八章　党的建设　与时俱进 …… 304
第一节　党的政治、思想建设 …… 304
第二节　党的组织、作风建设 …… 307
第三节　党的纪律、制度建设 …… 311

第十九章　鼎力扶贫　振兴老区 …… 317
第一节　扶持贫困乡村 …… 317
第二节　扶持革命老区 …… 322
第三节　扶持边缘经济 …… 329

第二十章　世界寿乡　生态共建 …… 331
第一节　改善生态环境 …… 331
第二节　创建宜居城乡 …… 335
第三节　培育生态产业 …… 339

下篇参考书目 …… 347

百年大事要闻 …… 349

后　记 …… 378

诏安概览

诏安位于我国东南沿海，极福建而临广东。明嘉靖九年(1530年)置县，今县域总面积1566.6平方公里。属原中央苏区县、福建省革命老区重点县，为联合国认证的“世界长寿乡”和中国的青梅之乡、海峡硒都、书画艺术之乡、民间文化艺术之乡，也是福建著名侨乡、台胞重要祖地。2018年末，全县户籍人口68.34万人，分布于15个乡镇、217个行政村、16个社区。

一、生态环境

诏安县陆地面积1293.6平方公里，海域面积273平方公里，地势自西北山区向东南沿海倾斜。境内海拔800米以上山峰17座，其中龙伞岽、乌山、八仙座山、西山岩皆1100米以上；蜿蜒88公里的海岸线外，有诏安湾、宫口湾、铁湖港；山海之间，散布平原、丘陵、台地、河谷、盆地、滩涂等地貌类型。域中河流以东溪、西溪为主，还有庵下溪、金溪、梅洲溪、公子店溪、林墘溪和石飒溪等。东溪发源于大芹山，由西北向东南流贯全境，在澳仔头与西溪汇合，注入宫口海港，长93.3公里，流域面积1066.9平方公里。属南亚热带海洋性季风气候，年平均气温21.7℃，年平均降雨量1519毫米，一年无霜期346天以上。全县林地面积113.1万亩，水能资源量4.5万千瓦；探明具开采价值的矿藏有钨、花岗岩、钛铁砂、高岭土、石英砂、稀土等，矿泉、地热温泉资源丰富；物种繁多，其中植物2487种、动物841种。

由于诏安适值风暴多发区、陆海过渡带，加之海拔落差较大，往昔易遭台风、洪涝、干旱危害及造成水土流失。中华人民共和国成立后，通过全民动员兴修水利、造林绿化；在山区实施封禁育林以保持水土，在沿海营造防护林以御风固沙；逐步提高海堤、溪岸、库区的除险加固等级，从而有效抗御了自然灾害。诏安先后被确定为全国沿海防护林建设、治理水土流失示范县和林业、水利先进县。

进入新世纪后，诏安进一步构筑宜居宜业宜游的生态家园。县治所在的这座边城古镇，业已成为省级森林县城、文明县城。通过“东进、西延、南拓、北展”，现今建成区面积18平方公里，是解放初的8倍，拔地而起的高楼大厦取代了低矮的房舍，更有青山绿水萦绕、古风新韵交融；从新农村建设到富美乡村打造，今日农村无复往昔脏乱差景况，所有乡镇通过了国家生态乡镇验收，一些村庄进入国家、省、市级富美乡村示范行列；通过产业生态化和生态产业化的探索实践，由现代农业基地、生态观光园林、绿色工厂、清洁车间构成的农工生态经济体系逐步形成；作为“世界长寿乡”，诏安具有绿蓝色调之底蕴、山雄海阔之特质，不仅空气质量优良天数达100%，森林覆盖率超过65%，有全省最好的饮用水源，而且国家级森林公园、海洋公园所处的大乌山、诏安湾，风光壮美，史迹众多。

2015年以来，诏安县积极开展“五海保护”“五沿治理”“五景建设”“五行管控”“五大工程”“五谷丰登”“五种提倡”等生态建设联合行动，以绿色、循环、低碳发展为导向，促进生态与经济健康、协调、可持续发展。同时，保留文脉，美化环境，全面提升生态文明水平，养成绿色生活方式，全面提升饮用水、食品、空气等生存必需品的品质。

二、人文历史

诏安所在汉时属闽越族小侯国的领地，唐垂拱二年（686年）改属漳州怀恩县，不久随怀恩并入漳浦县，为南诏保。明嘉靖九年（1530年）析漳浦二、三、四、五都单独设县，之后区划有所调整、隶属则相沿至今。

唐初，来自中原固始等地的将士奉命在此屯守安家，与土著畲民共同生活在这片土地上。之后汉人络绎入诏定居生息，渐成住民的主体，而畲民或被同化或外迁，人口趋减。诏安历史上居民外迁地以台湾岛、南洋为主，往渡台岛人数最多的是在清中期，而大量出国到南洋谋生是在晚清。如今，在外侨台胞人数逾 100 万。

2010 年全国第六次人口普查，诏安县常住人口 597798 人，其中汉族逾 99%，20 个少数民族中人口最多的畲族，乃明代来诏开基，土著畲民已无孑遗可寻。诏安汉族人口中，75%是河佬人，25%是客家人。前者居住在平原、丘陵地区，后者则居住在山区、半山区。

汉族居民对中原祖地的语言、风俗信仰、文学艺术皆有所承传，随着时代、环境的变迁，不无变异、增添。如中原地区的中古通语，在其故土业已蜕变，倒是在诏安还被大量地保留。诏地节日习俗、人生礼俗，亦不难找出其原初的中原痕迹。而据《固始县志》记载，当地“祀神庙、行神道、祈晴求雨、焚香跪拜、迎神赛会、演戏修醮”等仪俗，与诏地大同小异，只不过诏安的神祇阵容更为庞杂，海、陆正统神祇乃至开漳功臣神系等地方俗神兼而有之。

传统国粹书画、诗词、灯谜在诏为人喜闻乐见，作品参加各级评展屡获殊荣，有诏籍国家级美协会员 19 人、书协会员 25 人、诗词学会会员 20 人。诏地的书画之风起于唐，经历代辛勤耕耘，丹青耀眼，翰墨飘香。清代，“诏安画派”脱颖而出，影响深远。中华人民共和国成立后，能书善画者遍及城乡，1993 年，诏安被文化部命名为“书画艺术之乡”。诗词创作滥觞于宋，明、清时有诗作见载于志书者达 60 多人，1994 年县学会的成立，促进了诗词研究、创作、吟唱的活跃。灯谜制射，清代、民国、当世皆不乏名家。民间通俗文艺伴随乡人度过了漫长岁月，其中既有如唐宋移民带来的古乐、中军乐，也有生发于漳潮一带的潮剧、铁枝木偶戏、歌册、潮乐合奏等，还有畲歌和客家山歌。

唐代汉人南来，为此蛮风瘴雨的化外之地带来新气象。宋明间，先是县尉周申倡建丹诏书院，之后又有“七贤”授徒渐山，“五儒”治学九侯，朱熹、蔡潮、黄道周、张瑞图等硕儒曾在此讲学。历代兴庠序、施教化，使得民风渐变、文明日昌，英贤才俊迭出。古代登进士第 103 名，中举 460 名，明清两代被朝廷录用 1000 多名。中华人民共和国成立后，诏籍处师级以上职务的政军人员、高级职称的专家学者、获省部级表彰的先模人物数以千计。诏籍华侨、台胞中，也不乏出类拔萃之人物。

三、武装斗争

诏地古有“东南海疆门户、闽粤陆路咽喉”之谓，唐代，玉钤将军陈元光在南诏置行台。宋代，设沿边巡检寨。元代，曾以梅岭作军港，并筑南诏城，设屯田万户府。明代，筑悬钟所城、分水关城。清代、民国亦有军队驻防。

历史上，地方多外患内乱，由此造成民风的强悍。每值改朝换代，往往他处烽火已熄，这里干戈未止。唐总章年间，诏地所在闽粤之交发生“蛮獠啸乱”。宋末元初，陈吊眼率领畲汉义军奋起抗元，影响南方数省。明中期，倭寇多次犯境，杀伐劫掠，生灵涂炭，军民奋起自卫，明将俞大猷、戚继光在这一带取得对倭作战的重大胜利。清初，洪门在诏安会盟举义，郑成功、郑经父子亦曾在诏安屯兵作战，县人沈起津、黄朝阳、万礼、道宗等数千人先后参与抗清。清同治年间，太平天国李世贤部攻破诏安县城。清末，诏籍仁人志士积极参加同盟会发动的丁未革命、辛亥革命。

诏安是一方赤帜高涨的热土，早在1925年，就有共产党人来此撒播火种、组织农会。翌年，建立了中共诏安支部。大革命失败后，为了保存、积蓄革命力量，周邻中共组织及工农武装转入诏安坚持革命。1929年，中共闽粤边工作委员会、饶和埔诏革命委员会在霞葛乡厚安村成立。同年中国工农红军第四十八团在龙伞崇大山诞生，成为纵横闽粤边区的劲旅。

1931年4月，中共饶和埔诏县委做出“以秀篆石下为基地，重点向官陂、秀篆发展”的部署。11月，县委代理书记余登仁等3人赴江西瑞金，出席中华苏维埃第一次全国代表大会。翌年6月，饶和埔诏县苏维埃政府在诏安石下村正式成立。从是时起的2年多时间，诏安境内乡村党的组织和赤卫队纷纷成立，大部分乡村建立了红色政权，土地革命、武装斗争如火如荼，红色区域不断扩大。诏安成为饶和埔诏苏区的核心区域、中央苏区的组成部分。

诏安苏区是中央苏区的前哨阵地，先后在此建立的红军第四十八团和饶和埔诏第三连，与入诏的闽西红军、潮澄饶红军协同作战，不仅消灭了多个反动民团，而且牵制了国民党4个师的兵力，分担了中央苏区的军事压力。1930—1934年，叶剑英等领导人及大量物资安全通过边境交通线进入瑞金，为中央苏区反“围剿”做出了贡献。1935年，中共云和诏县委和红军闽粤边独立营相继在乌山成立，开辟了乌山革命根据地，闽粤边红色区域连成了一片。

中央主力红军长征以后，党在诏安建立了近百个支部，保全了乌山游击根据地。闽南特(地)委在这里领导工农武装和广大民众，粉碎敌人对红色区域的一次次进攻，并将游击战争扩展到敌占区，直至全境的解放。中华人民共和国成立后，诏安仍然是国家的海防要地。

四、经济开发

唐初，诏地乃蛮荒僻壤，闽越族民靠狩猎鸟兽、刀耕火种为生。开漳后，刺史陈元光行营农积粟、通工惠商之策，以开发地方。随着汉人相继入迁，来自中原的先进生产技艺与这里优越的自然条件相结合，加快了经济的发展。

置县时，诏安已是“粮三熟、蚕五收，海鲜足，四时佳果相追逐”的鱼米花果之乡，县城“人烟稠密、舟车辐辏”。随着地狭人稠的矛盾渐形突出，更多的人驾驭风帆泛海营商，“民间糊口半资外舶”。明代贩东西二洋和清代通南北货运，带动了地方制糖、榨油、晒盐、纺织、陶瓷等加工制造业的发展。这种经济模式，在重农轻商、重陆轻海的封建社会，比较另类。民国时期的连年烽火，使地方生产遭到重创，商货难通，物价暴涨。

中华人民共和国成立后，民众在共产党领导下，艰苦创业重振经济，由此兴起的开发荒山大种竹、林、茶、果的“太平之风”，吹遍八闽大地。改革开放以来，诏安以经济建设为中心，立足本土资源，承揽外来投资，农业综合开发风生水起，全县33万亩耕地、16.5万亩浅海、4.1 万亩滩涂、113.1 万亩林地以及大片湿地草场、淡水水面，大多得到开发利用。全县粮食生产、海洋捕捞的产业比重趋降，经济作物种植、海淡水产养殖的产出增加，大宗农产品有青梅、八仙茶、荔枝、龙眼、对虾、鳗鲡、牡蛎、泥蚶、巴浪鱼、灰鹅和韭菜、萝卜、芥菜、蘑菇等；全民、集体、个私、“三资”等所有制工业并行，食品以及化塑、建材、纺织、机械、饲料工业取得较快发展，沿分水关边贸旅游区、省级诏安工业园区、梅岭临港工业集中区一线，构筑起招商引资、兴工促贸的走廊。2000 年，全县实现地区生产总值 29.14 亿元。

进入新世纪，诏安因地制宜、因势利导，实施“工业立县、依港兴县、项目带动、外向拉动”策略，拓展合作与交流，以经济结构、产业布局调整为主线，以科技进步为动力，发展新兴工业、现代农业和边贸协作，推进城镇化和市场化，实现了经济的持续发展。先后被授予福建省“经济发展十佳县”“小康建设先进县”“全国科技先进县”等称号。2010 年，全县实现地区生产总值 95.59 亿元。

“十二五”期间，诏安在拓展繁荣县城的同时，规划建设以水产加工、现代渔业和滨海旅游产业为主的“蓝色经济带”；以集约型绿色有机农业和观光休闲农业为主的“绿色经济带”；以红色旅游和生态农林经济为主的“红色经济带”。打好重点项目建设、新增长区域发展、城市建设、小城镇改革发展、民生工程“五大战役”。2015 年，地区生产总值 184.4 亿元。

诏安新貌(许少球 摄)

2016—2018年，诏安县域经济综合实力不断增强，连续3年荣获“全省经济发展十佳县”。2018年，全县地区生产总值278.58亿元，三次产业比重为17.2∶43.2∶39.6；财政收入10.6亿元；贫困人口全部达到脱贫标准；农村、城镇居民人均可支配收入分别为16194元、29773元。

上 篇

燃起革命烽火 开展红色割据

赤县边邑诏安，1926 年就建立中共支部、兴起农民运动。大革命失败后，周边数县的党组织和暴动武装遭国民党军队残酷镇压，退避诏安。1929 年，中共闽粤边工委会、饶和埔诏革委会在霞葛厚安村成立，领导革命斗争和苏区建设，同时，红军第四十八团在龙伞岽诞生，工农武装割据由此开始。

1931 年 3 月，由闽粤边工委连同饶平、大埔、平和县委整合而成的中共饶和埔诏县委移驻秀篆石下。1932 年 6 月，饶和埔诏县苏维埃政府也在石下选举产生。数年间，诏安作为闽粤边革命的重点区域和饶和埔诏县苏维埃运动的中心区域，境内红军遍起，大部分乡村建立了红色政权，进行了轰轰烈烈的土地革命和武装斗争；而作为中央苏区的一部分，这里先后牵制了敌 4 个师的兵力，并不惜人力物力支持苏维埃中央根据地的反“围剿”、反封锁斗争。

三年游击战争期间，中共云和诏县委、红军云和诏独立营在民众的大力支持下，创建了乌山根据地，并以之为依托，展开大规模的敌后游击战争。抗日战争、解放战争时期，闽南特（地）委将领导机关设在乌山，以此为中心经营南方战略支点。党组织领导革命武装和广大民众，粉碎敌人的一次次进攻，并将游击战争扩展到敌占区，直至南北会师解放诏安全境。

第一章　革命风潮　鼓荡边邑

第一节　封建军阀统治诏安始末

一、驻诏军阀的苛政暴行

1911 年 10 月 10 日，武昌首义成功，各省革命党人纷起响应，一场旨在推翻封建帝制、建立共和政体的大变革席卷全国。诏安旅居南洋的同盟会会员李庆标、游子光、涂渺沧、沈继昌、沈起元、沈屏夷、郑益时、徐德风、沈绿波、沈从若等，积极投身于这场资产阶级革命的洪流中；在国内，诏籍同盟会会员张贞于福州加入新军敢死队，直接参加辛亥革命的武装斗争。诏安在同盟会会员谢镇江、钟南、王得宝策动下，于 1911 年 11 月 10 日竖起共和旗帜、鸣炮宣布光复。是时，由海外赶回家乡的涂渺沧同好友林仲姚等 20 多名进步青年，广泛开展时政宣传，协助维持社会秩序。

之后的形势变化，却与革命者的愿望大相径庭。借辛亥革命登上大总统宝座的袁世凯，对国家的贫弱不思改变，唯想当独裁皇帝。为达目的，他对外投靠列强，对内打压异己，在全国实行军阀统治，而 1916 年 6 月袁氏死后，诸省又形成军阀割据、连年混战的局面，广大民众处在水深火热之中。

诏安极闽疆而临粤境，省界分水关扼东南沿海陆路要冲，素为兵家所必争。民国年间，北洋军阀、福建靖国军、粤军、浙军、赣军、直系军阀、桂系军阀、滇系军阀和北军、南军等军阀属下的部队，屡屡兵戈相向抢夺诏安地盘。得胜进踞的军阀，卖官鬻爵，鱼肉百姓，作恶多端。

1923 年 7 月，由张贞担任前敌司令的讨贼军进攻陈炯明叛军失利，于广东饶平县退入诏安县，继而撤往云霄县。粤军洪兆麟部随后占领诏安，纵兵奸淫掳掠。8 月，浙军张鸿翔部入踞，收编在诏安、饶平边地活动的惯匪陈阿尖、陈阿水、吴保兴、林祝之等。这些人身在行伍、劣性不改，照样抢掠民众财物。9 月和 12 月，浙军所委的杨卓夫、粤军所委的詹培勋，相继担任县知事，此二人亦官亦匪，治下时有劫案发生。翌年 4 月，粤军数十名官兵至后岭村抢劫财物，捉走村民 40 多人，杀死 3 人。1926 年 3 月，饶平驻军补充团借口逃兵潜往大布乡欲图谋反，联合诏安驻军血洗大布，打死乡民 18 人，焚毁房屋 760 多间，群众的财物、牲畜被掠夺一空。

军阀进退诏安频繁，地方行政主官也不时更替。1911 年至 1927 年的 16 年间，总共换了 36 位县知事（县长），任期长者一年多，短的十几天。这些由军政府任免的行政主官，应军阀的需要，勾结土豪劣绅，在城乡征粮饷、派公债、摊捐款、拉公差、抓壮丁，置广大民众于“困顿颠连”境地。

当时地方所承担的捐税，按北洋政府 1913 年公布的税法草案，分为中央税 17 项、地方税 20 项，但地方军阀各自为政、法外加码，增加利得税、货物税、土地税和鸦片捐、宴席捐、戏捐、房屋捐、人丁捐、新娘捐、过节捐、过路捐和建设费、自治费、临时费，以及针对毒、赌、娼的特殊税捐等，这样，强加给诏安民众的税、捐、费达近百种，近乎是“无人不捐，无物不税”。有的军阀甚至“提征”“预征”五六年的钱粮军饷，全县人均每年负担大洋数十元。

反动军阀通过诸种手段，搜刮了数目可观的不义之财，而给诏安带来的则不仅是沉重的经济负担，还有风气的败坏、治安的混乱。

早先闽、粤军阀从外地运来罂粟籽，在二都、四都等地强迫农民种植，并于 1915 年开征“烟苗捐”（罂粟种植捐），有无种植都要交纳，同时为土豪劣绅运销鸦片、开办烟馆提供便利。后续入诏的军阀，亦以此为敛财之道。1920 年，诏安属北洋独立旅防区，旅长张毅下令扩征“烟苗捐”，并开征“膏厘税”（鸦片商品税）和“封灯税”（鸦片吸食税）。随着烟毒在城乡泛滥，不少人因吸毒成瘾，耗尽了钱财，搞垮了身体，有的人倾家荡产后沦为小偷、盗贼。驻军还纵容博彩业、色情业，于中提取“娱乐捐”“花捐”及附加的“防务捐”，以充军饷。1925 年，张毅部属团长孙效率 4 个连官兵，连同警备司令提乾元所带警备大队入诏驻踞，为了增收款项，对博彩、色情行业公开支持、保护，更让业者及赌徒、嫖客有恃无恐。致此县内赌博成风，赌头以繁多的花样吸引众多男女老少参赌；县城“五十三间”成为远近闻名的红灯区，城乡还有一些“半掩门”的色情场所。

在军阀政府统治下，诏安的民间械斗愈演愈烈，成为严重的社会问题。时人吴梦沂评论道：“今则此风尤盛也，昔犹纠族持兵，今且联乡构衅。只因红白久仇，动辄斫头而灭乡，与家变之祸叠见焉。”仅 1911 年至 1927 年的 16 年间，县内较大的民间械斗就有 10 余起，其中 1912 年的械斗伤亡 680 人。械斗常因小事而起，最终酿成大祸。军政当局为借民间械斗转移社会矛盾，并从中渔利，因此既不于械斗发生前加以调解，又不在械斗发生后加以制止。

二、民众与军政当局的尖锐对立

在军阀残暴、贪婪的统治下，诏安“农辍于耕，工失于肆，商罢于市，百业凋零，金融混乱”。时人刘式渊谈及百姓生活云：“目前两种人最苦，一是农民，居于斯，食于斯，受尽官害匪害，匪亦官，官亦匪；二是华侨，在南洋辛辛苦苦赚点钱，回乡盖房子，娶老婆，匹夫无罪，怀璧有罪，官匪交相鱼肉，不堪其苦。”

在忍无可忍的情况下，诏安民众亦开展了一系列反抗军政当局的斗争。

1913 年 2 月，诏安西路的塘西、白石等村群众自发组织起来，反抗当局征收捐款。县知事刘荫榛将此具文上报，省公署命云霄参府彭保清及胡姓哨官领兵剿办。当队伍行至永茂营村附近时，遭县人沈之光伙众伏击，彭参府、胡哨官阵亡，余众溃逃。不久，闽军万正洪部和粤军吴尚达部合剿沈之光所踞的黄牛山，沈之光出逃。官军洗劫西路沈姓村寨，杀死 46 人，焚毁民房 1031 间、祠堂 3 间，搜刮群众大量财物。翌年 5 月，官军借“沈之光案”再行清乡，致使黄牛山周边民众流离失所，田园村庄荒芜。

1916 年，福建靖国军（滇派）旅长夏述唐进驻诏安。5 月 19 日，夏派部属黄登高带 2 个连官兵前往秀篆山区，向本就贫困不堪的山民强征光银 3.8 万元，并肆行抢夺粮食、宰杀耕牛。如此强盗行径，激起山民的满腔怒火，他们被迫持械反抗，擒获反动官兵 100 多名，将其活埋于陈龙乡义背科的山窝里。

同年，夏述唐旅长任命劣绅陈士标为梅岭区专员，要他到沿海的霞河一带村庄勒索巨款。时农业受灾、渔业歉收，群众三餐难继，无法纳捐。当地群众推举代表向陈士标请求减免，却遭到陈持枪威吓，并加以“抗捐”的罪名。村民何其德、何贵兴等怒火中烧，缴了陈士标及其爪牙的枪械，当场打死陈士标，将尸体绑上磨盾，沉入大窟。

1918 年，县知事包伟派士兵到厚广乡一带收取烟苗捐，因勒索过甚，被群众团团围住。附近上湖的驻军前去救援遭乡民伏击，双方激战多时，死伤数十人。翌年 2 月，桂军李时芳部到上湖乡索取烟苗捐，打死持械抗拒乡民 4 人，伤 2 人。11 月，“红头子军”的 10 多名士兵到官陂彩霞，强行勒索烟苗捐大洋 1.6 万元，搞得全村鸡犬不宁。村民怒而将其驱赶至官陂圩，捣毁军馆，杀死 5 名匪兵。

1921 年 1 月，四都马城村群众与盐警发生纠纷，县知事冯春生率兵究办，借此勒索巨款。1925 年 9 月，东湖地区发生群体抗捐事件，县知事提乾元率兵火焚军寮村，又进剿溪东 10 村，烧房 480 多间，杀村民 70 多人。10 月，含英群众持械痛打前去逼捐的官兵，提乾元率兵弹压，亦被击退。

诏安人民的这类自发反抗，煞了反动军阀及封建官僚的威风，也为日后共产党领导地方革命斗争奠定了群众基础。

三、北伐之师终结军阀统治

在 1913 年宋教仁被袁世凯暗杀后，孙中山开始了反对北洋军阀的斗争，成立中华革命党，相继发动了二次革命、两次护法运动，而原先的诏籍同盟会会员仍一如既往地追随他。1915 年，时为福建护军使的李厚基在闽省屠杀革命志士，张贞奉孙中山命令回闽，参与反袁驱李军事斗争，通过收编包括诏安人在内的闽南民军，壮大讨逆力量。先任福建靖国军营长、旅长，后任福建自治军前敌司令。

1924 年，张贞按孙中山授意，以原福建靖国军旧部为主，及其他来附武装，成立福建建国军，张出任司令。11 月，兴师与北军作战，攻克永春、安溪、德化。翌年 1 月，又向张毅所领福建第一师发起进攻，兵锋迫近漳州城，敌军凭借坚固工事及优势火力配备在外围阻击，张贞数次组织进攻无果，只好后撤，张毅乘机反击，建国军溃散。

是年 7 月，张毅命团长孙效曾带 4 个连、警备司令提乾元带警备大队入诏驻踞。11 月 4 日，粤军第七师师长率部开来诏安，逼退驻诏北军及警备大队。过数日，粤军撤出诏安。一时间。诏安成了驻漳州的北军与驻汕头的粤军之间的军事缓冲带。不久，原靖国军残部在诏安集结，诏城的民众团体将其编成 2 个团，公推陈海波、林国光各领带一个团，维持社会治安。

时张贞任国民革命军独立第一团团长，团部在汕头，部队分布在澄海、饶平、诏安一带。考虑到靖国军原属张贞旧部，众乡绅联名函请张贞处置。张贞接信，经请示粤军总司令许崇智，于 12 月派团参谋长许显时来诏，将靖国军旧部整编为福建警卫总队，许显时任总队长，纳入国民革命军建制。这支队伍遂为革命军钳制福建省北洋军的前沿部队，与驻防云霄的北洋军张毅所部成抗衡之势。

为解决军事干部匮乏问题，许显时在张贞支持下，创办福建陆军干部学校，校址设在丹诏书院，由许兼任校长，学生近 200 名，由总队领导和外聘的陈祖康、陈伯达等教官执教。由于严格安排课程，使学员既学政治，又学军事，军校办得很有生气。

警卫总队驻防诏安近 1 年，除整编部队、恢复建制、举办军校等工作外，还在广东国民政府直接领导下，积极支持诏安人民开展反帝爱国活动，声讨北洋军阀出卖国家、民族利益的滔天罪行。其间，总队据守诏安四都，打退了驻云霄北洋军一个营的来犯，并据群众举报，惩办了城区一批勾结北洋军阀、破坏国民革命的土豪劣绅。

1926年7月，在中国共产党的推动下，广东国民政府发表《北伐宣言》。之后，国民革命军分西、中、东3路向湖南、江西、福建用兵。10月上旬，东路军总指挥何应钦先是打退福建督理周荫人对粤东的进攻，而后转守为攻，于10月中旬占领闽西，周荫人逃离福建。

与此同时，驻防潮汕的独立第一团扩编为国民革命军独立第四师，张贞升任师长。担任北伐东路军右翼的独立第四师在第二十师第五十八团等部配合下，于闽粤边界与北洋军张毅部激战，张毅得知周荫人主力被歼，遂边打边退回到漳州，稍作停留，又于11月17日向泉州、莆田、福州方向转移。

奉张贞令，驻诏警卫总队400人枪编作独四师第三团，该团在团长许显时带领下赶往漳州向张报到，被指定为东路军张贞右翼师的前卫团，而福建陆军干部学校的学员则并入潮州黄埔军校，后组成黄埔第五期学生军参加北伐。

独立师追击张毅残部，过漳州，越泉州，直至福州。12月5日，在该师同何应钦东路主力一部的夹击下，丧失斗志的张毅部属于闽江南岸缴械投降。作恶多端的张毅被押回汕头，不久遭枪决。

第二节　民众的觉醒

一、马列主义的传播

辛亥革命后，国人遭遇比前清更黑暗腐败的军阀统治，帝国主义依旧在中国作威作福。“中国向何处去?”成了人们普遍关心的大问题，而马克思的科学性、革命性学说和列宁领导俄国革命的成功实践，让人们看到了新的希望。因此，研究、宣传马克思列宁主义，渐为时代潮流，诏安所在的闽粤边区，则是当时全国较早传播马列主义的地方。

1918年，孙中山委派援闽粤军总司令陈炯明入福建。6月2日，粤军击败北洋军臧致平部，占领诏安。之后一路推进，克复闽南地区。9月1日，陈炯明设总司令部于漳州城，并在翌年6月设立以漳州为首府的闽南护法区。陈炯明按照孙中山新三民主义的主张，在护法区内“提倡新文化、建设新社会”。诏安作为漳州属县，影响所及，也出现了新的思潮和风尚。

1919年12月和1920年1月，《闽星日刊》《闽星周刊》相继在漳州创刊。“日刊多载世界要闻、国内要闻和地方要闻。周刊仍装订成册，凡讨论学理、介绍学说之长文属之”，这两个刊物相当于护法区的机关刊物，由陈炯明兼任总编辑。刊物以大量的篇幅阐释马克思、列宁的学说，并刊登俄罗斯苏维埃联邦社会主义共和国宪法，介绍苏俄的共产党组织和社会主义分配制度。1920年春，苏俄政府应孙中山邀请，派中将路博为代表来漳州。路博翔实介绍了十月革命及其后续建设的情况，阐述了苏俄的土地、财政、民族、外交等政策，《闽星》对此作了全面深入的载录。当局将《闽星》作为宣传品，免费分发给漳属居民，并邮寄全国各地。漳州还开设新闽学书屋，公开出售马克思、恩格斯的《共产党宣言》和恩格斯《社会主义从空想到科学》，并采办了国内诸如北京《新青年》、北京大学《新潮》、湖南《湘江评论》等数十种进步书刊。同时，从邻近的汕头、潮安的图书社、书店，也可以买到《新生活》《新妇女》《少年中国》《独秀文存》等数十种进步书刊。海外华侨还从新加坡将《共产主义浅说》《社会主义史略》等书籍带回诏安。

这些进步书刊，在诏安外出求学的学子和县内青年知识分子中广为传阅，又通过他们得以扩散。在国民革命时期，县内陈士培、沈照亭等20多人组建诏安新青年社，创办新光书店和报刊代售点，传播新文化、新思想；还创作壁报，以通俗文章和幽默漫画，宣传革命救国，抨击封建军阀的腐败统治。

马列主义在诏安的传播，为县人打开了全新的视野，让人们对半封建半殖民地的中国有了本质的认识，而苏俄成功的社会主义实践，又给探索者提供了样板。因此，诏安有了紧跟全国形势的声援五四运动的斗争，有了纪念“五一”国际劳动节的活动，并为民众日后参与革命斗争奠定了思想基础。

二、反帝爱国运动

鸦片战争以后，帝国主义凭借坚船利炮，威逼清政府及北洋政府签订一系列不平等条约，取得凌驾国人之上的诸多特权，中国沦为半殖民地半封建社会。

帝国主义带给中国的灾难，往往由民众来承受。仅 1902 年清廷与列强签订《辛丑条约》的庚子赔款，诏安就须承担 1 万两白银。诏安靠近被迫开辟的汕头、厦门对外通商口岸，洋行的步步进逼，使地方传统经济深受打击，有的外国机构还进行贩运鸦片和掠卖华工的勾当，诏安亦受其害。清末民初，出于对帝国主义侵略行径的反感，地方拒洋务、反洋教的斗争和声援外地反帝行动的呼声，此起彼伏。

1919 年 1 月，中国作为第一次世界大战的战胜国参加巴黎和会，会上提出收回山东主权、取消日本与袁世凯订立的“二十一条”等正义要求，遭到列强的断然拒绝。为此，北京爆发五四运动。诏安县进步人士和青年学生积极响应，成立诏安各界反日救国联合会、诏安学生反日救国联合会，公推丹诏小学校长林仲姚为会长，在东关岳庙埕召开群众反日大会。而后，100 多名教师和 2000 多名学生组成宣传队，上街下村开展活动，揭露北京政府对外媚日、对内高压的种种罪行，号召群众抵制日货，并将没收的日货集中于东溪坂公开销毁。同时，通电支持上海全国学生反日救国总会的正义斗争。

1921 年 1 月，北洋军入诏，强行解散联合会，持续一年多的爱国运动被迫中止。尽管如此，县人反帝爱国情怀依然，且在之后兴起的国民革命运动中有所表现。

1925 年 5 月 30 日，英日帝国主义者在上海屠杀游行的中国工人、学生；同年 6 月 23 日，英法军队以机枪向广州沙基游行队伍扫射，造成严重伤亡。诏安民众举行集会，声讨帝国主义者的罪行，坚决支援上海、广州工人、学生的正义斗争。1926 年 3 月 12 日，日本军舰在天津大沽口炮轰驻防的中国军队，致多名士兵死伤。4 月 1 日，全县各界人士在中山公园集会并游行示威，声讨日本帝国主义蓄意践踏中国主权的行径，要求惩办凶手。6 月 23 日，各界人士再次集会，纪念"沙基惨案"一周年，坚决支持历时逾 1 年的省港大罢工，强烈抗议英帝国主义在广东的血腥大屠杀。

第三节　大革命中的党建和农运

一、党组织的早期建设

1924 年 1 月，在中国共产党的参加与帮助下，孙中山召开国民党第一次全国代表大会，确定了联俄、联共、扶助农工三大政策，标志着第一次国共合作的建立。为了适应革命发展的需要，国共两党进一步加强基层组织建设，而诏安则成为较早开展党建工作的县份。

是年 11 月，福建省建国军总指挥部行营主任、县人林学渊从广东回诏安，着手调查登记国民党员。翌年 12 月，国民党福建省临时执委林学渊、秦望山、叶崧生、余佩皋、王兆蕙在诏安县城吸收 30 多名青年入党，成立了第一区党部。1926 年 2 月，成立国民党诏安县党部。

中共广东区委在国民革命军入闽作战之前，就着手培训福建工农运动骨干，并从中秘密发展中共党员。1926 年 3 月，中共广东区委成员罗明以国民党中央农民部特派员身份来到厦门，为全国农民运动讲习所招收学员。在厦门党团组织的配合下，通过考核从集美学校为农民运动讲习所输送 9 名学员。诏安籍学生黄昭明因经常参加进步刊物的学习讨论，探索革命道理，参与爱国学生运动，自觉接受马克思主义，故也被录取。黄昭明等 9 名学员于 5 月参加了在广州举办的全国农运讲习所第六期的学习。在学期间，他们聆听毛泽东讲授“中国农民问题”“农村教育”和周恩来主讲“军事运动与农民运动”等课程，先后加入了中国共产党。

10 月，黄昭明以国民党中央农民部福建汀龙漳特派员的身份，随北伐东路军回到家乡。根据中共汕头地委书记罗明的指示，黄昭明在宣传革命道理、指导农民运动的同时，在家乡秘密吸收 4 名青年骨干加入中国共产党，并于 11 月成立中共诏安支部，黄昭明任书记。该支部是福建早期为数不多的党组织之一，先后隶属中共汕头地委、中共闽南部委。

中共诏安支部旧址——南诏镇沈公书院

位于诏安县西北部的秀篆乡，重峦叠嶂，其西北、东北分别与广东饶平县、福建平和县接壤。1926 年，中共饶平县委的詹伦初、刘全丹和张碧光、詹前锋先后来到秀篆虎坑村，开展革命宣传，组织农民运动，同时，注意从中物色、发展中共党员。1927 年初，虎坑村党小组成立，组长王克希。

正当诏安的共产党人同国民党左派人士通力合作，积极发动民众，将农民运动向前推进时，形势急转直下。1927 年，蒋介石发动反对共产党和国民党左派的“四一二”政变，国民党诏安县党部于 4

月将党务指导委员会改为整理委员会，由省指定沈淮三、沈裕康、杨禹畴为整理委员，负责“清党反共”。国民党左派人士余佩皋与丈夫庄希泉因不满蒋介石的行径，毅然脱离了国民党。

大革命失败后，黄昭明出走南洋，中共诏安支部因失联而停止活动。5 月 5 日，中共饶平党组织领导 1000 多人的农军，举行武装暴动，虎坑村安排人员和物资支援饶平农军。1928 年 8 月，中共东江地委特派员李坚贞、中共饶平县委刘金丹等领导和工作人员以及一些革命群众，分批转移到虎坑村。为便于工作开展，是年冬成立中共虎坑支部，隶属中共饶大特委。支部有王克希、王福泰、王慎益、王景贯、王并吞、王景桶等 6 名党员，书记为王慎益。支部成立后，积极发动虎坑一带民众起来参加革命，使之成为诏安早期的革命后方基地。

二、农民运动先声

诏安近代以来，传统的海上帆船贩运逐步为外国汽船航运取代，传统手工业、加工业因洋货的倾销渐趋没落，更多的人只能以农为生，民国初期全县人口在 15 万人左右，其中农业人口占 90%。主宰农村经济的地主、富农仅占农村人口 8%，拥有全县 40%的土地，而贫下中农占 80%，只拥有 57%的土地。无地少地的农民不得不租佃地富土地耕种，并支付占全部收成约 60%的高额地租，有些甚至是灾荒之年颗粒不减的“铁租”。此外，农民每年须向地主纳送“田头米”“田头鸡”等礼物。

县内较好的土地大多集中在中部平原、丘陵地带，西北山区土地贫瘠，水利欠修，水土流失严重；东南沿海土地斥卤，水源缺乏，易受风沙掩埋，这两个地方的农户比中部农户日子更不好过。诏安还有一些渔村，像赤石湾、田厝、南门等村，村子处于砂质盐碱地带，挖水井冒出来的水也是咸的。村人大多以渔为生，生活比农家更艰难。渔民无钱购船，所用竹排、小船、舢板只能在近海作业，加上渔具简陋破旧，收获很有限。地方渔霸强行霸占海滩，渔民若要搞养殖或讨小海，得让其抽取收获量的一半。

地主渔霸通常兼向农渔民放高利贷，放贷方法五花八门。若是借钱还钱，原算月息，后按日计息，百姓谓之“锅盖浮、鸭蛋滚”；若是“放谷青”，利率一般是“子母对”，即借谷 50 公斤，一年还 100 公斤；若是“行头款”，利率略低 100%，但渔获要让放贷的鱼行作价收购。县城北关地主沈国裕依靠收高租放重利起家，他的“圩仔利”，系于圩日放给农渔民等，3 日为限，按圩纳息，利率为 4%或 5%；所放“牛仔票”，系买牛给农户饲养，每年按该牛价格索要稻谷。诸如此类，他很快得以兼并耕地 500 多亩，年收租谷 1000 担以上。官僚徐鹏任育婴堂主任，每年育婴堂在前埔村所收的租谷 1000 多担，他除抽出一部分用于维修前埔埭堤外，其余的作为“谷青”套利尽作己有。

土豪劣绅们又往往出任保甲长、宗房长，作为保甲长，可借势将苛捐杂税转嫁给农民，又借为军队拉夫派役敛财；作为宗房长，可通过对宗产族田的掌控取利，又以挑起族际械斗建立权威。

毛泽东在广州担任第六届农民运动讲习所所长期间，主编出版的《农民问题丛刊》，为指导全国农民运动的重要文献，足见其对这个“中国革命的根本问题”的重视。在诏安，当时亟待解决的社会问题，也在于如何减轻广大农民所受的残酷剥削。

1926 年，伴随着东征北伐，农民运动兴起。各地农民协会相继成立，由于国民革命军需要协会提供人力、物资，因此国民政府对农运给予了支持。在当时福建的农民运动中，诏安扮演了先行者的角色。

是年 4 月，在国民党左派人士余佩皋、叶崧生等组织下，以陈士培、沈汉忠为正副代表的诏安农民运动考察团于 4 月下旬赴广东海陆丰参观学习。考察团先到汕头新闽同志社学习 7 天，学习该县农民运动的做法、经验及二五减租政策条文，还参加汕头“五一”劳动节纪念活动。考察团受到海陆丰各地农会及各界群众团体的热烈欢迎。他们通过实地参观，深受教育和鼓舞，并收集了当地农会的宣传品、调查表等资料。考察团回到诏安，余佩皋、叶崧生即与其一起，发动农民，筹建农会。不久，诏安县农会和思政区农会以及华表、西坑、双港、郭寮等村农会成立。

诏安县农民协会旧址——南诏镇县前街34号玉兔公厅

是年10月，黄昭明结束广州农民运动讲习所培训回到家乡，与余佩皋、叶崧生及诏安农运干部取得联系，以国民党中央农民部福建汀龙漳特派员身份听取汇报、指导工作，他作为中共诏安支部书记，根据中共闽南部委关于参与领导农民运动的精神，组织党员深入乡村宣传革命，发动农民，组织农会，开展抗捐抗税、减租减息运动。1926年12月，黄昭明与李联星等在漳浦县开办了闽西南第一个农民运动讲习所，招收来自漳浦、诏安、南靖、平和等县学员10多人。翌年春，又参与漳浦县农民协会组建，入会农民数千户，取得了废捐去税斗争的节节胜利。

1926年11月，中共饶平县委派来的张碧光、詹前锋等来到秀篆虎坑村，找到已被党员刘金丹发动起来的王克希、王福泰、李阿重、王景哉、王连升、王会达、王景扬、王奋永、王慎益等，以其为骨干成立虎坑村农民革命运动会，具体由王福泰负责。之后，农会积极发动、组织农民对地主开展减租减息斗争。共产党人以其为样板，将农运工作做到北坑、安美等篆北地区。1927年初，虎坑村党小组会同农会，在村里成立互助救荒委员会，以保证党的活动需要和赈济贫苦村民。

在国共合作、东征北伐的大好形势下，诏安平原、山区的农民运动互相呼应，轰轰烈烈地开展起来，红底黄色犁头会旗迎风飘扬，对福建其他地方的农民运动起到借鉴作用，而虎坑村农民革命运动会提出的“一切权力归农会”的政治主张，初现红色政权的雏形。

正当漳属各地农运如火如荼之时，形势骤然变化。1927 年 5 月，原潜逃的驻军团长廖鸣欧“奉蒋总司令复职”，回漳州主持“清党”活动，宣布解散工会、农会，逮捕革命人士，轰轰烈烈的农民运动遭国民党右派镇压。但是，觉醒了的诏安人民没有就此却步，他们英勇不屈，投入了新的革命斗争之中。

第二章　红色割据　苏区建政

第一节　共产党领导的工农武装割据

一、闽粤边革命力量向诏安转移

诏安县的西北部邻近饶平、大埔、平和、云霄4个县，土地革命初期划分为秀篆、官陂、霞葛、太平4个自治区。在623平方公里境域内，山地达490平方公里，海拔1000米以上的山峰6座。由于地方区划交错、政权分立、村庄零散，加之山深林密、道路崎岖，国民党的统治较薄弱，为共产党的队伍隐蔽待机、四面出击提供较便利条件；又由于山区水土流失严重、耕地短少贫瘠、土匪恶霸横行，导致大多数山民生活艰难，改变现状的愿望强烈，革命斗争因此有了可靠的群众基础。

1927年蒋介石发动"四一二"反革命政变后，闽粤边地国民党右派勾结土豪劣绅，到处捕杀共产党员、迫害革命群众。遵照中共中央"以革命的武装反抗国民党反动派"的指示，边区党组织策划了饶平、大埔、平和、永定四县的工农武装暴动，而从暴动队伍日后退避考虑，则于诏安有意识避免战事发生，并在1926年工作的基础上加派人员进行渗透。

1927年，中共饶平县委派连云腾夫妇，以卖粿作掩护，进入秀篆龙潭梅子墩圩一带，走村串户，了解民情。1928年初，饶平县委工作人员詹涌波、邱阿挠、詹海山以泥水匠、理发匠身份到秀篆，由当地农民游尚砍、李和尚接应，在石下、炉坑、肩头埔、东坑尾、林田、庵前、凤龙山、狮头楼、下屋子、大坪巷、五官科等村活动，串联贫苦百姓，培养积极分子，组织农会小组，群众工作由点到面、从秘密到公开逐步开拓。还在东坑尾组织起以李卫潭、李和尚、李成浆等10多人参加的农民自卫团，经常活动于赖坑官、大斜里、大园等地。3月，邱阿挠又在秀篆大北坑村组织一支赤卫队。这个时期，饶平县委的詹海山联络邱阿挠，将农民自卫团并入赤卫队，人员加以扩充，组建拥有30多人的赤卫队，队长李卫潭。自卫团经过训练后，拉出去袭击了秀篆上湖村大土豪王元亨。

1928年春，中共大埔县委委员罗时元来到官陂浮山村，与村民张鸿猷结拜为兄弟。之后，罗时元在该村百顺居开设武术馆，收100多名青少年习武，借此发展革命力量。4月，中共饶平县委委员余登仁到霞葛赤竹坪芳田洋一带活动，将秀篆、官陂已经发展起来的革命据点联结成一片。

1928年7月，闽粤两省反动派纠集正规军及地方武装，对饶和埔暴动武装和赤色区域展开"清剿"，我方进行了英勇的反"清剿"斗争。8月，敌400多人包围中共饶平县委机关所在地温子良村，县委书记林逸响及委员等18人遇害，双善各村也遭残酷摧残。不久，平和、大埔、饶平三县县委在大埔樟树村召开联席会议。会议认为在敌强我弱、敌众我寡的形势下，红军须突围转战外线。于是，红军独立第十五团西渡韩江转向埔梅丰地区，独立第十四团和其他武装力量则东移进入诏安秀篆、霞葛、官陂一带。饶平县委领导詹瑞兰、连半天、连铁汉、刘金丹、邓逊群、邓礼仁、詹东藏、邱法权及东江特派员李坚贞，率领工作人员和革命群众数百人，转移到有相当革命基础的虎坑一带乡村隐蔽发展。

同期，经中共福建省委介绍，饶平县委委员余登仁与平和县委委员朱赞襄到官陂、霞葛一带山村，寻找失散的同志，发展革命基点。两人又与活动于饶和诏边境的大埔县委委员谢卓元等取得联系，先后建立4个党支部。1928年11月，以这4个支部为基础，组成隶属福建省委的中共饶(平)大(埔)特委，作为临时指导机构，负责人为余登仁、谢卓元、朱赞襄等。不久，中共福建省委组织部部长谢汉秋到诏安考察革命情况和组织建设，对于饶大特委聚合诏安周邻县份的革命力量，开展新情势下的对敌斗争，给予了肯定。

在国民党右派“清党反共”浪潮甚嚣尘上的时候，白色恐怖笼罩的闽南、粤东大地上，诏安西北山区成为守护火种的一方红土、滋养革命的一块绿洲。广大贫苦民众傲对血雨腥风，义无反顾地接纳了共产党组织及红色武装。

二、构筑饶和埔诏革命大本营

1928 年底，为便于饶平、平和、大埔、诏安等县工作的联络、协调，中共东江特委指示于诏安西北部设立中共闽粤边工作委员会。当时在那一带活动的温仰春接指示后，联络从大埔流散到此的共产党人邓法楷、邓松年、黄娘寿，着手筹建工作。他们决定在霞葛南陂厚安自然村创办文圃学堂，这样既可将学堂做边委机关所在地，又能以学堂为阵地宣传发动群众。

1929 年春，文圃学堂创立，由温仰春等人担任教员，村民又推举林阿抗、林可厚为校董。温仰春选择一些有教育意义的古文，通过白话文讲解，使学生易懂易记。他在教学过程中注意让学生了解社会发展史、掌握唯物辩证法。这样做的结果，学堂声誉日增，一个月内招生 40 多人。温仰春还利用家访的机会，做农民的思想工作，交了不少朋友。许多山民也喜欢到学堂找温仰春，听他讲一些穷人翻身求解放的道理。

学堂刚创办，中共东江特委即从澄海县抽调刘锡三到诏安，与温仰春等会合，正式成立中共闽粤边工作委员会，书记刘锡三，组织部长温仰春，宣传部长余登仁，边工委机关就设在文圃学堂。6 月，饶和埔诏县革命委员会亦在此成立。当时，到此请示、汇报工作的共产党人络绎不绝，厚安村及周边的村民明知这些人是闹革命的，不仅没有人去告密领赏，反而尽可能给边工委、县革委的工作提供方便。之后，马坑、东坑、炉坑、石下、粟竹头、下割等乡村也先后建立红色政权或农会组织，边区斗争呈现出新局面。

中共闽粤边工作委员会、饶和埔诏革委会旧址——霞葛镇厚安村文圃学堂

当时，闽粤边工委是作为东江特委的派出机构，边区还有饶平县委、大埔县委、平和县委，边工委与县委只有工作关系，不存在隶属关系，而在敌我力量悬殊的情况下，为应对国民党军队的残酷“清剿”，各自为战显然不宜，需要紧密的配合。

1930 年 12 月，新组建的中共闽粤赣特委根据中央关于“县党部的管辖区域为便利于革命的发展和革命战争的联系，有时得不限于旧的县治，或两三县合组一县委”的指示，决定由闽西特委负责改组整合饶平、平和、大埔三县县委和闽粤边工委，成立中共饶和埔县委，书记丘宗海。县委隶属闽西特委，统一领导原饶平、大埔、平和、诏安四县的赤色区域及白区革命工作，并划设 11 个区委，下设 47 个支部，有 700 多名党员，其中，饶平的黄冈至诏安的汀洋埔一带为第一区，饶平的浮山至诏安的景坑一带为第二区，诏安的官陂、霞葛、秀篆至平和大溪一带为第四区。同时成立的，还有共青团饶和埔县委。

1931 年 2 月上旬，饶和埔县工农兵贫民代表大会在埔东大产洋村召开，宣布成立饶和埔县苏维埃政府，由闽西苏维埃政府执委陈彩芹任主席。会议进行到第三天时，遭到国民党军队袭击。突围中，县委书记丘宗海、县苏主席陈彩芹牺牲，一部分县委、县苏机关人员在县委委员谢卓元、连铁汉等的带领下，转移到饶平白花洋。接着，原红军四十八团连长罗绍环、罗学琴叛变投敌，带保安队、民团到处搜捕县、区、乡干部，县委、县苏等一班人被迫由白花洋转至诏安秀篆石下村。

中共闽粤赣特委接获饶和埔县委、县苏主要领导牺牲的报告后，派刘锡三前来做县委、县苏的善后工作。4月，刘锡三在石下村后的犁壁石山上主持召开县委扩大会议，会议宣布中共饶和埔县委改为中共饶和埔诏县委，做出着重在白色势力相对薄弱的诏安山区红色区域内健全和发展党、团、群组织和扩大武装队伍的决定，并选举产生新的县委领导班子，刘锡三任书记，委员谢卓元、连铁汉、张华云、荣洁、张崇(5月增补余登仁为委员)。

1932年3月，中共闽粤赣省委改为福建省委，饶和埔诏县委由省委直接领导，仍辖11个区委，区域作了个别调整，其中第一区所属范围有诏安汀洋埔、深湖一带，区委机关设在深湖；第二区管辖范围有诏安景坑、新营一带，区委机关设在景坑；第四区所属范围有诏安赤竹坪、陈坑、火烧寮、石下、马坑、官陂、下葛一带，区委机关设在石下。

县委贯彻省委的指示，一方面纠正苏区肃反扩大化的倾向，稳定干部队伍；一方面由县委直接掌握红军队伍，积极扩大武装。同时，按照县委扩大会“以秀篆石下为基础，重点向官陂、秀篆发展”的部署，县委机关以驻地石下村与周边的秀篆石东、官陂马坑为核心片村。在长达4年的时间里，这里成为饶和埔诏革命斗争的领导中心和后方基地。其间，县委为巩固核心片村，加强所在第四区的基层政权建设，提拔石下村支书李和尚任区委书记，县委委员余登仁、谢卓元、张华云等给予指导，相继成立隔背、马坑、石坑里、彭山、神仙洞、石下等村的苏维埃政权和赤常队。在秀篆石秀里，建立了交通站，负责与上级党组织保持联系及联络失散的共产党人。同时，创办了县委机关报——《火花》，加强了干部的培训，在诏安红色区域内健全和发展党、团、群组织。

1932年4月，中央红军攻克漳州，饶和埔诏县委抓住这个有利时机，迅速恢复上饶、埔东、九村等一带老区。又拓展秀篆、官陂等一带新区。7月，饶和埔诏县委召开县、区和红军、游击队连以上干部参加的县委扩大会议。会议提出"积极组织和发动群众，开展抗租、抗税，重申深入土地革命，没收地主土地，分给农民，扩大游击战争"的方针，围绕土地革命这个重点，明确党的具体建设任务，以及工农武装、妇女会、共青团、少先队、儿童团工作。会后，县委一班人分工包片，县委书记刘锡三在官陂、秀篆一带，组织部长谢卓元负责诏饶埔边境，宣传部长余登仁负责诏和边区，巡视督促各地落实会议精神。至年底，全县新建立16个党支部，吸收200多名新党员。

1933年10月，赖洪祥接替刘锡三担任县委书记，又利用"闽变"时机，大力发展革命武装，组织发动群众，恢复和巩固了苏区，实现八仙山一带的游击区。翌年初，闽变失败，饶和埔诏红色区域遭国民党重兵反复进攻，至1934年7月，饶和埔诏县委仅有2个区委14个支部，党员80多名。

三、实行工农武装割据

1928年8月，奉命由广东大埔向诏安的秀篆、霞葛、官陂一带转移的红军独立第十四团及其他武装，在饶平和大埔交界的岩下山大庙内，成立了中国工农革命军饶和埔诏独立支队，支队长詹阿遂，党代表温仰春。翌年8月，驻饶平国民党蒋光鼐部教导团第三营第十三连80多名士兵，因不满所受的残暴虐待，在原排长杨福华的领带下起义，这些官兵与10名红军骨干暂编为独立连。稍后，驻平和的国民党张贞部独立营一位排长领9名士兵投诚，也编入独立连。

是年10月上旬，中共东江特委派李光宗到诏安，向地方党和红军领导干部传达特委关于扩建各县红军的意见。15日，闽粤边工委将饶和埔独立支队、独立连及官陂武术馆的100多名学员召集到官陂、秀篆交界的龙伞崇，宣布3支队伍合编为中国工农红军第十一军第十六师第四十八团，团长罗时元，党代表兼政委温仰春，副政委兼政治部主任连半天。全团近200人枪，设3个连。

龙伞崠(许少球 摄)

经过短时间政治教育、军事整训的红四十八团，于10月24日，由龙伞崠开赴平和长乐一带活动。11月，该团在饶和埔诏赤卫队的配合下，一举攻克象湖民团据点，枪决反动团总魏麟瑞，俘敌20多名。不久，又出击平和大溪敌团防，俘国民党区长及书记官等5人，缴获步枪20支。平和之役，打通了闽粤边区与闽西中央苏区的联系。12月，该团开回官陂，袭击霞葛圩，打开国民党控制的专卖盐仓，将几百担食盐分给当地贫苦百姓。接着，出师攻克秀篆隔背反动据点。之后数月间，红四十八团转战潮州，打垮大埔县赖哲君保安团，击退刘和鼎正规营的偷袭，又连续出击饶平县洞上、陈坑、大埔背、横岭等地民团，恢复新丰一带苏区。

1930年5月，红四十八团率平和独立营远征闽西，攻取永定县镜湖地主武装，飞兵打下龙岩县大旗、小旗等乡，使永定、上杭、龙岩3县红色乡村连成一片，从此，东江根据地有了来往闽西中央苏区的交通线。四十八团与朱德、毛泽东率领的红四军和闽西红十二军也取得了联系，还会同红十二军于大埔县、平和县连打了几场硬仗，接着又联合饶平各乡赤卫队攻下饶城、横岭，之后，回到诏安境内，在官陂、霞葛休整，配合地方的农民暴动，分掉所有的库存食盐。

红四十八团成立以来，横扫反动势力，扬威闽粤边区，开辟了饶和埔诏红色割据局面。该团将其缴获的大批枪支弹药拨给饶平、平和、大埔、诏安等县的赤卫队，巩固、壮大了地方武装。1930 年 8 月，红四十八团奉命调入闽西，参加中央苏区的反“围剿”斗争。

红军第四十八团团部旧址——官陂马坑楼仔村

在红军主力的支持下，诏安的地方红色武装也有较快发展，石东、马坑、五通等红色区域内普遍建立了游击队、自卫队，仅石东持枪的游击队员就有六七十人。余登仁、詹回三还组织石东、马坑的武装人员在龙伞岽、粟竹头一带训练。

1930 年 9 月，黄佛、张维讨、廖火安带领饶和埔诏游击队及石下赤卫队约 100 人，攻打官陂陂头村，拘捕反动地主张阿喔，并没收其 30 多斤鸦片及一批衣物。冬，游击队骨干李卫潭、李和尚、李成桨 3 人，赴潮州凤凰山参加农民武装骨干培训，回诏负责整顿乡村赤卫队，贯彻红军政策，开展纪律教育，并补充枪支弹药，进一步扩大队伍。同年，刘锡三带领 20 多名武装人员，到诏安新营官厝村组织召开浮山区农民代表会议，宣布成立浮山区革命委员会。至年底，浮山区的革命活动范围北连秀篆、官陂，南接饶平黄岗，西通上饶老区。

1931 年 6 月，县委根据省委关于扩大红军的指示，以及红四十八团调闽西后闽粤边区对敌斗争需要，决定建立中国工农红军饶和埔诏第三连，为此将流散外地的区乡干部、赤卫队员召集回来，在各村赤卫队中抽调优秀队员，并发动青年参加红军。7月，红三连在石下村汶子头祠堂举行成立大会，邱春光任连长，张崇任指导员，共90人枪。红三连经过整训后，进行一系列的行动，首先袭击秀篆磜头、三段岭民团，继而镇压官陂、霞葛的反动分子，并打退了官陂、秀篆民团的三次进攻，巩固了县委的后方基地，保卫了诏安苏区。迨后奔袭饶平的深峻、九村等地民团，恢复进入闽西的通道。

红三连通过游击战打击饶和埔诏反动民团，震惊了国民党当局。1931年8月，"饶和埔诏剿匪司令部"组织4个县反动武装，"联合作战，集中对付"，向闽粤边苏区的中心地带扑来，红三连以千米高山龙伞岽为依托，声东击西，避实就虚，打退了敌人数次进犯，而后转战四县区，使国民党陈济棠部捉摸不定、疲于奔命。

之后，红三连及赤卫队还击退了陈龙、青山等反动乡团对石下的数次进犯。为了打击地方反动势力的嚣张气焰，1931年冬，红三连配合黄泥坑的赤常队夜袭官陂圩玉壶布店，活捉张玉壶，没收其全部布匹，除留下部分给红军做军服外，其余的分给贫苦农民。1932年6月6日，红三连在石下村召开群众大会，镇压反动分子王关滴，将没收的财产当场分给群众。一系列武装行动，大长人民的志气，附近的反动头目纷纷外逃。

1934年4月后，饶和埔诏游击队又联合入诏的闽西红军、潮澄饶红军，接连拔除了深湖黄牛山、下割井北楼和上官、下官等反动据点，迅速地把武装割据从诏饶边界向东延伸至诏安的月港、金溪、进水、六洞一带乡村，开拓了以乌山为中心的革命根据地。

第二节　苏区的建立和保卫

一、苏维埃政权建设

继1929年2月福建省首个县级红色政权平和县革命委员会成立后，同年6月，饶和埔诏革命委员会在霞葛南陂厚安村文圃学堂

饶和埔诏县苏维埃政府铜质印章

成立，主席谢卓元，执行委员詹阿钱、陈彩芹、朱积金。随后，诏安境内之马坑、石下、高坑、粟竹头、下割、新营、五通、黄秋坑、东坑尾等乡村建立了乡革命委员会或农会组织。尽管由于敌人“围剿”，政权建设出现波折，但在 1931 年 2 月饶和埔县苏维埃政府正式成立时，诏安行政区划中的秀篆区、霞葛区、官陂区的部分乡村和太平区、思政区的小部分乡村，皆建立了苏维埃政权。

1931 年 11 月，中共饶和埔诏县委代书记余登仁、秀篆石炉乡苏维埃政府副主席游章堤、游击队员李树知等 3 人，作为饶和埔诏苏区的代表，出席了在江西瑞金召开的中华苏维埃共和国第一次代表大会。12 月，余登仁等返回诏安石下，在县委扩大会议上传达“一苏全代会”精神，宣讲《苏维埃组织法》《土地法》《劳动法》及苏区经济政策，会议还就党的组织建设、苏区政权建设和土地改革工作做了部署。会后，县委首先恢复遭破坏的第四区苏维埃政府，组建第一区、第二区等苏维埃政府。秀篆的石炉、篆北，官陂的马东，霞葛的五通，太平的大元、景坑等乡宣布成立苏维埃政权，各区自上而下推选出席县代表会的代表。

1932 年 6 月初，在毛泽东同志率领中国工农红军东路军取得攻占漳州胜利的形势下，饶和埔诏县工农兵代表大会在秀篆石下朝阳楼敦敬堂庄严举行，300 多名与会者每人擎着一支小红旗，大会由丘欣荣主持，余登仁作报告。会上成立饶和埔诏县苏维埃政府，选举产生政府主席余登仁，委员谢卓元、刘达三、陈明昌、李和尚。县苏政府及下设的秘书处和军事、粮食、土地 3 个委员会，同县委各个部门一起，都在朝阳楼内办公。

之后，县委、县苏在诏安境内的秀篆、官陂、霞葛、太平区的大部分乡村建立了红色政权，同时在思政、维新两区的部分乡村建立了红色据点。到 1933 年 4 月，在诏安全县 12 个自治区中，诏安苏区范围覆盖了其中的 6 个自治区，面积占全县区数的 51.8%。再后，苏区建政经历了数月的短暂挫折。

1933 年 11 月，“福建事变”发生，国民党十九路军与中央苏区临时中央政府达成协议，停止进攻苏区。以此为转机，县委、县苏的党员、干部放手恢复和新建乡村苏维埃政权，国民党秀篆反动乡长惊呼：“自民国廿一年受赤匪之害已无宁岁，东一带十余村叠受匪害，地方零落，目不堪睹。”国民党《江声报》1934 年 6 月 16 日载：“诏安二都霞葛一带……全区景象，几成第二闽西。”同时，在诏安临近饶平县的八仙山一带和临近云霄县的月港、金溪、进水、六洞等村，红色区域得到拓展。至 1934 年 7 月，饶和埔诏县苏维埃的辖区与闽南的其他革命根据地连成一片，其中诏安的苏区面积 744 平方公

中共饶和埔诏县委、县苏维埃政府旧址——秀篆镇石下村朝阳楼敦敬堂

里，占全县总面积 59.6%，按目前行政区划分，覆盖秀篆、官陂、霞葛、太平、建设、白洋、红星、深桥和金星等 9 个乡镇。

诏安不仅是饶和埔诏苏区的重要区域，而且是中央苏区的组成部分。2009 年 5 月 4 日，中共中央党史研究室《对“请求确认诏安县为中央苏区范围的请示”的回复》中明确指出：“现有资料可以证明诏安县在 20 世纪 30 年代初期曾属于中央苏区福建省管辖范围，据此，可以认定今诏安县当时属于中央苏区范围。”

二、土地革命的开展

饶和埔诏边区开展武装斗争初期，实行“打土豪惩恶霸，没收财物分钱粮”的政策。1929 年冬红四军进东江后，颁布《土地政纲》，宣传分田分地，主张没收豪绅地主、祠堂庙宇、教堂会产的土地、财产及富农出租的土地，集中销毁田契债务，废除封建土地所有制。中共饶和埔诏边区县委及各级苏维埃政府成立后，也有过土地革命的部署，但紧接着的反“清剿”斗争，使土地革命运动搁浅。

1932 年 7 月，县委扩大会议提出关于“党的中心任务要从发动群众起来抗租、抗捐、抗税、抗债与反帝、反国民党的斗争，深入到土地革命中，实现分配田地”的决议。之后，根据中华苏维埃共和国《土地法》，借鉴闽西经验，将土地革命逐次在苏区推开。

县委、县苏首先在诏安境内惩治林田、东坑尾、庵前几个反动分子，以此鼓动群众的革命情绪，很快，隔背、马坑、石坑里、彭山、神仙洞、石下纵横 60 余里区域内，有六七百农户加入贫农团、雇农工会、中农农会和赤卫队，参加废债务、打土豪、惩民团的斗争。

1932 年底，秀篆的石下、炉坑等地率先试行分田分地，以典型引路，再在秀篆、官陂、霞葛、太平等区的乡村进行分田分地运动。运动中提出“没收地主豪绅的土地，分给无地、少地的贫苦农民”口号，同时公布了“凡剥削量占总收入的 30%以上者划为地主，占 15%～25%者划为富农”政策，调动了群众的积极性。

县苏维埃土地委员会委派许阿波、游双罗、游元龙、游娘坤、李阿签等人组成工作组，并吸收一些贫苦农民参加，开展分田分地工作。其基本做法：一是以没收地主公堂地为主要目标，按原耕为基础，抽多补少，土质好坏，远近距离搭配，以石（约 0.1 亩）为计算单位按人口平均分配。二是由田主在每块田地上插上小红旗，标明姓名、地名、石数、自耕或佃耕（佃耕地需注明地主田或公堂田）。三是由分田工作组收集小红旗，分别进行统计，然后累计总面积，得出每人分地的石数，予以等级搭配。经过细致的工作，石下、炉坑两村共有 586 人分得土地 5890 石，每人分得 10.5 石，由乡苏发给产权确认通知书。同时，对红军、游击队战士实行“优抚代耕”。期间，饶和埔诏地区的 49 个乡开展了土地革命，有 14.3 万多农民分得土地共 12.8 万亩。分田户受益一般为一、二季，个别村庄受益达五季之久。

苏区分田后，农民生产积极性空前高涨，出现了建设高潮。各乡群众自觉行动起来，兴修水利，开山修路，改善生产生活条件。

为粉碎敌人的经济封锁，在县苏主席余登仁的倡议下，由马东乡苏副主席张水核负责，以民办公助、投资入股的方式，创办马东消费合作社。合作社推销山区柴、炭、竹木产品，设采购站于白区，购进日用食盐、煤油、布匹、电池等苏区紧缺物资，还千方百计地带回一些药品和枪弹，有效地缓解了军需民用紧张的状况。

苏区内实行义务教育，创办平民学校、民众夜校，以革命山歌、歌谣、斗争故事自编教材，为苏区培养人才，秀篆、霞葛等地还建后方军械修制厂、医院等，贫穷落后的山村出现了新面貌。

三、石下、马坑的反“围剿”斗争

1932 年 6 月 8 日，饶和埔诏县苏维埃政府在石下召开各乡苏主席会议。秀篆反动乡团得悉，出动 500 多人“围剿”，原定三天的会议暂停下来。县委、县苏紧急组织红三连、赤卫队和群众联合对敌，把队伍集结在石下、水口山岽高地，用火力堵住敌人进入内围的路，战斗僵持 3 个上午，敌伤亡 9 人。7 月 22 日，秀篆反动乡长王东先勾结青山瑞麟楼大地主李石送，纠集地主武装近 1000 人分三路进犯石下村。红三连、赤常队及当地群众再次联合出击，连战皆捷，俘敌 9 名。

诏安苏区势力的壮大，引起闽粤两省反动当局的恐慌，急调国民党陈济棠驻汕头的军队助剿。9月2日，国民党第四十九师第二九二团团长黄南鸿进抵诏安山区，部署5个连分别进驻上、下官陂，围困马坑一带的赤色乡村；以3个连进剿秀篆石下、炉坑一带根据地，还有3个连驻防平和大溪一线，切断红军退路。第二天，驻官陂5个连以民团为前导进攻马坑。红三连和赤常队预先埋伏在山口狙击，击毙民团20余人。黄部官兵未明虚实，不敢贸然推进，只在马坑烧了几间房屋后撤回驻地。8日，黄部再次纠集官陂一带乡村地主民团共2000余人，向马坑发起第二次进攻。县委早已提前组织军民在山地挖筑防御工事，在路口装置竹钉，埋炸炮。当敌人进入埋伏线时，军民联合发起反击，当场击毙黄部官兵数人，又有部分官兵被竹钉刺伤、炸炮炸伤。红军和赤卫队终因寡不敌众，被迫向千米高山龙伞岽撤退。

经过两次“围剿”失利，黄南鸿改以“驻剿”代替“追剿”，步步为营，逐步缩小包围圈。敌军进剿一村、烧杀抢一村；围困一个山头、焚烧搜索一个山头。9月14日早晨，黄以6000之众，从诏安石炉、马坑和平和大溪三个方向进攻龙伞岽，驻平和的张贞部也派3个连助战。红军声东击西，分路突围，与敌人展开肉搏战，冲出重围，迂回在深山密林中。

黄部攻占根据地后，把赤色区域的村庄和山林烧为焦土。石下、马坑、大北坑、东坑尾、龙伞岽等地财物被抢劫一空，民房90%被焚。还对上、下官陂和秀篆、大溪一带乡村实行经济封锁，企图切断县委和红军、赤常队给养。随后，“驻剿”的敌军利用地方反动势力创办民团，以对付共产党，欺压贫苦百姓。

为适应斗争环境的需要，县委决定将第三连存下的20人枪和赤常队员合编为饶和埔诏游击队，由黄佛任队长，张崇为指导员。分成3个武装工作组，除谢卓元和张崇等带领一组坚持在石下外，余登仁带一组到诏安的深湖、搭桥一带开辟新区，陈明昌带一组回饶平双善恢复苏区。

1933年春，在闽南、粤东国民党军队联合围剿下，中共饶和埔诏县委及部分武装人员被迫退入深山密林，栖身石洞，忍饥挨冻。县委书记刘锡三肺病加重，被辗转送往石下村和大埔、饶平隐蔽治疗，9 月在饶平打石铺村遭敌袭击牺牲。之后，代理书记余登仁将饶和埔诏情况向福建省委汇报。省委即派原闽西特委饶和埔诏巡视员赖洪祥继任县委书记，委员余登仁、谢卓元、张华云、张崇，游击队长由张崇兼任。县委机关先是设在龙伞岽大山上，后在该山周围赤竹坪、石下、马坑等一带游转。

10 月，黄南鸿部纠集官陂民团围剿马坑，罗石盘部亦伙同秀篆民团进犯石下。正在马坑领导分田的工作组许阿波、李阿签被叛徒出卖遭杀害。由石下派往马坑求援的交通员李谋果刚一进村即被叛徒告发，当场牺牲。石下的县委、县苏及游击队孤军对敌作战 18 天后，转移上山，过着食不果腹、居无定所的艰苦游击生活。

四、苏区肃反运动

苏区时期开展的肃反运动，是一场以王明“残酷斗争、无情打击”的“左”倾思想为指导的运动，中共饶和埔诏县委在执行时，又借鉴东江“肃 AB 团”、闽西“肃社会民主党”的过激做法，使得肃反范围更大，经历时间也较长。

1930 年下半年，由于闽西特委不切实际的决策，致使红四十八团在大埔高陂镇的战斗中伤亡过半，有些指战员产生思乡厌战情绪，出现叛变、外逃事件。1931 年 1 月后，红军队伍进行肃反，团长罗时元和副政委连半天被诬为“社会民主党”而遭冤杀。不少红军战士受株连被错杀。同年 3 月，中共饶和埔诏县委在秀篆犁壁石山开会，同样错误认为苏区反“围剿”之所以失利，也是红军内部“社会民主党”“AB 团”破坏的结果。于是谢卓元、张崇在红三连进行逼、供、信的所谓“整肃”，仅五六天时间，100 多人的红三连有六七十人被错杀。8 月，县委干部连娘恩和红三连战士占绝等人因“社党”嫌疑，被错杀在秀篆、霞葛等地。

翌年 8 月，在群团组织和部队机关及乡村赤卫队中，县委重演逼、供、信做法，除清查“社党”或“AB 团”，还包括其他“反动政治派别”。此外，凡是以身体有病为名不参加战斗的，因事请假外出超期归队的，常发牢骚、对领导发泄不满情绪的，均属“肃反”对象。如石下村赤卫队员游木利到官陂岳父家做客晚回，被疑“通敌”遭处决；来自饶平上饶的女游击队员詹阿燕，被指与官陂大地主张吉壳有联系，亦遭处决；红三连连长邱春光和武装骨干詹掇对县委委员连铁汉有意见，被诬告谋杀，县委轻信传言，将邱春光活埋在陈坑村。

8 月 11 日，秀篆龙潭楼地主王东先利用红军肃反行反间计，假造密信寄给石下村游祥细等人，让转告赤常队队长游祯吾伺机里应外合，并有意将信件内容外泄，红三连信以为真，处决游祯吾、游祥细、游新孝、游双水、游娘水 5 人。县委在石下开展肃反一个月，先后错杀 20 余人，造成人人自危，有些人怕被无辜牵连，离队逃走。

党和红军进行肃反是必要的，但肃反扩大化却让亲者痛、仇者快，严重干扰破坏饶和埔诏革命事业。直到 1932 年底，县委获知苏区中央局年初作出的《关于苏区肃反工作决议案》，这场内部整肃乱捕滥杀的灾难才基本停止。

第三节　中央苏区的前哨站与交通线

一、拓展闽粤边苏区领域

1932 年，中共潮澄饶县委领导的凤凰山区革命斗争逐步走向高潮，并向诏安边界地区蔓延。是年夏，饶平红军张金盛、阿梅、陈秋贵、兰花等领导人来到诏安坪路村发动“扩红”，仅数天就有 40 多人报名参加红军。秋，中共潮澄饶县委先后派出阿坤、阿碧、云连等近 30 名武装工作人员，来到诏安中部的坪路、前洋、小岭等村和乌山脚下的一些乡村秘密活动。他们在月港村召开群众大会，揭露国民党反动派苛捐杂税、横征暴敛的罪行，宣传“红军是穷人的子弟兵，专门打倒地主的队伍”，很快就把这一带的群众发动起来，红色区域由凤凰山扩展至诏安县的牛皮山、乌山一带。潮澄饶革命力量还协助余登仁率领的饶和埔诏武装工作组，在不少乡村发展党员和积极分子，建立党组织和游击小组，为诏饶边八仙山根据地的创立奠定基础。

1933 年“闽变”之后，县委书记赖洪祥带领游击队到饶平岩下、磜头一带，着手恢复上饶苏区。县苏主席余登仁带领工作组在诏安的深湖、坪路和饶平的赤坑一带山村发动群众、建立苏维埃政权、扩大红军队伍。在第一区委书记吴立的配合下，很快将队伍发展到 400 多人，革命力量逐步扩展到饶平的渔村、下蔡、赤坑一带山村，从而同第二区诏安的景坑、新营、胡岭一带老区连成一片。

1934 年 4 月 16 日，潮澄澳红三大队和特务大队合共 200 人挺进诏安赤竹坪村，游击于霞葛、官陂、秀篆一带。18 日，又分兵到西潭、汀洋活动，与余登仁率领的游击队取得联系。不久，又共同攻打黄牛山。

白洋乡旧宙村黄牛山

黄牛山在深湖村西北面的闽粤交界处，反动会道门“白扇门”头子沈之光以此为巢穴，拥武装会众近 60 人，有步枪 20 多支、大刀 20 多柄。他们长期勾结国民党官兵洗劫周围乡村，煽动群众对抗共产党，反对农会组织。为了铲除这一祸害，4 月 23 日，余登仁、张崇带领县游击队和当地赤卫队 200 多人攻打黄牛山，沈之光率匪众凭险峻地势顽抗。游击队激战一天未克，只好撤回八仙山的白鹤寺。潮澄澳红军闻讯赶来参战。4 月 30 日，两支队伍从酒湖、旧宙、赤坑分三路围攻黄牛山，当场击毙匪徒 6 人，匪首沈之光跳崖毙命，其余会众弃械投降，后经教育遣送回家。经此一战，打通闽粤边游击走廊，创立了以八仙山为主的诏饶边革命根据地。

此后，红三大队和特务大队分开活动。特务大队在李金盛的率领下，一直坚持活动在饶诏边境，配合饶和埔诏游击队，转战于诏安的白叶、坪路、江亩坑、金溪一带山村和饶平的渔村、赤坑等村庄，打土豪劣绅，牵制敌人对饶和埔诏老区的"围剿"，并帮助乡村建立苏维埃政权和赤卫队。红三大队在贝必锡、朱增强的率领下，北上乌山的北蔗、水晶坪一带，开拓了以乌山为中心的革命根据地。8 月，折回秀篆石下，配合游击队，进攻下割井北楼反动据点，毙敌 18 名，缴获长短枪 40 多支和一批子弹。随后，又乘胜扫除上、下官陂两处国民党据点，带领群众分米分谷，从而恢复了下割、南陂、径口一带老区。同月，福建省苏主席张鼎丞率闽西红军 400 多人转战诏平边地，在诏安苏区造成很大的政治影响。

"1934 年（诏安）红军遍起，发展极迅速"。由于饶和埔诏革命武装与外来红军在诏安的来回出击，形成了龙伞崬、八仙山、乌山三个革命根据地相互呼应的稳固格局。

二、维护中央苏区秘密交通线

1930 年秋，中共中央决定，在赣南成立中央苏区中央局，并在瑞金组织中华苏维埃共和国中央临时政府、中央革命军事委员会，亟须从各地输送一批干部到中央苏区和红军中，以加强苏区建设、斗争的领导。为此，在周恩来同志直接领导下，于是年冬，开辟了从上海到中央苏区的秘密交通线，主线从上海出发，经香港、汕头、潮州、大埔青溪站、闽西永定，抵达瑞金。1931 年 3 月，中共中央交通局又建立一条由汕头经饶平、诏安、平和、永定进入中央苏区的交通支线。

中共饶和埔诏县委根据中央的决定及南方局的指示，建立两条县委交通线，一条从饶平县岩下入诏安县境，经磜头、割坪、黄姐坑、屋场子、江屋城、陈坑、朱湖、庵前、石下，进入平和县，所经过的诏安这些点上的交通服务站由秀篆北乡革命委员会负责人游石针负责。还有一条是经诏安的赤竹坪、妹子正、上火坑、马坑、粟竹头、陈坑、四角楼、和里洞（饶属）、磜岭黄泥坑、尖崇仔、大高岩、枫树林、青子科石条，到饶平的山美村。

为保证交通线安全畅通，县委决定在中央交通线沿途乡村暂停公开分田斗争，抽调精干武装配合中央保卫局武装交通班行动，秘密惩办反动分子，组织红色运送队，承担护送干部、转运物资等任务。1930 年 11 月，中央军委参谋长叶剑英在中央地下交通员卢伟良和县委派出的武装班战士护送下，从饶平进入饶诏边境，"过太平圩，到下割转秀篆，进入上善后到大埔和村"，在红十二军政委蔡树藩和陈友福等人的陪同下，安全顺利抵达闽西特委所在地虎岗。

1931 年 4 月，中央特科负责人顾顺章叛变，致交通主线受到严重破坏，危及上海党中央的安全，饶和埔诏苏区交通线承担了更多党中央干部进入苏区的护送任务，特别是 1933 年间，党中央从上海转移到中央苏区，这条交通线承担着十分繁重的护送转移任务。

从 1930 年起，饶和埔诏苏区交通线上的干部群众不怕牺牲、艰苦斗争、默默奉献，使这条交通线直至 1935 年 6 月仍畅通无阻，成为"摧不垮、打不掉的地下航线"。中央交通线及其辅线在这 5 年中，先后护送周恩来、刘少奇、陈云、董必武、聂荣臻、蔡畅、刘伯承、邓小平、林伯渠和德籍军事顾问李德等中央、省党政领导 200 多人安全通过，通过这条交通线由饶和埔诏苏区转运到中央苏区的物资达 16 万担，为中央苏区的反"围剿"斗争及发展生产、保障供给做出了贡献。

第三章　依托乌山　游击破敌

第一节　党组织变更与肃反扩大化

一、困境中的饶和埔诏县委

1934年8月1日，中共闽粤边区特委正式成立，黄会聪为书记，何鸣、何浚任常委，饶和埔诏县委的隶属关系由苏区福建省委转为闽粤边区特委。当月，特委对县委领导班子作了调整，赖洪祥沿任县委书记，任命许其伟为组织部长、余登仁为宣传部长，委员有张崇、张牛眼、黄佛、李和尚等，前委员谢卓元、张华云上调特委。县委机关由霞葛下寮迁至秀篆赤竹坪，下辖2个区委、14个党支部、80多名党员。赤色乡村划分为一区（县委直属中心区）和二区，一区包括诏安北部的赤竹坪、马坑、石下、青山、赤坑尾、黄秋坑、尖崇仔等10多个山村，当时马坑有2个支部、青山合赤坑尾1个支部、赤竹坪、黄秋坑、尖崇仔各1个支部；二区包括饶平的九村（碗业工人）和大埔的西岩山、百侯，有8个支部。

由于县委赖洪祥书记肺病沉重未能履职，而肃反对干部的负面影响还在，削弱了核心领导力，而反动势力对赤色区域和革命力量则步步进逼，因此，饶和埔诏局势渐趋恶化。

9月，许其伟、余登仁和廖火安带领数名游击队员，到诏属岭下溪和饶属和里洞等村活动。省保安部队驻诏安保安营营长沈东海获悉，约同诏饶军警分头围攻。许其伟闻讯，即率游击队同潮澄澳红三大队会合，夜袭诏安小北港村沈东海的老家。沈东海听说老家遭袭，采取报复手段，疯狂洗劫岭下溪、和里洞等村。

1934年10月，中央红军长征。闽粤边区特委与中共中央联系随之中断，对苏区中心沦陷的变故并不知晓，仍制造大的动作声势，以拖住敌军，减轻中央反扫荡的压力。是年冬，蒋介石命中央军第八十师陈琪部、粤军第二独立师张瑞贵部分别进驻漳州、潮州，为扫荡闽粤边区做准备。饶和埔诏县委没有为即将来临的残酷扫荡预作绸缪，却忙着推行苏区分田、建政的既定方针。在直属中心区地主跑光、农民无偿用地的情况下，仍强迫村民分地主田地，结果招来敌人疯狂报复。县委成立工作组，再次打回饶平县双善、岭案一带，试图恢复苏区政权，但国民党强化治安，组织“绥靖”清乡，致工作无法开展，只好转回诏安石下一带活动。

1935年初，赖洪祥病逝，许其伟接任县委书记，张崇、余登仁分别担任组织部长、宣传部长。县委为解决经济危机，派游击队出击打土豪、筹给养，首先截获官陂1名大地主，令其家属缴交3000光洋“赎金”，后又办了数起，所获大部上解，少量留作县委经费，暂时渡过难关。

3月，国民党政府召集诏安、平和、云霄3县军警，在乌山一带连续封山烧山14天。之后，又在民团配合下实施春季“清乡”，诏安县秀篆、官陂、霞葛3个乡成为“清乡”重点。县委机关及游击队非常被动，活动范围日渐缩小，群众工作愈加困难，经常得分散隐蔽于深山老林，住石洞，吃野菜，过着“十日吃九餐，一夜三搬家”的艰困生活。县委委员张牛眼等二人在秀篆炉坑村活动时遇敌，不幸牺牲；游击队员阿述在官陂寨下村被民团杀害。

其时，余登仁在饶平县新丰村的家人也遭到敌人的残酷迫害，其妻子被反动保长强奸后悬梁自尽，房屋被焚烧，财物被洗劫，碗窑被捣毁。孤苦无依的母亲，既希望见到自己的儿子，又担心儿子贸然归来落入敌手。老人费尽周折打听到余登仁隐蔽在诏安西北山区，于是悄悄离开家乡，翻过柏崧关，来到赤竹坪找到儿子。余登仁听说家中因自己而遭不幸，又见母亲更显苍老、憔悴，心情甚是沉重。老人能见到儿子已觉满足，为了不给队伍添麻烦，她第二天便要走，临别谢绝了大家凑起来送给她的几块光洋，留下了对儿子继续革命的勉励。

是年夏秋之间，饶和埔诏“剿匪”司令部实施荡平苏区计划，中央军第八十师陈琪部、粤军第二独立师张瑞贵部及地方军警参与行动。敌人在要害处所筑炮楼、修工事、立排栅，尽行焚毁经过的山林，大肆洗劫赤色乡村。捕获革命民众，初则一律格杀，后实行所谓“剿抚兼施”的政策。强迫民众组织保甲、民团，宣布“联坐法”“十杀令”，实行移民并村，隔绝红军、游击队与群众的联系。

由于敌我力量过于悬殊，县委面临的局势非常严峻。游击队长黄佛因爱人亚信被国民党杀害，悲观消极离队出走，县委仅存许其伟、余登仁、张崇 3 人，游击队亦出现非战斗减员，仅剩 17 人枪。县委机关从赤竹坪村迁到黄秋坑、尖岽仔，这些村庄处于秀篆、官陂、霞葛 3 个乡反动民团包围之中，群众被迫移民下山后，要往山上送粮、送情报很困难，县委、游击队不得不移到坪路、搭桥一带。而饶平、大埔的苏区，则先后丢失。

尽管六七月间，饶和埔诏县委在进入诏安山区的闽西红军独立第九团帮助下，曾在赤竹坪、马坑、石下等村重建苏维埃政权，领导群众分田，并于马东乡设立消费合作社，聊解敌人封锁下的军需民用，但红九团一走，县委仅靠自身薄弱力量，难以为继。

二、饶和埔诏县委撤销与云和诏县委成立

1935 年 7 月，闽粤边区特委接到举报，反映饶和埔诏县委将谢卓元起草《关于中央主力红军退出中央苏区与新的形势及党的任务》作为特委“决定”，在党内和红军队伍中散发。黄会聪书记派何鸣追查，经多方盘查，实情是年初谢卓元到县委协助工作，在县委会议上谈论时局时，提到第五次反围剿的失败，红军已经残溃，以及中国革命高潮的低落等，从而流露出悲观失望情绪，但并没有假造特委“决定”。尽管如此，特委仍撤销了许其伟的县委书记职务，给余登仁留党察看处分，指定张崇接任书记，谢卓元则被调回特委接受

批判。

10 月 10 日，闽粤边区特委发出《关于处置假造特委决定问题》的文件，在党内通报。通报中指责谢卓元“公开歌颂国民党”“是法西斯蒂在党内的应声虫”，指责饶和埔诏县委“作了谢卓元的俘虏”，“对假造政治决议案的余登仁没有给予严厉的处分，以致使这些分子继续混在党内，而使饶和埔诏工作全部倒台”，指余登仁为“假造政治决议案首要分子”“一贯来的机会主义”“一贯来的阶级模糊与自由行动”。

11 月初，闽粤边区特委委员何鸣代表特委，在乌山十八间主持中共潮澄饶县委扩大会议，会议总结革命斗争经验教训，部署恢复潮澄饶苏区，开辟云和诏游击区，建立乌山革命根据地的任务。同时，传达特委决定，从潮澄饶县委抽出一批骨干组建中共云和诏县委。任命闽粤边特委委员张敏为云和诏、潮澄饶县委特派员，兼管两县工作。当月，中共云和诏县委正式成立，县委书记蔡蔚林，组织部长陈耀潮，宣传部长陈老诏。下辖 4 个区：一区诏安江亩坑至西潭一带；二区诏安景坑至坪络一带；三区诏安进水至金溪一带；四区至平和、云霄边境；诏安四都、五都各设一个工作组。县委机关游移于进水、坪水、月港一带，并先后在白水蛇、樟老树、北蔗、仙人石设立交通站。

12 月 15 日，特委做出解散中共饶和埔诏县委的决定，其所属诏安秀篆、官陂、太平等地赤色村庄改为 5 区。原县委委员余登仁予以开除党籍处分，并扣留审查；张崇、许其伟分别转任云和诏县委委员、一区区长。原县委工作人员和游击队员，组成饶和诏工作团。

三、清查“社会民主党”运动

在党内极左路线的指引下，闽粤边特委于 1936 年初开始清查“社会民主党”，谢卓元、张华云因被定为“社会民主党首要分子”而被杀。余登仁被定为“混在饶和埔诏县委机关中的社党”，指其“借名肃反企图杀害一些真正的共产党员”。政治保卫队长陈老诏到诏安尖岽仔村押解余登仁回特委驻地，途经水晶坪遇敌，陈将余就地处死。

之后，清查“社党”运动在县、区委机关进行。原饶平浮凤区委书记文步炳，出于对进剿大山乡敌军大肆焚烧村庄、捕杀群众的激愤，率领赤卫队员在敌归途截击，不意暴露牛寮村红军隐蔽点。因此，运动伊始便被指通敌，系暗藏的“社党”分子。潮澄饶县委、县革委机关驻地打埔崇和三平遭破坏，又怀疑县革委秘书张镇波、县委《红潮》报印刷所负责人希侯及 1 名女干部给敌人通风报信。特委特派员张敏对 3 人所涉情事不经取证核实，就将其列入“社党”分子名单，坑杀于黄牛山。接着，在机关发动检举“社党”分子。结果，又冤杀浮凤区的苏维埃政府副主席黄淑苏、区委委员林振翩、妇委叶淑兰，以及区联队队长柯良、饶城工作组长林木松、红军骨干彭喜等。

2 月后，肃反扩大到红军闽粤边独立营。该营部分指战员原属潮澄饶红三大队、特务大队，一些人参加革命不久，对队伍离乡、改编本有抵触情绪，加之在乌山听说亲人被国民党军杀害、家园被毁，强烈要求打回浮凤报仇。领导者对工农战士的恋土情绪和复仇思想不予开导，却简单粗暴地认为是“社党”煽动的“哗变”。于是，独立营政委贝必锡和政治部主任浦益多被指为带头“抵抗党的命令”“于改编红军时在队伍内散布悲观失望的谣言”，是队伍内“社会民主党”为首分子。两人先被撤职，后遭暗杀。潮澄饶红军第一大队队长卢秋桂，因对部分战士想打回家乡为父老报仇的心情表示理解，也被指作制造哗变为首分子。当获悉政保队要杀他时，卢秋桂弃枪连夜出走，其妻子兰花遭株连被坑杀。红军家属林花、文翠英也因亲人被诬而遭冤杀。

运动中由于严刑逼供，致被审查者皆承认参加“社会民主党”，有的还无端牵连他人。结果，区一级干部的十分之七被扣押，独立营中的中队长、排长十分之五被扣押，总共被扣押的红军指战员和区一级干部逾 130 名，首批被处决的就达七八十人。

3 月起，清查延及乡村基层干部和革命群众。共产党员黄秋练、黄三海、文炎兵等人不过是说错话、做错事，就被当作“社党”分子杀掉。原潮澄饶县委书记陈信胜调潮澄揭工作后，专程到诏安找特委汇报请示工作，则被诬为漏网的“AB团”首要分子而拘捕杀害。

大规模的整肃，使队伍中人人自危。云和诏县委书记蔡蔚林唯恐株连，携款逃往香港。大批区乡干部和红军战士目睹战友、乡亲无辜被杀，也相继逃离。原有200多人枪的独立营，肃反后仅存六七十人枪。转移到闽南的潮、澄、饶县区乡干部和红军家属近400人，肃反只剩下200人左右。致使部队战斗力下降，部分区乡的工作瘫痪。

1936年4月，云和诏县委保卫队队长陈老诏仅凭一份“口供”，把县委印刷所负责刻写蜡纸的卢叨打成“社党分子”，将他与同涉“社党”案的其他50多人一起，关押在云霄县坪水月眉池山洞中。在被关押的30多天里，卢叨与其他在押战友一样，面临着死亡的威胁。为尽可能避免错杀无辜的悲剧，卢叨写了《申冤书》，不仅为自己申辩，而且把保卫队严刑拷打“犯人”，随意处死在押人员的情状如实做了报告。

这封《申冤书》，由继任的县委书记张敏转交闽粤边特委。特委书记黄会聪阅信后，联想自己先前搞肃反扩大化的沉痛教训，他亲自对卢叨一案进行审查、予以平反，又以特委名义要求县委对在押人员重新审查，这些人最终全部释放。

纠正了肃反扩大化错误后，县委和独立营重新焕发出生机与活力。至1936年10月，云和诏各区委领导下的支部共约100个，党员500多名，独立营也恢复到200多人。党的组织和红军队伍战斗力逐步加强。

第二节　开创游击战争新局面

一、乌山游击根据地初辟

1934年10月8日，中共中央于主力红军转移前夕发出《给中央分局的训令》，指出留在中央苏区的党组织和红军部队“基本任务是发展广泛的游击战争，来反对敌人与保卫苏区”，强调“游击战争应该并且必须成为目前战斗的主要方式”。此后，南方进入艰苦卓绝的三年游击战争时期。该时期，以乌山为中心的云和诏游击根据地建立，并与潮州的凤凰山根据地、漳浦的梁山根据地三足鼎立、互相呼应，有力地支撑了闽南、粤东的革命斗争。

乌山革命根据地(沈洪生 摄)

乌山位于诏安与云霄、平和的交界处，为闽粤边地较雄伟的山脉，山体大部分坐落在诏安境内。其南北长 45 公里，东西宽 20 公里，面积逾 900 平方公里，主峰海拔 1050.6 米。乌山有由层峦叠嶂、丛崖深涧构成的险峻形势，又有众多的石井、石洞和天然石隧道，加之道路盘纡、草木繁盛、云雾缭绕，使之既易守难攻，又可前出周边数县。地方村庄零散、人口稀少，山民生活困苦。据当年在此从事革命活动的卢叨回忆：“乌山穷苦的农民群众，每年二月过后，就以‘番薯圈’过活。其粥的稀，真是‘举碗照见我双眉’，很多到过乌山的同志都留下深刻的印象，甚至曾有个别的同志一提到乌山的稀粥就生畏心……山区高寒，百姓冬天却穿着单衣、短裤。”不仅如此，贫弱百姓还要遭受强房富户的欺凌。因此，为我党建立革命根据地提供了适宜的地理条件和群众基础。

1935 年初，饶和埔诏县委机关从赤竹坪转移到黄秋坑、尖崇仔，当时县委只剩5个干部和10来个小村庄，周边强敌环伺，处境异常艰险。于是，便主动撤离秀篆、上官陂、霞葛，转入乌山，着手根据地的草创。

1935年夏，国民党中央军第八十师准备对闽粤边红色区域进行“清剿”。中共闽粤边区特委领导找红三团四连指导员卢胜谈话，要他率领一支20多人的精干小分队，由靖和浦地区转入云和诏地区，发展武装，牵制敌人，建立乌山革命根据地。小分队很快从特委所在的平和县欧寮村启程，由老区群众带路，先到平和峨嵋山一带村庄，宣传群众，扩充队伍。而后游移于云霄县与平和县结合部的一些乡村，拔除地主武装，开仓救济贫民。接着，小分队进入乌山一带，将工作扩展到诏安的十八间、北蔗、进水、五洞、六洞、林畲、龙磔等地。9月25日，队伍在北蔗打退了敌200多人的进攻，突围中，我方伤亡五六人。10月2日，小分队奇袭云霄水晶坪桥仔头的土堡，处决作恶多端的反动地主张亚钗，缴获长短枪10多支，把大部分财物分给贫苦民众。

大约与卢胜小分队离开靖和浦苏区同时，红三大队也离开潮澄饶苏区。该大队先是在诏饶边地活动，利用国民党警卫诏安县城的连队调防之机，在路上设伏，毙敌10多人。而后会同特务大队，没收华表、上营、洋边等村8户地主财物，分给当地群众。是年秋，进入乌山地区，歼灭了驻诏省保安沈东海部的有生力量。不久，在乌山月眉池，与卢胜率领的红三团小分队会师。

闽粤边区特委根据开辟乌山根据地、发展云和诏游击区的需要，将潮澄饶红三大队、特务大队，卢秋桂短枪队和闽西红九团邓珊部、红三团卢胜部予以整编。1935年10月，在乌山腹地北蔗村寨内埕公厅，成立中国工农红军闽粤边区独立营。全营200多人枪，营长邓珊，政委贝必锡。独立营归闽粤边特委领导。不久，原营长牺牲、政委遭错杀，新任营长卢胜、政委吴金。

到1935年年底，以诏安的北蔗、进水和云霄的水晶坪、半岭一带为中心，云和诏乌山游击根据地完成初辟。翌年，根据地增设了交通站、被服厂和印刷厂，并设有后方伤兵处和看守所。中共云和

中国工农红军闽粤边独立营成立旧址——红星乡北蔗村寨内埕

诏县委、闽粤边独立营在乌山一带积极宣传共产党的政策，发动和依靠群众，打击地主恶霸反动势力，建立基层党组织和群众组织、武装组织，以巩固乌山革命根据地。

二、依托乌山四面出击

乌山游击根据地的建立，使闽粤边区开展游击战争有了进可攻、退宜守的战略支点。我方以此为依托，不仅在敌人残酷的“清剿”中保存了自己，而且将游击战争推向了敌占区。

1935 年 11 月，国民党以第八十师 3 个团、新十师 2 个团和省保安 1 个团的兵力，驻守漳州市区和诏安、平和、云霄县城，以及官陂、梅洲、大溪、南胜、盘陀等 10 处交通要地。云和诏县委和独立营执行特委的指令，分分合合，先后在仙人石、梅林、大沙岗、斗寮、七高礤、银坑、和尚寮、公田、水晶坪、北蔗、坪水、进水、五洞、六洞等村活动，宣传发动群众，发展赤卫队，打击劣绅恶霸，消灭地主武装，敌军来了，队伍就退到深山密林里去，找机会予敌以打击。

1935 年 12 月，独立营由乌山地区主动对外出击，不断取得战果。东部攻打诏安四都盐警队，沿着四都、梅洲出击，直逼云霄县城；西部从坪路、景坑、塔桥，至西潭、美营，靠近诏安县城；南边至溪南、考湖一带；北边从官陂打到秀篆，直至平和县大溪。

1936 年初，独立营攻打县委驻地月港村附近的江亩坑乡公所，当场击毙反动大地主、保长何丑仙，活抓县民团副团长康良汗，打死打伤联防队12人，缴获一批枪支弹药。4月，独立营与敌对决七昼夜，采取挖洞爆破的办法，攻克秀篆隔背坑坝楼，迫使反动地主武装缴械投降。接着，转战官陂凤岗楼，攻克民团据点，缴获长短枪几十支。5月，县委组织赤卫队100多人，夜捕西潭村的一个大地主，将缴获物资分给群众。9月，卢胜带队从平和回师诏安，又在武工队、赤卫队的配合下，攻打位于金溪圩附近的圆林灰寨。守卫这个顽固堡垒的，是一支由七八个地主豢养的200多人枪的反动联队，装备良好，工事牢固。独立营几次强攻失利，改以挖地洞、埋炸药予以爆破，迫使其缴械投降。

至此，诏安的游击战达到全盛时期。不仅巩固了乌山游击根据地，而且扩大了乌山以外的游击区。县委在5个工作区中建立了100多个党支部，发展500多名党员。党的地下联络站进一步增加，延伸至县城北门外的紫峰庙，西门外的理发铺，县城内设有内线工作小组，及时提供情报；还派游击队员沈泉水出任诏安保安队中队长，使云和诏县委工作人员甚至张敏、卢胜等领导都能安全进出县城。在武装游击战大好形势下，云和诏地区上接靖和浦地区，下连潮澄饶地区。

三、破敌之军事、政治、经济攻势

1936年，面对云和诏革命力量由弱到强，游击区域从小到大的发展势头，敌中央军第八十师、第七十五师和第一五七师，先后发动对乌山根据地及游击区的进攻，军事、经济、政治等办法兼行并用，云和诏县委和红军游击队则采取了针锋相对的斗争策略。

军事上，1936年2月，国民党第八十师和闽省保安团共7000多人，再次“清剿”乌山革命根据地，云和诏的中共组织、红军游击队采取“避敌锋芒，深入敌后，声东击西，打击敌人”的方法，与敌人周旋。时云霄、诏安两县保安队伙同地主武装，以两路包抄乌山东麓的湖内村。红军诱敌深入，上午故意投入敌人的包围圈，及至黄昏悄悄撤离，到湖内山上设伏。夜里，两路敌军向湖内村发起进攻，结果自相残杀，乘敌酣战未醒，红军摸到其身后伺机出击，敌死伤数十人。等到敌军发觉上当，红军已班师回营。是年夏，敌第八十师一部进攻湖内，独立营和赤卫队挖战壕、筑工事，严阵以待。敌进攻时，遭红军前后狙击，死伤20多人，狼狈退却。

政治上，“清剿”部队动辄以“通匪、资匪”捉人杀人，第八十师官兵抓走公田村125名无辜村民，以“勾结共匪”为由勒索巨款，不少人因此倾家荡产。国民党当局强迫群众移民并村、签名自新，实行保甲联防制度，中共闽粤边特委为尽量避免群众利益受损失，并不阻拦群众离开苏区，也允许群众向国民党集体“自新”。为了保存革命的有生力量，还准许未暴露身份的党员干部和武装人员和群众一道，在敌人的“自新书”上签名。县委将军政人员及赤卫队骨干组成工作队，在开展统战宣传的同时，保持对民团的军事威慑力，将守望队争取作红色抗日自卫队，使敌炮楼变成赤色炮楼。在乌山外围还建立缓冲区，保甲长在国民党军队进村时，给予应付接待，暗里将其人数、武器、驻扎时间转告县委和独立营，使我方能及时考虑是组织打击抑或安排回避。

经济上，国民党当局“不准山货出山，不准生产资料和生活资料进山”，派军队在路口设关卡，盘查进出群众，县委和红军游击队则组织群众“坚壁清野”对抗“清剿”之敌，不让其取得粮食补给。敌人进村时，组织群众转移上山隐蔽，待敌人离村，再护送群众返村生产。生产出来的山货，于“早、午、晚”走羊肠小道，进城出卖，并购买生产和生活需要的物资带回。这样，既保护了乌山地区群众的生产生活，又保障了红军、游击队、赤卫队的需要。

四、闽西红军独立第九团三进诏安

按闽西南军政委员会关于“开辟新的游击区，打通与闽南红三团的联系”的指令，闽西红军独立第九团在吴胜团长、谢育才政委率领下，于1935年4月从闽西挺进闽南。队伍于5月初入诏，沿大麻崇、坪石崇、三角塘等村庄，抵达秀篆石炉乡。

石炉乡原是中共饶和埔诏县委的基点乡，曾遭国民党反动派的残酷摧残。红九团驻扎的地方随处可见烧毁的民舍，残垣断壁上遗有红军标语。当晚，红九团派兵打下石下村对面的瑞麟楼，把反动头子的浮财、粮食分给贫苦农民。第二天上午，县委余登仁、张崇闻讯，会同红三大队、游击队，从赤竹坪赶来会面。在残酷斗争环境中，能和自己的队伍相逢，大家激动之情溢于言表。当晚，在清凉庵举行军民联欢会，红军、游击队同周边村庄的民众近 500 人参加，气氛相当热烈。

翌日，余登仁向该团领导介绍饶和埔诏地区的敌我态势，谢育才则传达闽西南军政委员会的指令及红九团下闽南所负使命。接下来，红九团在饶平、诏安、平和 3 县交界地带开展游击活动，并协助饶和埔诏县委做直属中心区的一些恢复工作。几天后，红九团本拟东进平和三平与红三团会合，而驻平和大溪的敌第八十师 2 个团却赶在官陂发起进攻。红九团改变计划，留下一个排配合游击队就地坚持斗争，主力移至饶平，在双善打退粤军李汉魂部及民团共 600 人的截击，打死打伤敌 200 人，自己牺牲 5 人、负伤 18 人。之后，红九团在饶和埔诏地区开展游击战，缴获大量军需物资，将土豪劣绅浮财分予贫民。

6 月中旬，红九团在饶平与饶和埔诏游击队汇合，乘夜急行军抵达诏安龙伞岽，在石下、三角塘、马坑活动了几天。而后，从马坑楼子村出发，翻过秀篆八仙座山，奔袭国民党第八十师设在平和大溪的兵站，歼灭敌一个连，缴获几百套军装、1 万多发子弹及其他军需用品。

6 月 24 日，红九团化装成国军出平和，取道云霄马铺，一路急行军百余里，26 日到达平和三平，与红三团会师。中共闽粤边特委在文峰山前村为闽西、闽南这两支劲旅举行盛大联欢会。

7 月下旬，红九团抵达乌山深处的龙磜村，是为第三次入诏。部队在乌山仙人洞附近与诏安国民党保安队打了一仗，消灭敌 1 个排。由于近 20 名伤员随行，部队便分散在乌山的长林、公田、龙磜驻扎。因行踪被敌人发现，部队且战且退上了龙伞岽。不久在三角塘、石下联系上饶和埔诏县委的同志，把伤员安置在碧婆岩伤兵医疗所。

红九团配合游击队，于7月28日开始攻打秀篆隔背坑坝楼，到8月3日，终于拔掉诏安西北山区的这个反动堡垒。之后，红九团在秀篆一带开展活动，初冬，挺进官陂五坑、霞葛上田，再迂回到饶平的浮山，返抵诏安的新营、景坑、大元中，突进秀篆后堀到东坑，在东坑与敌激战之后，开到那尼洋，纵横数百里，配合地方革命力量，胜利转上乌山。最后越漳浦、入平和，返回永定金丰大山。

第三节　发动各方共赴国难

一、组建抗日武装及救亡团体

1935年，日本帝国主义在制造华北自治后，进而推行南进政策，闽粤沿海首当其冲，而蒋介石对日军的侵略行径，一如既往坚持不抵抗政策。中国共产党则审时度势，提出建立抗日反蒋统一战线的主张。

1935年底，中共闽粤边区特委间接获悉党中央关于抗日反蒋统一战线的方针策略，“指示各地党部立即广泛的公开的不分党派的组织与参加各种各样的反日行动，并普遍的不分党派、职业、信仰、宗教、阶级，组织各种各色的反日组织及反日武装”。各级党组织通过各种途径和办法，广泛进行抗日反蒋、保家卫国的宣传活动，到1936年6月，云和诏地区参加抗日救国会1万多人、抗日义勇军500多人、农民抗日自卫军3000多人。同时，特委决定将红军游击队改编为抗日武装，独立营为闽南抗日第一支队，支队长卢胜，政委吴金；红三团为闽南抗日第三支队，支队长张长水，政委何鸣；潮澄饶红军第一大队为闽南抗日第五支队，支队长李金盛，政治部主任刘炳勋。

当共产党发动各方共赴国难救亡图存之时，国民党当局却反其道而行之。1936年1月，诏安进步青年沈桐浦、郑捷行创办的“大同派报社”开业，大量出售上海、香港等地出版的宣传抗日救亡、传播进步思想的书报。翌年7月，当局漏夜出动保安大队查封该报社，搜捕报社人员和与之来往的“政治嫌疑犯”，郑觉先、涂屏南、郭荫松、沈桐浦等进步知识青年先后被投入监狱。

1936年7月，国民党福建省政府命令陆军第八十师陈琪部纠合诏安、平和保安团，加紧围剿共产党和红军。为破敌围剿，红军第一支队配合红三团奔袭云霄县城，破宏利银庄，共收缴银圆3万多块、钞票1万多元，迫使陈部急忙回兵救援。

是年秋，粤军一五七师进驻诏安，纠集饶平、平和、诏安三县地主武装，进剿闽粤边区革命根据地。红三团避开强敌锋芒，发挥熟悉地形地物之长，以麻雀战、夜战、突袭战对付来犯之敌，针对敌军薄弱环节伺机出击，于北蔗、太平等地利用夜间袭扰。第一支队在云霄车仔圩外围山坳打伏击，歼敌一个警卫连。敌军被动挨打，欲找红军作战却找不着。疲于奔命的敌一五七师3个月内消灭共党的计划成了泡影，该师师长黄涛不禁喟叹：“剿共是世间一项最苦差事。”

当敌军在山里折腾之时，红军第五支队却活跃于饶诏边境，拔除20多个反动据点，缴获长短枪100余支，壮大了红军队伍，扩充了游击队及农民协会，领导农民抗租抗税、开仓放粮。

二、从金溪谈判到“六二六”协议

1936年12月12日张学良和杨虎城在西安发动的“兵谏”，以25日蒋介石接受中共中央“停止内战，联共抗日”主张而和平解决。中共闽粤边区特委获悉后，积极发动各县、区、乡开展合作抗日的宣传活动，随后，抗日救亡运动在各界群众中兴起，“停止内战，一致抗日”的呼声遍及城乡。

1937年3月，特委根据中共南方临时工作委员会的来信精神，为促进国共和谈与合作抗日，公开向粤军一五七师发出呼吁，建议双方停止军事行动并派代表举行合作抗日谈判，内部指示红三团尽量避免与粤一五七师发生冲突。同时，请闽南爱国人士出面从中牵线斡旋。

西安事变后，国民党闽南当局秉承蒋介石"北和南剿"的旨意，并未放弃对乌山根据地及游击区的"清剿"政策，但粤军一五七师的剿共行动却屡被挫败。因此，驻漳一五七师当局改用两面手法，既赞成谈判，又不忘清剿，目的还是为了消灭红军。

4月19日，红军闽南抗日第一支队政委吴金与一五七师驻诏部队连长伍笃祺，在诏安金溪举行试探性的会谈。下旬，边区特委以卢叨为代表与一五七师代表钟天定在平和郭坑举行谈判，由于对方坚持将闽粤边红军游击队改编为国民党地方保安队，并调离根据地，我方无法接受，故未能达成协议。5月，该师所部向闽粤边特委所在的平和内山进攻，特委为避免军事冲突，决定分3路转移。是月27日，代理书记何鸣带领特委机关10余人在转移途中被捕，押解漳州一五七师师部。特委对内指定张敏为代理书记；对外声明何鸣是我方谈判代表，谴责国民党破坏和谈的行径。一五七师师长黄涛被迫释放何鸣等在押人员，并对何鸣表示双方可以停止军事冲突，继续进行谈判。

1937年6月9日，闽南抗日第一支队政委吴金与四九二团二营营长郭惠良在诏安金溪谈判，并向记者发表谈话。国民党当局借口红军不统一，对闽粤边特委施加压力。鉴于吴金擅自与国民党谈判，并将队伍开出金溪圩的错误，特委决定撤销其支队政委职务。

随着日寇对华步步进逼，闽南民众"停止内战，一致抗日"的呼声日益高涨。6月下旬，闽粤边特委代表何鸣与一五七师代表陈浚在漳州谈判。6月26日，双方终于达成合作抗日的政治协议。协议共11条，其主要内容：红军第一、第三支队和抗日义勇军改编为国民革命军，接受一五七师指挥；中共闽粤边特委在不推翻现政府方针下，有宣传、组织、独立自由之精神；在一五七师防区内共同组织与保证爱国运动自由；停止封锁苏区，释放被捕红军人员，红军所抓土豪也尽行释放；保留红军原有指挥员和政工人员，编配由其枪支人数来决定，编后师部有派员检查、帮助之权利；红一、三支队和抗日义勇军可先用保安队名义，直接由一五七师指挥；在未发动抗日战争前，不得调离漳州。

第四章　抗日救亡　反顽自卫

第一节　为救亡图存而斗争

一、"漳浦事件""月港事件"的发生及其解决

1937年7月7日，日本侵略军悍然向驻守北平郊区卢沟桥的中国军队发起进攻，抗日战争全面爆发。处于东南沿海的闽南因与日本南进大本营——台湾岛隔海相望，遂成为对日战争的前沿地带。

值此中国多事之秋、民族危亡时刻，粤军第一五七师师长黄涛奉蒋介石密令，利用红军迫切要求抗日杀敌的热情，下令已编为福建省保安独立大队的闽粤边红军游击队到漳浦县城接受战前整训。

在大队长何鸣、政训员吴金的带领下，红军游击队从平和县小溪镇出发，于7月13日抵达漳浦县城，住进孔庙。16日上午，一五七师又诱骗红军到周围已设伏的漳浦体育场集合，然后强令在场的红军游击队和义勇军全体解除武装。何鸣在提出口头抗议之后，即首先将自己佩带的手枪解下置于地上，大家只好悲愤地跟着扔下武器。

何鸣在事发之前，闽粤边特委巡视员朱曼平等人就送来情报，说国民党准备对红军实施缴械。何鸣却将情报压了下来，仍将队伍带离根据地，事发时又要求部队服从对方命令，致使在场的我方近千名指战员被全部解除武装。

"漳浦事件"的同一天，当局还制造了"月港事件"。是日在诏安

月港村达三祠堂，中共闽粤边特委代理书记张敏正召开云和诏县委、区委负责人会议，部署地区的抗日救亡工作。国民党省保安团驻诏安沈东海部获悉，于中午组织50多人枪，向月港村进发。当队伍行至村外三丘田，被村民发现报知张敏，张敏却说："不要紧，现在联合了，不用惊。"敌很快包围祠堂，并向与会者开枪射击。张敏没有指挥还击，而是高喊："不要开枪，有事来商量，现在联合好了。"保安队窜进祠堂，打死要进厢房的县委委员罗贵炎，逮捕了张敏和云和诏县委负责人李才炎、张崇等12人。押送途中吴老狮奋起反抗，被打死。20日，张敏等11人被杀害于诏安城郊良峰山麓虎咬巷。

"月港事件"纪念旧址——建设乡月港村达三祠堂

"漳浦事件"和"月港事件"的发生，使闽南尤其云和诏党和红军蒙受重大损失。"漳浦事件"有17名军政干部被枪杀，500多名指战员遭监禁；"月港事件"使中共云和诏县委班子整体破坏，工作为之中断。事件暴露了国民党顽固派假和谈、真反共的本质。同时，体现当时闽粤边党组织主要领导的严重麻痹思想。

中共中央对此极为重视，毛泽东、张闻天指示博古、叶剑英、周恩来、张云逸、林伯渠、潘汉年、张鼎丞向国民党提出抗议，要求归还闽南红军人枪。最终，国民党福建当局交还300多支枪，而原红三团的大部分人员未能归队。

二、红三团的重建及北上抗日

“漳浦事件”发生当天，一五七师把何鸣、吴金扣留在该师四七一旅旅部，其余红军指战员被扣押在孔庙。干部战士们怒火填膺，纷纷谴责国民党顽固派破坏合作抗日的卑鄙行径。是夜，在漳浦党组织及群众的协助下，卢胜、王胜和陈容、林长兴、陈高顺、欧育超、林少克等红军骨干秘密串连近100人逃离，分批到达清泉岩会合。来不及突围的干部被扣押、战士被严加看管。

1937年7月17日，特委领导何浚、朱曼平在清泉岩召开紧急会议，将转移出来的指战员重新整编，仍称红三团，卢胜任团长兼政委，王胜任参谋长。队伍分赴乌山、大芹山、狮头山、梁山和南乡筹集枪支、给养，改变“赤手空拳”状况。根据地的群众踊跃捐款捐物、送米送菜，甚至送亲人参军。

事件发生后，乌山上伤兵处还有20多个伤员，负责照料伤员的“阿姆”李梨英想方设法解决吃饭、治疗问题，顽强坚持3个多月。红三团重建后，派员到进水村附近的山上与李梨英等人见面，带着康复的红军战士归队。

9月，闽西南军政委员会副主席谭震林率领闽西红九团40名指战员组成的加强排前来支援，并随带给红三团40多条枪。不久，闽粤边特委也派1个加强连到乌山。10月间，红三团发展到200多人。当省保安团及云和诏3县保安大队等500多人进犯时，这支新组建的队伍和闽西武装并肩作战，痛击来犯之敌，打了场漂亮的自卫反击战。

鉴于金门沦陷后漳州、厦门危急，中共闽粤边特委从民族大义出发，呼吁停止内战，枪口一致对外。特委将红三团改称为闽南人民抗日义勇军第三支队，1938年2月，这支已有300多人枪的队伍被编作新四军二支队第四团第一营，卢胜为第四团团长兼政委，王胜为参谋长。3月1日，第二支队2700余名指战员，由司令张鼎丞、副司令谭震林带领，开赴苏皖抗日前线。

三、地方党组织的恢复与新建

为处理地方党组织的善后事宜，中共闽粤边特委1937年7月17日召开紧急会议，决定由原组织部长何浚主持特委工作，并负责向驻香港的中共南方临时工作委员会报告事件经过。是年秋，闽粤边特委派卢叨、莫丁贵到乌山，重建中共云和诏县委，恢复该地区的工作。

1938年2月，中共闽粤边特委改为中共漳州中心县委，何浚任书记，吴作球任副书记，中心县委隶属闽西南特委，下辖闽南地区的党组织。中心县委刚成立，组织部长朱曼平便到云和诏地区巡视，在乌山与卢叨、莫丁贵见面，传达上级会议精神，共商组织重建、抗日救亡工作。考虑其人手欠缺，中心县委调一个加强连来乌山，帮助开拓局面。3月，云和诏县委在诏安官陂豆畲村重新成立，卢叨任书记，莫丁贵任组织委员，毛志鸿任宣传委员。接着，各区区委也逐步得到恢复。在乌山腹地群众基础较好的龙磜、进水、林畲等村，县委发展了一批党员，设立3个支部。这一带，成了县委和游击队的重要基地。至1938年底，云和诏边区已有5个区委、20多个乡有党支部（其中诏安境内6个），党员发展到300多名。

党组织不仅在乡村游击区得到恢复，而且在县城国统区有新建。1938年8月，漳州中心县委派刘长富潜入诏安县城筹建中共地下组织，发展林楠、许沙洛、沈秋生、林士彬、沈作人、郭郁周、沈万五等入党。秋，漳州中心县委正式批准成立中共诏城支部，林楠任书记。以后，云和诏县委曾先后派人来联系指导工作。至1938年底，诏城支部已有党员30多人，经批准分拆为社会、学校2个支部。社会支部即原诏城支部改称，发展对象以工人、教师和社会青年为主；学校支部发展对象以中学生为主。

1939年初，漳州中心县委先后派陈文平、谢世杰和毛志鸿、吴青山、刘佩霞、刘金花到乌山根据地。不久，在官陂成立上洋坑农民支部和妇女支部，刘佩霞担任妇女支部负责人。3月，何浚、卢叨、莫丁贵、林皇甫等在龙磜、林畲召开为期15天的会议，整顿党的组织。会后，卢叨前往龙岩后田，参加闽西南高级干部训练班。10月，卢叨调任潮澄饶县委组织部长，黄永禄接任任云和诏县委书记。是年12月，为配合蒋介石掀起的反共高潮，国民党闽南当局推行"防共与抗日并行"政策，纠集保安部队等武装进攻乌山根据地，地区国共合作抗日局面名存实亡。

中共闽南特(地)委机关旧址——红星乡北蔗村大石巷

1940年1月，漳州中心县委在平和东坑召开有200多人参加的闽南地区党的活动分子会议，传达中共中央关于在国民党统治区"隐蔽精干、长期埋伏、积蓄力量、等待时机"的指示精神，提出党的活动全面转入地下，随时准备应付突然事变。之后，为应付日益逆转的形势，中心县委决定各级党组织及基干队全部撤退，上山隐蔽。在进行秘密工作纪律、革命气节教育基础上，审查干部，纯洁组织。是年秋，莫丁贵、林皇甫调出，冬，吴永乐在公田村水尾遇害，云和诏县委领导只剩陈文平1人。诏城社会支部林楠、沈秋生、许沙洛等几位支委因有被捕的危险，先后离开县城，到外地“埋伏”，以公开职业作掩护。

1941年1月，漳州中心县委改称中共闽南特委，书记朱曼平，副书记卢叨。云和诏县委改属其领导。特委派梁培德继任云和诏县委书记，陈文平任副书记。这期间，地方国民党顽固派纠兵大规模搜山抢稻，并强化保甲连坐，搞移民并村，革命队伍中有人离队、有人投敌。

1942年6月，县委改设特派员，区委改设联络员，支部改设观察员。党组织在乌山建立若干生产基地，安排干部“埋藏生产，蓄力待机”。国民党统治区地下党停止活动。是年底，梁培德病故，陈文平任云和诏特派员。

几年来，国民党接连三次掀起反共高潮，特委、县委领导人从严酷的现实中认识到，只有武装自卫，才能在斗争中求生存。1943年初，陈文平先后组建2支武装班和2支武装基干队。11月，陈文平任云和诏县委书记。翌年春，基干队扩充为闽南政治保卫队，扭转了被动挨打局面。

第二节　抗击日寇保家护闽

一、开展抗日救亡宣传活动

为动员更多民众团结在抗日救亡的旗帜下，中共各级组织将抗日救亡的宣传作为一项重要任务。

早在1936年，中共闽粤边特委书记黄会聪就要求云和诏县委：“除了在文字上尽量印发各种反日反蒋的宣言、传单、标语、口号外，还要利用各种各样的社团、学校的名义组织宣传队，到工厂、作坊、学校、兵营中，做广泛的宣传鼓动工作。”使抗日救亡宣传很快进入诏安乡村，化为群众的热情与行动。

日寇发动“卢沟桥事变”不久，诏安在漳州、厦门、上海、北平等地求学的学生，于暑假组织旅外回乡服务团。该团成员以龙溪公署所办“义务教育师资训练班”结业学员居多，本县部分小学教师亦参与其中。主要领导人张源原是厦门大学学生，后在龙溪教育师资班任职。这些爱国青年通过写大字标语、游行、演街头剧、演讲、歌咏和火炬游行等形式，大力开展抗日宣传，县城为之沸腾。暑假过后，国民党诏安县当局成立抗战后援会，着令回乡服务团并入，该团因不愿加入而自行解散。

诞生在中华民族危难之际的诏城中共地下党组织，主动挑起国统区抗日救亡宣传的主导责任。受中共漳州中心县委派遣回家乡工作的林楠、许沙洛，以及漳州“义师班”结业的10余人，先曾加入回乡服务团，后又相继参加诏城地下党。他们通过分布在中小学的服务团成员，在学校推行战时教育，出版《抗战》刊物，组织城东小学儿童救国团，进行各种战时训练。

1939年，地下党社会支部在师生中征集大批慰问品和慰问袋，转寄给前线抗敌将士。同时经常联合城南小学进行街头宣传，教唱救亡歌曲和《国际歌》以及乌山根据地传出的方言歌曲，绘制抗战漫画，演出街头剧。地下党学校支部在诏安中学建立后，注意团结有进步倾向的学生，订阅进步报刊20余种，组织读书会，交流学习心得，讨论抗战时局。在诏安中学、诏安师范的党员学生，分别办有《晓角》《血铲》墙报，登载统一战线政策及抗战英雄事迹，抨击社会黑暗腐败现象。武汉失守后，组织宣传队，上街下乡以歌咏、漫画、街头剧及大字标语等形式宣传，坚定人民抗战必胜的信念。是年元宵节，还与地下党社会支部联合，借民间习俗“闹厅”的形式，到神庙、祖祠、商店开展宣传、劝募活动，所募善款寄《新华日报》社转交。

是年，在共产党人的支持下，抗战青年社成立，为公开的组织抗日救亡群众运动的团体。该社参加者30余人，经党组织同意，有10余名中共党员以个人名义加入其中，社团还延揽了林仲姚、沈达材、沈光、沈炳华、林鸿翥、沈锡纯、曾荣华等一些社会贤达。该社成立后，首先是发动城关几间小学和诏安中学的师生，利用节假日进行各项宣传，如广播抗战新闻、演唱救亡歌曲，以及街头演讲会、街头剧、活报剧、漫画等，取得良好效果。其次是出版《抗战青年》，宣传抗战必胜、投降必亡的救国道理，备受社会关注。过了一年，随着反共高潮兴起，国民党诏安当局禁止《抗战青年》出版，查封了抗战青年社。

1939 年 11 月 30 日，诏安县城陷于日寇之手，诏安中学学生以中共学校支部的党员为骨干，组织 30 多人的战地宣传队，于溪东一带开展流动宣传。县城克复后，日寇不甘心失败，经常派敌机前来轰炸，为安全起见，诏安中学搬迁到山内大布村上课。在点灯山下，学校支部定期分发《前哨报》，并教当地农民唱《十二月》《劝郎参军》等方言歌曲，当时，城关各小学被着令停课，学生分散，地下党改变组织宣传手段，由许沙洛、谢家群带领“孩子剧队”，先后出演《雪里红》等抗战独幕剧，使一度沉寂的诏城又响起抗日救亡的歌声。

1940 年 1 月，诏安县剧团一行 21 人前往平和、漳州、漳浦等地，献演《夜之歌》《三叉路口》《女间谍》《女性的呐喊》等应时剧目。夏，诏城地下党的活动受到敌人注意，其领导下的孩子剧队队址谢厝祠被反动军警捣毁。受此影响，诏安的抗日救亡运动再次沉寂下来。

1943 年，当局组建巡回歌咏戏剧队，队址设中山纪念堂。队员包括中共地下党员 4 人及原回乡服务团、抗战青年社的活动分子多名，他们拒演宣扬投降妥协的《野玫瑰》，坚持排演《生命之花》等宣传抗战的话剧，在城关和四都、溪东等地多次演出。同时，还举办一次抗战题材的巡回木刻展。巡回歌咏戏剧队的活动，一直坚持到临近抗战胜利。

抗战期间，诏安抗日救亡发动面之广、参与人数之多是空前的，它使共产党的抗日主张深入人心，不仅增强了民众打败日寇的决心与信心，而且引导一些青年走上革命道路，并团结了一批爱国人士。

二、捍卫福建南大门

1938 年 6 月，随着战争危险逐渐向诏境逼近，国民党地方当局推行消极抗战的“焦土”政策，拆除县城城垣，炸毁通济桥，破坏漳汕公路诏安路段，并修筑防御工事。这些工程，都是群众出力、出钱、出物得以完成。翌年 3 月，设立社会壮丁训练总队，宛方舟县长兼任总队长。

1939 年 6 月，潮汕为日寇占领，地处福建南方门户的诏安成为闽省抗战御敌前线。半年内，敌机 116 架次轮番飞临县境轰炸、扫射、骚扰，炸死炸伤 48 人，毁坏房屋 156 间，以及牲畜等财物损失，威胁着民众的生产生活甚至生命财产安全。

是年 11 月，日寇开始实施由粤东进取闽南的作战计划，诏安首当其冲。中旬，敌机数度到诏安上空侦察及撒传单。28 日，驻汕头、潮州日伪军 2000 余人，在日寇山本募大佐、大汉奸黄大伟总司令率领下，由澄海向闽粤边境进发。时国民党诏安军政当局可供防御的有 500 余名正规军，以及 4000 余人的壮丁团队，被分置于分水关、县城及沿海一带。

11 月 30 日下午，汉奸林知渊、提乾元引带由 400 多日伪军组成的先遣队，从饶平县城出发，之后在 5 架日机低空盘旋掩护下，进攻分水关。当局抽调大部分在诏正规部队及壮丁团队拒守。午后 2 时，县长陈荫祖与军事科长沈东海带保安队 40 名、义勇警察 80 名，名曰助战，缓慢前行。至华表村时，分水关传来密集的枪炮声，县长命警队增援。当晚 8 时，在敌军猛烈炮火轰击下，分水关陷落。

陈荫祖县长、新编二十师张伯民营长等连夜在华表村召开紧急会议，决定部署兵力于公路两侧实施阻击，并在西坑、虎跳溪、庄上、尖山笼、郭厝寮等地设伏。

12 月 1 日早 7 时，枪声先是在九金山响起，渐向琉璃岭转移，12 时，日伪军在白厝村分二路经由南山、双港进犯，国民党军虽计划在新寨一线阻击其进攻，不行再退至良峰山守城，然而行动迟缓，被敌人抢了先机。日伪军抢占良峰山制高点后，于下午 2 时攻入诏安县城。国民党军七十五师所部一个连弃城退往四都马厝城，沿途抢劫群众的财物，宰杀牲畜。

日伪军占领县城后，肆意奸淫妇女、宰杀牲畜、搜掠财物，敌机则在城乡轰炸扫射。敌又拼凑了伪“诏安县维持会”，由曾于战前两度担任诏安县长的提乾元充任委员长，地方一些土劣、无赖、流氓等加入其中，奴颜婢膝为虎作伥，协敌强抓壮丁到良峰山、东溪堤构筑防御工事，并强制民众接纳、使用伪币。

面对敌寇入侵，中共诏城地下党积极在城外乡村进行战时宣传鼓动，广大民众群情激昂、翘首待战，而身负守土重任的国民党县长陈荫祖、县党部书记许以仁却逃到远离县城的金溪圆林大山中，军事科长沈东海则带领保安队躲进湖内老巢。

福建省政府及闽南国军司令部获悉诏安沦陷，于12月2日电令驻漳七十五师史克勤旅、新二十师张一鸣团组织反攻，地方团队予以协助，限期收复诏安城及分水关。6日零时，反攻部队从马厝城出发，8时，史克勤旅长登上凤山岭炮兵阵地指挥，四四九团团长张灵修和四五〇团团长金绍文各领所部，进攻县城的东北面、东南面。张一鸣指挥该团进攻县城西南，并分兵一部占领南山断敌退路、一部攻击分水关之敌。7日晨，史克勤旅两个团攻入诏安城。日伪军大部分向分水关撤退，被一路追杀，死伤惨重；小部分向仙塘、含英方向逃遁，打算渡海到敌占岛南澳，却大多在海上溺亡。

诏城克复后，12名汉奸被枭首示众，另5名汉奸下狱。原县保安大队长沈东海因战时率队潜逃，县长陈荫祖以沈有通敌嫌疑密报省府，最终沈东海及其属下中队长等9人被处决。

1941年7月1日，日军独立第一〇二旅一部和伪军黄大伟所部共约2000人，在日酋鹤田指挥下，又越过分水关入侵，骚扰上营、樟朗二村，残杀群众5名，不少妇女遭蹂躏，村民财物遭洗劫，敌又炮轰华表等村。日伪军本计划进攻诏安县城，因国军蒋公敏率部阻击，又适逢天下暴雨、洪水泛滥而未能得逞。

三、歼击逃窜的日伪军

1945年夏，日本侵略者在中国战场败局已定，驻金门的陆军大佐德本光信联队残部200余人以及驻厦门伪军残部岌岌可危。为摆脱困境，此二岛日伪军共1200人，外带驮物资的骡、马134匹，于6月30日从海澄县白坑登陆，顺着漳汕公路，朝漳浦、云霄、诏安方向流窜，企图逃往广东潮汕敌占区与其他侵略军会合，沿途作恶多端。

诏安县县长钟日兴闻讯，进行紧急部署。将诏安县政府迁往金溪行署办公，机要档案及重要物资搬运大布乡，城关老幼妇孺都实施疏散，坚壁清野，还派保安队守御沿途的高地和路口。

7 月 15 日，日伪军进入诏境，犯余甘岭、竹港，遭到诏安军民抵抗。17 日，敌残部 400 多人窜入梅洲等村，肆行抢掠，奸淫妇女，杀死村民 8 人，击伤 1 人。18 日，经过东峤、田美、上湖、西峤、四都、田朴、后港等村庄，打死村民 9 人，伤 8 人，开炮轰倒上湖村 5 间房屋。19 日上午，进公子店、院前、菜园埔、林家等村，打死打伤村民 4 人。沿途村庄，民众的耕牛及浮财多遭抢劫。

敌入境后，县长钟日兴组织沿线村庄疏散老弱妇孺，布置军民武装分 4 路抵抗。当时国民党七十五师所属与中美合作所训练班杨卓夫部约 1 个营兵力，尾随日伪军到四都横山山麓，遭敌炮击，亡 57 人，伤 10 余人，之后改由古关经湖内、美营，到西潭待命。

19 日下午，日伪军过凤山，仍以炮击掩护步兵冲锋，保安一中队利用有利地形阻击，在毙敌 4 名而己方 1 死 6 伤后撤出阵地。日伪军分两路加快向县城推进，一路沿内凤楼村、过虎蹄桥侧大伯爷公庙；一路沿外凤楼村至溪雅村。是日下午 4 时，敌寇在猛烈炮火掩护下开始攻城，诏安军民依托城防守卫，激战至 6 时，终有一股日军从溪沙尾下段突破阻击。我方退入城内，与敌展开巷战。当晚 8 时，县城落入敌手，日伪军在城中奸淫妇女、烧房杀人，还抢夺粮食、牲畜，把大小便撒在米缸、锅台和吃剩的食物上。

20 日拂晓，诏安军民分 4 路反击，在良峰山施行 3 次强攻，于上午 11 时收复县城。下午，日伪军残部撤出城区，经后林、新寨、双港向广东逃窜，我方军民沿线奋勇阻击，并铺设篆形白布，向盟军飞机指引逃敌去向。在地面、空中双重火力打击下，给敌寇造成很大伤亡，不少被抢财物得以截回。

有一小分队日寇在逃跑途中，继续奸淫抢劫。仕江村民沈德茂等人忍无可忍，以锄头、尖担为武器，相机伏击，敌人仓皇间丢下 5 支短枪、1 匹战马及 12 件行李，落荒而逃。

7月19日，一个连的日伪军自四都窜入乌山，在公田禾仓崇大肆洗劫、奸淫妇女。21日，又流窜到官陂。当地民众同仇敌忾，以土枪、大刀、长矛和锄头为武器将其包围，这伙日伪军全部当了俘虏。

诏安纪念抗战胜利纪念碑——深桥镇分水关胜利亭

第三节　进行反顽自卫斗争

一、国民党顽固派的反共逆流

1938年，正当诏安抗日救亡运动蓬勃开展之时，由顽固派一手操纵的反共暗流也在涌动。是年5月间，国民党诏安当局假借抗日之名，采取一系列针对共产党活动的措施。如在革命基点村整编保甲、整顿社训和清查户口，实施民户“联保联坐”，并强迫庙兜、楼仔一带乡村移民。之后，又蓄意制造破坏和谈协议的反共摩擦事件，向共产党领导的抗日武装发起进攻，捕杀共产党员。

1938年10月，中日战争转入战略相持阶段，日本侵略者将进攻矛头主要针对八路军、新四军,而对蒋介石、汪精卫等势力则施以诱降策略,国民党内部的投降、分裂、倒退活动愈发严重。翌年1月,国民党五届五中全会制定了“溶共”“防共”“限共”“反共”方针,并秘密颁布一系列反共文件。1939年夏秋,国民党诏安县党政机关以“疏散”为借口,从县城转移到山区,又把革命基点村民选的保甲长撤销,建立带有政治警察性质的政权组织。第七十五师一部则以抓“乌军”和搜查鸦片为名,进犯乌山革命根据地,在土匪恶霸配合下包围袭击革命基点村。

1939年冬至1940年春,蒋介石发动第一次反共高潮,福建省政府积极响应,将反共当作中心工作,拨给各县反共活动经费。闽南当局纠集各县的保安队,向云和诏边境和乌山根据地残酷“清剿”,支持反动地主向老区民众夺田倒算、收租逼债。1940年春,福建第五专署保安司令部在诏安县公田村设立“云和诏联防办事处”。同时,按照《处理共产党实施方案》《限制异党活动法》等反共政策、法令,在各地捕杀共产党员、迫害爱国人士。1940年夏,从新四军军部请假回乡的涂屏南、在乌山搞农运工作的谢世杰、漳州中心县委派来诏安联络的吴青山先后被捕,涂屏南、谢世杰壮烈牺牲。

面对国民党顽固派掀起的反动逆流,云和诏县委采取若干应变措施。如建立一支40多人的脱产特务队;转变工作方式,加强保密工作;争取保甲长,使保甲不致成为顽固派的情报网;不放弃老基点,建立新的转动支点;党的领导机关经常迁移,支点武装晚间上山宿营;安排有暴露危险地下党员和抗日救亡团体负责人分散隐蔽。军事上坚持“人不犯我,我不犯人,人若犯我,我必犯人”的原则。1939年冬,闽南的保安团陈德卿、陈秀林之流,先后进犯云和诏革命根据地,县委组织武装力量予以必要的反击。党组织纠正“一切通过统一战线”的右倾错误,政治上坚持独立自主,在政策不允许打土豪筹款筹粮、军政人员连吃饭都成问题的情况下,经济上开展生产自救。1940年春,闽南武装基干班将官陂镇梅子林作为埋藏生产的基地,张火瑞等20多名指战员在这荒废已久、杳无人烟的所在驻扎,在垦复的30多亩田园上播种插苗,同时,利用附近的木竹资源烧木炭、编竹篮。两年间共收成谷子、地瓜6000公斤，烧出木炭700多担，编造竹篮400多只，除了自给，还有余裕上调。

第一次反共高潮过去不久，顽固派又于1941年1月制造震惊中外的“皖南事变”，第二次反共高潮由此被推向顶端。闽南“剿共保安司令部”亦调集省保安队第八团和各县反共自卫队，发动军事进攻、经济封锁，兼以诱骗自新、移民并村等手段，使云和诏地区革命基点村再次受到摧残。坚持在乌山的云和诏县委，提出“一手拿枪支，一手拿锄头”的口号，既部署武装自卫，又组织生产自给。到1942年，敌军一方面大举搜山，一方面收买叛徒，云和诏地区特别是闽南特委驻地乌山的形势越发严峻。我党采取一系列措施，隐蔽保存党的干部和革命基点。

1943年，在国民党顽固派发动第三次反共高潮期间，敌人筑碉堡、设哨卡，白天搜山林，晚上查户口。保安队突袭驻豆畲的县委机关，张阿晨在突围中被捕，陈文平、张火瑞、沈万五等幸得脱险。中共闽南特派员卢叨带领机关人员转移至狮头山一带隐蔽，由于闽南交通总站站长吴酒精叛变，带军警围困狮头山特委驻地，卢叨等7位机关人员被困26天，最后分散突围。

反共高潮过后，国民党保安部队仍在共产党活动区域保留碉楼及明卡暗哨。1944年秋，顽固派再次在闽粤边大肆搜捕共产党员和革命群众。11月，闽粤赣三省边区绥靖指挥部对下辖“靖和浦”“云和诏”两个联防办事处加强了人员、武器配备，紧接着，福建省保安第一团、第二团纠合地方武装，对诏安、平和、南靖、云霄、漳浦等县的革命基点村发动大规模“清剿”。

1945年初，国民党闽南当局委张建雄为驻诏安公田“云和诏三县联防办事处”少校主任，配备一个连兵力。同时，又调专区自卫大队第二中队、诏安自卫第一中队进驻诏安官陂；调平和县自卫第一中队进驻平和大溪；调云霄自卫第一中队进驻云霄水晶坪。互成犄角，统归张建雄指挥。

二、闽南政保队、王涛支队的反顽斗争

1943年3月，中共闽南特委决定从单纯的埋藏、隐蔽向必要的自卫反击过渡。会后，陈文平、张火瑞分别到云霄的龙透和诏安的林畲，抽调党员和民兵骨干，组成两个班的武装。经过短暂的军事训练，队伍投入打击地方反动势力、消除顽固派耳目的斗争中。同年10月，闽西南武装经济工作总队成立，以刘永生为总队长，范元辉为政委。总队起先在乌山一带活动，清算恶霸地主，打击反共势力，恢复革命基点，缓解经济困难，后又开赴闽南其他地方活动。

为加强武装力量，1944年春，特委将原来陈文平、张火瑞成立的两支武装合编，在诏安官陂豆畲村成立闽南政治保卫队，队长卢炎，政委卢叨，副队长张火瑞，共有队员20多人。11月下旬，特委命令政保队对敌公田联防队采取行动。当时，驻扎在诏安公田的这支联防队有70多人枪，其队长张阿钦对周边村庄派粮派款、抓人抢东西，群众非常痛恨，叫他"老虎钦"。这只"恶虎"虎视眈眈扼守着进出乌山的咽喉要道，又不时带队搜山查村，摧残革命力量。政保队侦得张阿钦到官陂他小老婆家，便在其回公田必经的禾仓岽村后设伏，击毙张阿钦，俘获10余人枪。此后，政保队很快扩充到40多人，编为4个班，队伍分两路活动，一路由陈文平带领做恢复云和诏支点工作，另一路到大芹山、狮头山、树海等地发展新区。

1945年6月16日，闽粤边委领导的王涛支队在司令员刘永生带领下，离开金丰大山，以闽南人民抗日挺进队名义进入漳州。拔除多处联防武装，开仓分粮300余万斤，缓解了广大民众的饥荒。7月4日，闽南政保队分别从南请、诏安赶到平和乌龙坑，编入该支队成为第四大队。第四大队由卢炎任大队长、陈文平兼政委，共60多人枪。在几次大的战斗之后，王涛支队在闽南特委书记卢叨、代司令员郑金旺、代政委陈仲平带领下向乌山转移，7月下旬驻扎官陂豆畲村。

距豆畲村不远，便是国民党安插在乌山根据地的反动堡垒——"云和诏三县联防办事处"所在的公田村。办事处在张建雄主持下，

干了不少反共反人民的勾当。因此支队决定,先铲除这个反动办事处,再向沿海抗日前线挺进。

经过周密的侦察,第四大队于8月5日凌晨包围联防办事处驻所。先是以突击队架梯登屋,被发觉后改为强攻。张建雄带领联防队负隅顽抗,战斗进行相当激烈。我方指战员斗志昂扬,以重机枪配合手榴弹再次发起强攻,这座敌人吹嘘的所谓"铁城"终于土崩瓦解。此次战斗,打死打伤及俘虏40余人,缴获长短枪40多支、机枪3挺、电话机1部、印刷机1台,以及其他军用品。战斗中,第四大队副大队长张火瑞和一名战士牺牲。在清点敌方人数时,唯独不见张建雄,战士们分头寻找,在牛棚里将这个猖獗一时的少校团长活捉。当天中午,支队又在禾仓岽伏击从官陂来援公田的诏安自卫中队,俘虏12人,缴枪12支。不久,王涛支队将罪大恶极的张建雄公审枪决,而云和诏县委也镇压了杀害前县委书记吴永乐的凶手张何代兄弟俩。

三县联防办事处反共据点被拔除,与共产党为敌者伏法,打击了顽固派的嚣张气焰,鼓舞了人民的斗志,促进了乌山及周边党组织和基点村的恢复发展,巩固了闽粤边这一南方战略支点。

第四节　开展统一战线工作

一、依靠基本群众,争取中间势力

抗战前期,云和诏县委积极阐明共产党建立抗日民族统一战线的主张,促成国共双方形成合作抗日协议;在"漳浦事件""月港事件"发生后,除用事实揭露顽固派的反共伎俩外,仍以国家、民族利益为重,努力维护抗战大局;地方党组织较为广泛、深入的统战基础性工作,是开展对社会各界的抗日救亡宣传,发动民众加入抗日救国会、义勇军。到了1937年春,乌山地区各区乡普遍发展了抗日救国会的组织,拥有1万多名会员,还有农民自卫军2000多名。在这基础上，云和诏各区又从中物色挑选了一部分武装骨干，组建闽南人民抗日义勇军 4 个中队，每个中队都有 100 多支枪，中队长从独立营选派优秀干部担任。

抗战中期，云和诏县委贯彻党中央提出的“坚持抗战，反对投降；坚持团结，反对分裂；坚持进步，反对倒退”的方针，对国民党顽固派制造的反共摩擦进行有理、有利、有节的斗争，而对于政治性质的汉奸组织“乌军”和反共组织“救国军”，以及危害群众生命、财产安全的土匪，我党的斗争则是坚决的。

1938 年 5 月厦门沦陷后，日寇为弥补兵力不足，组织汉奸武装乌军。时闽南有乌军 3 股，均统属黄大伟的“和平救国军”，最大的一股为朱庆瑞部，近 400 人，主要活动于云和诏地区。鉴于当时国共合作抗日，中心县委不便拉起武装反击，便把歼灭乌军任务交与陈天才，指示其利用职权合法行事。陈天才以社训队分队长的身份率领壮丁队（原民兵），一举歼灭进驻乌龙坑朱庆瑞之张建成部。之后又以协助保安队为由，奔袭金坑朱庆瑞，迫使各路乌军接受收编，从而粉碎日寇“闽南自治”的阴谋。

这一时期，地方上一些土匪、汉奸、流氓及破坏分子纠集在一起，活动猖獗。有的打着乌军的旗号，以“劫富济贫”“废除苛捐杂税”为幌子，招摇撞骗，为非作歹；有的打着“抗日救国军”旗号，鱼肉乡民，烧杀抢掠，甚至在顽固派的背后支持下，杀害我党地下工作人员，进攻革命基点村。云和诏县委要求各地党组织派出一批干部当壮丁队长、社训队长，在革命基点村组织不脱产的“模范班”武装。1939 年，组织上派卢炎等带领模范班和民兵，配合国民党保安队全歼了在太平白叶一带活动的乌军，活捉首匪 5 人。

抗战后期，针对国民党当局掀起的反共逆流，云和诏县委在反顽自卫的同时，更加注重对中间势力的争取。1942 年 12 月，中共福建省委制定《关于统战不同对象的具体政策》。新任县委特派员陈文平带领机关干部和政保队，以乌山周围诏安的金溪、官陂、大布、走马塘、四都与平和的庵后、大溪；云霄的世坂、下河为主，开展了卓有成效的统一战线工作。

根据不同情况和斗争需要，陈文平工作中采取了灵活的措施。乌山地下交通站的张天赐，因卢叨、陈文平常住他家，遭敌人毒打，却能严守秘密。乌山群众敬重他，周围上层人物也相信他。张天赐的侄子张瑞金，在家住官陂圩的县参议员张清修家当长工，陈文平通过这层关系和张清修接触，逐渐建立关系。当老区群众被抓，便通过张清修向国民党方面说情、担保，往往能把人放出来。

处于进出乌山咽喉的金溪，是陈文平统战工作抓得较早，也较深入的地区。当时金溪划为 3 个保，有 20 多个自然村，居民分许、杨、林等姓。金溪人许培兰是张天赐的外甥，又是龙磜地下党员张海勇的妹夫，通过陈文平做工作，他对共产党的认识逐步加深，许培兰做保长后，由其牵线搭桥，许文平又与另两名保长见面，做通了他们的工作。

在做保甲长统战工作的同时，党组织更注意巩固基本群众的工作基础。陈文平出面调解金溪 3 个大姓宗族间纠纷，做好许氏中的顶寨和下寨的工作，阻止了姓氏间械斗；在陈文平建议下，保长许顺智去串通其他保甲长等人，用拖拉、敷衍的办法应付国民党的征兵、征粮、征税，使广大群众从中得利。当时，乌山周围没有党的基层组织，县委委员沈万五通过金溪的朱厝、坪林等自然村革命群众罗逢如、黄阿禄等去做基本群众的工作。

通过耐心细致的工作，村民逐渐认识到共产党是为他们着想的，与横征暴敛、欺压民众的国民党军政当局不同，在县委领导争取统战对象时，一些基本群众主动以宗亲、姻亲关系帮助疏通。金溪各村族的一些头面人物逐渐倾向共产党，暗中提供消息、配合行动。保甲长要给国民党做事，也会予以通报。

国民党顽固派为了制止共产党在金溪一带的活动，要乡里组织联防队，保长找陈文平商量，陈文平同意他们组织金溪联防队，既应付了国民党，又可为我们所用。游击队枪支子弹缺乏，也曾以联防队名义购置，粮食有困难，联防队就在晚上将族田粮食送上山。

二、经略“白皮红心”政权

全面抗战爆发后，根据国共双方达成的民族统一战线政权的原则，已建立苏维埃政权的地方，取消苏维埃的制度，采取国民党现有的政权组织形式，用普选的方法选举保甲长、分区长。国民党漳州当局企图借保甲制度清除乌山地区的共产党组织及武装力量，中共漳州中心县委为挫败敌人的阴谋，则采取“白皮红心”的策略，选派村子里有威望的革命群众以至共产党员去担任保甲长，表面上为国民党办事，实质上是借此掩护革命活动。1938 年，中心县委以此为专题，在平和三平举办培训班。

当时官陂镇的公北保，管辖范围包括现今的公田、林畲、官北 3 个行政村 19 个自然村，都是革命根据地重要的基点村，其中北坑自然村与国民党控制区仅隔一条溪，乃红、白交汇点。1938 年，北坑村党支部书记张天运从中心县委训练班学习回来，在村民的支持下当选“保长”。张天运和张国栋两人的妻子是同胞姐妹，张国栋时任官陂区三清团书记、霞葛乡乡长，其父亲张清修是县参议员、朋友张亚钦是官陂区联防队长，他便利用这个关系，经常与他们往来，从中了解国民党地方政权内幕和军事情报，及时地交由交通员转到我地、县、区委机关，使敌人的行动计划屡屡落空。

1942 年夏，省保安团和云和诏三县的保安队以及警察局进一步加紧围剿乌山，在根据地内建炮楼、筑工事，驻扎反动军队，并派便衣到乡村，以卖杂货和抓石蛙为名，打探县委机关、游击队的行踪。一次，云和诏县委副书记陈文平和县委成员沈万五、张火瑞同志到刘廷坝开会，反动甲长张亚来便暗中报告国民党便衣队去围剿。张天运得知消息时，当机立断地带几个可靠的壮丁队员去“配合”，掩护陈文平等突围。

国民党反动政府“征兵、征粮、征税”一年比一年重，手段既狠且多。其所征的兵，并不是用于抗日，而是用来对付游击队，为抵制征兵，张天运将保内应征青年在户口簿登记的年龄改小或加大，上面派人来查时，就通知稽查对象回避或叫人顶替。这样一年年混过去，让县政府起了怀疑，派兵来抓壮丁，最后把甲长张金串抓去。对付敌人的“征粮、征税”，张天运则强调群众生活困难征不起来。待县、区敌人派员来督征，张天运早有安排，带他们到各家各户去翻箱倒柜查看，找不到粮食和现金，来人只好悻悻而去。

设于乌山中段的进水保，所辖进水、坑心、孙头科、火烧龙、大塘腹、庄老鼠、下溪尾、北蔗、五洞等自然村，都是革命基点村，是中共闽粤边特委、闽南地委、云和诏县委和红军游击队长期活动的主要地区，国民党为了扑灭乌山革命烽火，也以此为中心，派省保安一团营长陈铁英、马队长和三团营长张志鸿，以及县军事科长皮世同，带着军队在这里轮换驻防，围篱笆，筑工事，设暗哨，以追踪和清剿我游击武装和机关干部以及伤病员。

在敌人的“堡垒”内活动的进水村党支部，1939 年，由张美目接替壮烈牺牲的张欣炉担任党支部书记。经请求县委领导，张美目促成自己的堂叔张荣纪任保长。之后，张荣纪将敌人的举动及时告诉张美目。张美目再将情报放在村一棵大松树洞里，由通信员两天去取一次。这样敌人的军事行动，山上领导机关很快就知道，机关需要的物资，也可及时通知置办。有一次，张美目派往大塘腹村伤兵处送香烟和火柴的张进井，在王公山被抓。张美目就让张荣纪出面，以进水村有人死了在山上做风水需要香烟和火柴为由，应付了事。

驻进水村的敌营长生性狡黠，一次他先把部队撤走，傍晚又派便衣队长杨启青带人回去抓共党。陈文平、吴永乐认为敌人走了，便到张美目家里吃饭。幸亏村人看见便衣队进村，赶紧通报陈文平等转移，使敌人扑了空。不久，陈铁英又在晚上突击查户口，发现住在张美目家的我党女同志刘佩霞，要带走，张美目说是自己的女儿，出生几个月就卖给云霄，这次是回家来做客，终将人保了下来。

在乌山及其周边地区，还有一些保甲长，原本是我党的基本群众，由党组织暗中发动群众推选出来的。如公北保的甲长张名动，就是我党的基本群众。他曾设法救出革命烈士张火瑞的母亲，为游击队歼灭反动联防队长张亚钦提供情报，被闽南特委领导陈文平、卢炎称为“红色甲长”。

由于“白皮红心”双面政权的存在，使这些乡村逐步成为我党新的隐蔽据点。统战工作的发展，使国民党在清剿中屡屡失利，我党工作人员在统战人士和革命群众掩护下，安然出入顽固派驻守的周边地区，甚至进入国统区。同时，革命群众还秘密将粮食、物资、情报送往乌山革命根据地。

第五章　蓄势待机　迎接解放

第一节　巩固战略据点

一、抗战胜利后的闽粤边局势

抗日战争胜利后，蒋介石集团在美军的帮助下加紧调动军队准备内战，但在国人面前却摆出要与中共和谈的姿态；以毛泽东为首的中共中央则以革命的两手对付蒋介石反革命的两手。

1945 年 8 月，中共中央发出《对闽粤赣边工作指示》："闽粤赣边既是将来内战顽、我必争的战略据点，故现在必须加强一切必要的准备。"蒋介石则在 1946 年 1 月停战协议签订不久下达密令："长江以南不在停战协定范围内，贵行营辖区残匪希加紧清剿，限期肃清。"

"山雨欲来风满楼"，而闽粤边的风雨来得更早。日本刚投降，国民党福建省军政当局即在全省设立闽东、闽西、闽南、闽北、闽中 5 个"绥靖区"指挥部，制定了为期 3 个月的"清剿"计划。1945 年 8 月，省主席兼保安司令刘建绪电令属下各县、区长官："今后各县区应以肃清'奸匪'为唯一目标，自即日起，各地长官应负属地治安全责，如再发生'奸匪'潜滋为患，即应集中全力予以扑灭。"是月下旬，调动省保安第二、第三团，向在云霄、诏安活动的王涛支队进攻，王涛支队避敌退入平和县水尖山。

同年 8 月 27 日至 9 月 3 日，闽粤边委在水尖山召开扩大会议。会议鉴于边区敌我力量的极端悬殊，决定继续实行"隐蔽精干，长期埋伏，积蓄力量，以待时机”的方针，要求党组织及其武装分散各地“添丁发财”。会后，闽南特委连同其领导的王涛支队第四大队，进入诏安、云霄、平和交界的乌山地区，帮助群众发展生产，解决经济问题；开展民主革命统一战线工作，在乌山周边以争取保甲长、建立两面政权为主，并对外开辟新区；在城乡群众中揭露国民党假和平、真备战的图谋和行径。

就在1945年10月10日国共两党和平建国《双十协定》签署当天，刘建绪于南靖召集闽南各县军政头目开会，部署省保安部队及各县反动武装进剿闽西、闽南革命根据地。

11月，中共闽南特委充实了领导人员，陈文平任闽南特委特派员兼云和诏县委特派员，陈天才任特委副特派员兼平和县委特派员，罗琳任特委副特派员兼白区工委负责人。是月，云和诏县委召开扩大会议，贯彻边委“添丁发财”决议，陈文平要求在着手扩大队伍、筹措给养的同时，破仓放粮，解救群众的严重饥荒。随后，县委成员分头活动。县委副特派员沈万五深入朱厝、坪林等村，发展接头户，建立秘密据点。

中共云和诏县委机关旧址——官陂镇龙磜村

1946年初，国民党军队集中优势兵力，围攻闽西南革命据点，王涛支队几次与敌发生遭遇战。3月，王涛支队第四大队在乌山整编，成立归闽南特委领导的钟骞支队，支队长陈阿明，政委先是陈育光，不久仍由陈文平担任，共100多人枪。随后，支队配合云和诏县委，发展了诏安的西潭、走马塘、深桥、朱厝、坪林等村庄的工作关系，重新开辟马铺、水晶坪、淡树、上坂、官洋等革命基点。

同年7月，原闽西军分区直属大队教导员李亚伟，奉中共闽粤边临委的调令，千里跋涉，来到位于乌山腹地的龙磜村，在村外水口下的深涧边主持召开云和诏县工委会议，传达上级指示，调整县工委人员，由李亚伟任书记，沈万五任副书记。

11月，中共闽粤边区工作委员会成立，所辖特委改为地委。稍后，中共闽南地委在平和召开会议，传达闽粤边工委"长期埋伏，等待时机，积极慎重地恢复和发展党的组织"的指示，决定地委由陈文平负总责，陈天才副之。下属云和诏县委班子亦有所调整，书记李亚伟，副书记沈万五。

二、保卫乌山游击根据地

云和诏地区的乌山游击根据地，不仅是我党在闽粤边敌后斗争的重要依托，而且是我党进行解放战争的东南支点。因此，国民党福建军政当局将其视为心腹之患，军事围剿、政治瓦解、经济封锁兼行并用。

1946年7月，闽南军政当局在云和诏三县交界处设立指挥部，纠集省保安二团、三团及军警、自卫队共5000多人，向乌山地区的共产党组织和人民武装发起进攻。

为摧毁特委、县委的机关和消灭钟骞支队，省保安二团陈兵诏安进水、官陂、大元中等地，修筑炮楼，设卡建哨，不准粮食进山，不准山货出山。强迫进水、大塘北、北蔗、火烧龙、龙磜等村移民，将十八间、月眉池等村的房屋悉数烧毁，致使大片村野沦为无人区。同时，策反我方党政人员。

省保安部队将钟骞支队作为主要作战目标，加以围追堵截。7

月初，敌 300 多人向驻乌山桃仔寮的钟骞支队进攻，双方激战一天。20 日，林凤翔部近 300 人在叛徒引领下，突袭乌山淡水尾钟骞支队新驻地，陈阿明支队长率 20 名留守战士奋勇反击，不幸牺牲，余部乘夜撤往进水。

为给穷凶极恶的敌人以颜色，为死难战友报仇，钟骞支队政委陈文平和新任支队长李仲先商议后，在乌山北蔗村附近的雷公陂布埋 70 多枚土地雷。11 月 16 日，当林凤翔部 100 多人经过时，枪声骤起，地雷炸响。此战敌死伤 10 多人，被俘 5 人。11 月，地委决定钟骞支队留 3 个班在乌山坚持斗争，余者跳出包围圈开赴新区。

1947 年 7 月，闽南地委贯彻上级指令，决定“结束埋藏，恢复武装斗争”，召集分散在各地的军政骨干、武装人员，对敌斗争进入新阶段。不久，地委机关回迁乌山腹地大石巷一带，卢叨重新任地委书记，陈文平任副书记。地委机关下属机构逐步健全，设有电台、保卫班、《前哨报》站、财政处、军衣处、伤兵处、修械所和拘留所，还建立担负地委与各县委联系的交通站及龙磜、进水、半岭、官洋、七高磜 5 个交通分站。

8 月 1 日，钟骞支队在乌山西山岩集训整编，正式成为中国人民解放军闽粤边区总队闽南支队，支队长李仲先，政委卢叨。饱受欺凌的老区群众闻此消息兴高采烈，纷纷送粮送菜、杀鸡宰猪祝贺。闽南支队经过一个月的政治学习、军事训练，正式担负起打击敌人、保卫基点、发展新区的任务。通过一次次战斗，支队逐步壮大，到 11 月底发展到 100 多人。

是年冬季，省保警二总队和诏安、云霄、平和 3 县的保警中队，兵分 3 路，继续进剿乌山。而后，在诏安公田、进水、金溪和云霄水晶坪等处安营扎寨，对乌山形成包围夹击之势，企图与闽南支队及其他武装决战。闽南支队则乘其兵力分散时，巧妙迂回到乌山脚下歇息。

由于敌人实行“三光”政策，加之数道包围圈的构筑，导致根据地物品奇缺。为保证最低限度需要，县工委安排张振福等数十人外出筹措粮款，同时，在龙磜水口下密林中和进水花迷石山洞里，因陋就简办起修枪厂、被服厂。在艰苦岁月里，乌山地区龙磜、北蔗、豆畲、北坑等基点村民众，家家户户节衣缩食，给自己的队伍送粮送物。

1948年3月，省保安二团奉命增援乌山地区，该团团长吴子高狂妄叫嚣："以游击对游击，短期内消灭乌山游击队。"带领手下400多人在诏安的官陂、梅洲、公田和云霄车子圩、平和大溪肆行搜捕。闽南支队以小部队坚持内线斗争，主力则向外围运动。

4月，中共云和诏县委班子适当调整，由李亚伟任书记，沈万五、张振福任副书记。中旬，李亚伟、张振福率领云和诏游击队辗转出乌山，在各地打击敌人。

7月，福建省主席刘建绪调集2400余兵力，向我以乌山为中心的游击地区进攻，敌从诏安、云霄、平和、南靖方向，步步为营逐步缩小包围圈，同时加强政治清剿，运用堡垒联防、欺骗自新、移民并村、封锁交通、烧杀抢掠和迫害、逮捕革命家属及派遣内奸等种种手段，来对付共产党组织和人民武装。在这个所谓的"刘建绪计划"推行期间，地方反动势力借机作乱，革命队伍中也有人"自新"叛变，群众情绪为之波动。

值此严峻时刻，卢叨、陈文平等地、县委领导及云和诏独立大队，留在乌山坚持内线斗争，发动群众反"清剿"，保卫秋收，牵制敌人，主力部队则分两路跳出外线，在外线出击和内线斗争互相配合下，迫使驻剿敌军无功而返。

"刘建绪计划"破产后，他的主席也当不成了。12月26日，新任省主席李良荣在云霄召开闽南各县县长、参议长参加的"剿共"会议，强调加强"剿匪、联防、巩固治安"。翌年，又调兵遣将，重新组织对乌山的围攻。

三、壮大乌山民兵组织

1946年12月，中共闽南地委、云和诏县工委在诏安公龙乡窑坑村召开专门会议，决定在乌山地区建立劳武结合的民兵组织，一手拿锄头，发动群众搞好农副业生产；一手拿武器，配合游击队打击来犯之敌。于是，一支以龙磜村民为主100多人参加的乌山民兵大队应时而生，同时，龙磜周围林畲、地凹、六洞、洋坑、狮凹等山村亦分别成立民兵班，作为大队下属的群众性武装组织。该大队由张崇山、张龙光负责组建，由张崇山任大队长。民兵大队直接受县工委的领导，由原钟骞支队第二中队指导员、时任县工委委员的张振福具体领导。

乌山民兵组建后，时值敌人强迫移民并村，闽南地委指定进公龙区区委书记沈龙光负责，组织龙磜等村民兵动员没有移民的群众离村，全部上山盖草寮，白天下村生产，夜间上山居住。村村组织瞭望哨，白天轮流站岗，发现敌情用吹海螺或喊“牛吃菜”或鸣枪为号，叫群众疏散隐蔽。

乌山民兵组织遇到的大问题就是枪支、弹药短缺。大家想办法。除发动群众将家里的鸟枪、盾牌、大刀、棍棒全部拿出来以外，还请几位修枪老工人自制“土曲七”、“土子弹”和“土炸炮”等武器，但仍满足不了需要。于是，张振福召集武工队和乌山民兵，巧袭寮屋洋，从敌人手中夺取武器。

他们化装成拜神的香客，前往寮屋洋。在敌联防队员起疑心、动作犹豫间，当机立断，从竹篓中拿出“土炸炮”和短枪追了进去，制服了联防队，缴获27支步枪、1支驳壳枪、1支洋曲七和1000多发子弹。

张振福利用敌联防队内部矛盾，分化瓦解，各个击破。在争取小元中联防队长江水波、江生地之后，以迅雷不及掩耳之势，收缴了该联防队和保长办事处枪械70多支、子弹1000多发。接着又通过基本群众可信的情报，接二连三奇袭上坑头、下坑头和楼下等敌联防队，缴获长短枪50支、子弹数千发。

敌保安团一个营的兵力，驻扎在乌山革命根据地的公田村，所需粮食要从官陂圩运上去。其营长为防范乌山民兵袭击抢粮，派便衣队队长张水成带队押运，张水成途中多次窜进火畲村和禾仓岽村，抢劫财物，强奸妇女。为了除掉这个大害，这两个村的民兵便设计于路上埋伏。

冬天大地凝霜，乌山民兵衣衫单薄，在禾仓岽屋背耐心等待。苦熬两昼夜，张水成终于带着几个喽啰，大摇大摆窜进禾仓岽。张振福已布置群众置办丰盛的酒席招待。这些家伙吃饱喝足离村走进埋伏圈，民兵们蜂拥而出，老鹰抓小鸡般将他们抓走。待敌营长陈铁英闻讯赶来，一部分民兵已将俘虏和粮食安全转移。另一部分民兵则占领山头狠狠打击援兵。

敌人非常恼火，组织更大规模的进攻。乌山民兵挺身而出，帮助群众在山顶搭草寮，把家禽、家畜、家具和农具都搬上山，并冲出重重包围，到诏安县官陂的点下坪、石坡面，太平的马头，云霄的下河、官洋和平和县的大溪、安厚等地，割电线并破坏公路、桥梁，让敌人手忙脚乱，耳目闭塞。

秋收时敌人组织到水晶坪、梅林、仙石、龙透、龙磜、地凹、进水一带抢割稻子。闽南地委提出："保卫群众的劳动果实，不让敌人抢走一粒粮食。"地委领导卢叨、陈文平亲自指挥队伍在水晶坪、梅林、仙石一带，张振福带领乌山民兵在龙磜、六洞等地，分头截击敌人，打了几仗，保住了劳动果实。

一次，省保二、三团和云和诏三县自卫队，集中兵力围攻闽南支队。陈文平派人带急信要张振福带乌山民兵去解围。张振福得报，即领五六十名乌山民兵赶去。当过仙人石村时，半山腰突遇驻公田的保二团一个营。张振福急中生智，叫大家点火烧山。顿时，熊熊烈火掩盖了乌山民兵。敌人几挺机枪盲目射击，徒费许多子弹。天将黑，陈文平带着闽南支队，向民兵靠拢，一起向林畬方向安全撤离。

几年来，乌山民兵先后参加了奇袭霞葛乡公所、进攻"铁城"彩下炮楼和坪坑、走马塘伏击等战斗数十次，并负担转移、保护伤员、兵工厂人员和云和诏县委家属等艰巨任务。队伍得到了锻炼，逐渐发展成为一支保卫革命基点和配合主力部队、游击队对敌作战的新生力量和有力助手。

四、营造乌山周边缓冲带

云和诏县委贯彻中央提出的“依靠基本群众，打击最反动的顽固分子，争取一般中间分子，把一切可以争取的力量争取过来”的方针，着力开展地区统战工作，其中诏安的金溪、官陂；平和的庵后、大溪；云霄的世坂、下河等环乌山一带乡村，统战成效尤为明显。

1945年10月初，正值国共两党和平谈判，而五专区专员兼保安司令王笑峰却召集诏安、云霄、平和等县军政主官，在金溪开“督剿”会议。诏安与会的县长钟日兴，借此机会考察了金溪、进水、公田等地，他所看到的是贫瘠的土地、穷困的民众；听到的是对国民党军队的怨言和对共产党游击队的好评。座谈中，几位“白皮红心”的保长坦言“清剿”之害民，并向他转达云和诏县委“避免战端，让老百姓免遭兵祸之苦”意见。

这些，对这位新履县长有所触动，回县城不久，钟日兴找来陈文平的学生胡赞武，让他上乌山去作试探性见面。陈文平与这位时任县保安队分队长的学生见了面，陪同的有金溪乡许益波、许培兰、许顺智3位保长。会谈中，陈文平宣传了我党反对内战、与民休息的主张。接着，陈文平又在官陂木庵村与国民党诏安县军事科长林春风见面，对当局在国共和谈期间挑起战端表示抗议，会谈结束时，陈文平将预先写好的《告诏安父老乡亲》长信交林春风带回，林在县“特种汇报会议”上公开了信的内容。

不久，县长钟日兴与陈文平在五洞村举行谈判。由于当时民众和平民主呼声甚高，钟日兴也知道“清剿”徒增地方财政负担，于是接受陈文平“划地管辖，自筹给养”的建议，双方达成了以官陂溪为界互不侵扰的口头协议。

在会谈后数月内，诏安境内的确没有发生过武装冲突，国民党在乌山周边建造炮楼的工程也停了下来，根据地基点村及革命群众有了休养生息的机会。但好景不长，1946年6月蒋介石发动全面内战，云和诏地区战火复燃、干戈再起。

当时，金溪、官陂的群众苦于国民党的苛捐杂税。陈文平就与当地上层人士、保长商量，希望他们为群众着想，对国民党摊派的捐税能拖延即拖延，能敷衍则敷衍，实在不行再从宗族的公项或富户中凑出些粮款去应付。他们认为这样很好，愿意采纳照办。通过这类事情，让这些统战对象感到共产党对百姓的关心、体贴，能体谅他们的难处。因此，愿意支持我党的工作。

1948 年，国民党保安团把金溪乡保长许培兰以“通匪”罪抓了起来，扬言要枪毙。事件的发生，使得一些靠拢我党的进步人士、保甲长人心惶惶。云和诏党的领导发动保长及群众联名具保，动员金溪、官陂上层人士据理力争，指出是当局派他们去同游击队联系，谈判如何执行《双十协定》的，怎能说是“通匪”？在多方努力下，终于把许培兰营救出来。经过这场风波，拉近了我党同地方进步民主人士的关系。

第二节　开拓陆海游击区域

一、地方工作团、武装大队四路出击

1946 年 11 月，国民党省保安团、保总队林凤翔部、陈铁英部分别从云霄的水晶坪、诏安的进水、平和的大溪等地向根据地进逼，在公田、官陂圩等地设立联防指挥部，且在多处设卡，对乌山形成合围态势。诏安反动势力也秉承上峰旨意，组织“诏安党团政军警联合大会剿”，摧残革命基点，搜捕革命群众，强化保甲制度。同时，敌人将乌山一带百姓从山上赶到山下，把小村并到大村，原有的基点村如北蔗、坪水荒无人烟，月眉池、十八间被焚烧一空。

面对严峻的局势，中共闽南地委、云和诏县委决定，以原来的 4 个工作组为基础，从机关和支队抽调人员，组成东、西、南、北 4 路工作团，以突破封锁包围，分赴各地隐蔽活动，减少集中行动的目标。

这 4 路工作团，东路团长张水满，负责云霄梅林、仙石、陂下和附近平和的一些地方；南路团长张大目，负责诏安梅洲、四都和云霄

水晶坪、世坂；西路团长沈万五，负责诏安金溪、上营、后岭、城关；北路团长张振福，负责诏安官陂、秀篆。

各路工作团采取集中和分散相结合、相对固定区域与因时地制宜的方式方法，机动灵活地开展工作。工作团在群众中揭露蒋介石挑起内战的罪恶行径，讲正义的人民解放战争必然胜利的道理。乌山革命老根据地的群众被敌人强行移并到平和县的大溪、安厚，云霄县的车圩、世坂、官洋，诏安县的四都、官陂、金溪和走马塘等较大的乡村，工作团的工作也做到那里，把基本群众发动起来，支持革命斗争。在敌人控制的村庄通过关系建立情报网点，掌握敌人的军事行动。

1947 年 1 月，中共华南分局决定恢复武装斗争，3 月，闽粤辖区工委提出集中最大力量，积极发动群众，准备开展广泛的群众性游击战争。之后，县委集中分散的武装力量，相继成立 4 个游击大队。第一大队大队长张国忠(后张振顺)、政委李亚伟；第二大队大队长张振财，政委张振福(后张大目)；第三大队大队长沈德溪，政委沈万五；第四大队大队长张章言，政委赖其生。

是年 4 月，人民解放战争由战略防御转入战略反攻。驻乌山地区的敌军减少，且内部勾心斗角、矛盾重重。而云和诏党组织和人民武装经过 1 年左右的艰苦奋斗，力量大为加强，影响日益扩大。4 路工作团和 4 支游击大队互相支援、联合动作，巩固基点，打击敌人，壮大队伍，筹款缴枪，破仓分粮，并发动群众反征兵、反征粮、反征税，开展秋收保卫战。

4 个团中，北路、西路这两路工作团的工作成效更显著，在官陂、金溪周围，西至六洞，东至火畲，南达进水，北上新径，先后建立了 21 个党支部，发展了 50 多名党员，充实了工作团、游击队的有生力量。张振福带领的北路工作团，通过惩治乌山地区 10 多个土豪劣绅，攻克官陂“铁城”彩霞楼，筹措了一些款物，收缴了一些枪支，巩固了乌山根据地；沈万五带领的西路工作团到诏饶边东界、黄岗一带，通过建立联络站和武装分队，拔除黄冈镇等乡镇公所，策反东界乡常备队长李立忠，开辟出沿海游击区。

二、闽南支队、云和诏游击队扩展新区

1947年10月，闽南支队在云和诏游击队配合下，出击梅洲、上湖的乡公所和四都联防队、西张盐警队，节节获胜。梅洲是诏安人口最多的自然村，在攻打前做通了一名乡丁的工作，届时里应外合，一举捣毁了该乡公所。11月3日，闽南支队30名指战员化装成国民党军，由100多名民兵协同，拿下霞葛乡公所，歼灭乡反共自卫分队，击退前去增援的县保安队及其他乡的联防队。这一连串的胜利，打击了反动军队的气焰，扩大了革命武装的影响，为“普通小搞，准备大搞”打下基础。是年冬，闽南支队在与进攻乌山的敌军周旋一阵后，到官陂稍作休整，然后抵点灯山、八仙山活动。

1948年1月7日，地委接群众密报，省保安总队第二大队将于翌日从水晶坪往公田调动，与保安队会合，进剿在八仙山活动的乌山游击队。卢叨、陈文平、李仲先、王汉杰等会商决定，于敌必经之坪坑村后道路设伏。

闽南支队和地委机关200多人分成3组，分别埋伏在道路左边的水沟旁和右边的树林里及小山坡下，卢叨、王汉杰等在村对面的山上指挥。8日上午10时许，60余敌人如期进入伏击圈，指挥部一声令下，第一组以轻重武器迎头痛击，第二组用土炸炮猛轰，第三组率先发起冲锋，残敌退守坪坑土楼，我方以佯烧实攻生擒之。此战俘敌少校大队副郑汝勤以下官兵27名，毙敌7名，伤2名，而我无一伤亡。缴获机枪3挺、长短枪28支，手榴弹21枚，子弹5000余发。

为了报复，省保安总队从闽西调来吴子高部加入“清剿”，400多人在乌山搜寻游击队。游击队却在县委李亚伟书记带领下，辗转出乌山，摧毁饶平东山乡公所，击退饶平自卫队，袭击了新丰乡公所。

4月初，云和诏县委决定攻打处于交通要道的彩下楼。该楼位于乌山西南方山脚下的官陂彩下村，长期有国民党保安队驻守，还有一支20多人身手不凡的联防队。因楼高墙厚，外有大水沟和遍地插埋的竹签，并设固定、流动岗哨，易守难攻，敌人自称“铁城”。4

月 10 日，云和诏武装一大队、北路工作团和官陂 100 多名民兵，在李阿伟、张振福的指挥下，运用破袭战法，先是制造火力对阵架势，后有小分队登梯入楼，内外夹攻拿下彩下楼。“铁城”一破，官陂 10 个乡、保，敢于执行反动政令的只剩下两个半。

太平走马塘有通往县城及金溪、大布、景坑的东溪渡口，由装备精良的保安分队 20 余人驻守。7 月 1 日，闽南支队与云和诏武装采取迂回包抄战术，借助土炸炮的威力，登梯越过围墙，迅猛冲进墓尾祠堂，解决负隅顽抗的敌人。该点一端，诏和云饶游击区连成了一片。8 月间，闽南支队又在西路工作团等配合下，摧毁了分水关炮楼，一鼓作气袭击附近的思政乡公所。

10 月，沈万五率领武装到饶平发动群众抗“三征”、打土豪，摧毁诏饶边界 3 个敌哨所。同时，建立一支海上武装分队，出没于广东神泉至福建镇海长达 200 海里的海域，重创南澳巡逻船 3 次，惩治官办及官匪合营的货船多艘。

云和诏县委及其人民武装的活动范围逐步扩大，队伍也在战火洗礼中不断成长，到 1948 年底，有党员 400 多人、武装人员 1400 多人（不包括民兵）。其间，历经大小战斗 150 多次，毙伤俘敌 300 多名，缴获大小武器 700 多件。

第三节　南北会师解放诏安

一、重启诏安城区地下活动

1948 年 5 月，中共云和诏县委经过对诏安城区党员的调查，认为其在“埋伏”期间没有暴露身份和变节投敌行为，便报请闽南地委同意启用，组建城区地下工作组。

1949 年 3 月，该工作组正式成立，负责联络地下党员，开展宣传活动，搜集敌人动态，输送革命新生力量。其核心组 6 名成员钟惠贞、谢荣光、吴杰、林士彬、沈柏森和涂金添均系地下党员，由钟惠贞任组长。另有沈耀宗(化名沈铁生)奉命上乌山,负责日后与县城工作组的联络。

工作组根据县委指示,通过考察、联系、培养,向乌山根据地输送两批共 11 位知识青年。之后,核心组又单线发展工作组成员,到诏安解放前夕,留城的工作组成员达 45 名。工作组又通过乌山、香港等途径获得不少学习材料,大家从中学到革命理论,提高了思想觉悟。一些文章如毛泽东的《论人民民主专政》等,则由地下工作组转送到乌山。

工作组以中共云和诏边县委的名义,油印革命歌曲和传单,书写革命标语。将传单在县城内四处散发,又将标语从上至四都、下到分水关的大路边张贴。这些传单、标语,对反动军警是一种震慑,而对广大民众则是一种鼓舞。工作组还采办了相当数量的药品、电池、笔墨纸张等送到乌山根据地。

诏安、东山是福建最晚解放的两个县份,一些国民党残余势力退踞于此,工作组成员将自身安危置之度外,利用社会关系,向伪政权人员宣传我方政策,敦促其放弃抵抗、接受解放。同时。想方设法收集各种情报,如驻诏敌军的编制、布防、调动等情况;反动党政军警头目和地方豪绅的思想状况和动向;各大姓氏组织地方武装的人员和武器配备情况;以及童懋山准备抢运粮食和物资下海的情报等,及时报送云和诏县委。

此外,工作组向地方反动党政军警头目及一些地方豪绅投寄警告信,以革命的名义警告他们不得再与人民为敌,不准乱抓乱捕,不准破坏档案,不准转移财产。在电信代办处工作的同志,则团结职工设法保护电讯设备不被破坏。

二、为接管政权预备干部

1949 年 4 月,毛泽东主席和朱德总司令发布"向全国进军"的命令,中国人民解放军以摧枯拉朽之势接连解放包括南京在内的江南大片地区。按中央的要求,太行、太岳两个老解放区遴选出 4000 多名接管新解放区干部,组成中国人民解放军长江支队。

支队全体人员于4月25日由河北省武安县启程，迎着炮火硝烟，长驱南下。7月，叶飞司令员、韦国清政委率领的解放军第十兵团进军福建，长江支队亦随之入闽。9月，支队第五大队奉命进入龙溪地区，所属第一中队48人被安排到诏安县。这些人的籍贯，有属山西省的陵川、黎城、晋城、壶关、沁县；有属河北省的元氏、武安、磁县；还有的属河南省沁阳、获嘉、温县。

同年5月，云和诏县委为增添新生力量、预备解放干部，在饶平上饶白花洋举办知识青年干部训练班。参加训练者，有诏安城区工作组输送的社会知青，也有漳州、厦门、饶平等地党组织选送的共产党员、知识分子和学生，共计近80人。训练班由县委书记李亚伟主持，学习的主要内容是《新民主主义论》、中共党史、当前形势与任务、党的城市政策等，学员边参加培训、边开展宣传。训练班结束后，被分配到诏安、云霄、平和的斗争第一线和县委机关。他们发动群众反对“三征”，分化敌方阵营，改造乡村政权，为战争需要筹集粮食、用品，以高昂的政治热情为地方解放做准备。

南下干部除长江支队成员外，还有来自上海服务团的干部和来自山东等地的军队转业干部。为配合这些人开展工作，中共福建第六地委决定创办闽南公学，地委书记卢叨亲任校长，505名学员大多是从报考知青录取，少数由闽南游击队保送。从11月7日开学到12月28日结业，教学分形势与任务、人民民主与专政、革命人生观、政策与法规4个单元，由地委、专署领导亲自来校授课，课后分组讨论，还安排学员参加剿匪肃特斗争及上街作社会宣传。这所抗大式学校出来的学员，有53位分配到诏安工作。

三、解放前夕的敌我态势

1949年1月，奉中国人民解放军总部令，成立闽粤赣边纵队。2月，闽南支队随编为纵队第八支队，司令员李仲先，政委卢叨，下辖2个团，近800人枪。其中第二、第五两个主力连，系由云和诏4个武装大队合编而成。

第八支队在打退敌人对乌山的进攻后，分兵出山，收缴饶平县所城常备队的枪械，配合韩江支队打开监狱、破仓分粮。而后兵分3路，摧毁大埕、大港、拓林的乡公所。3月，支队下乌山，攻克官陂凤山楼，破“官仓”分粮给贫苦农民。而后，队伍于龙溪地区流动作战。同时，为了迎接解放大军南下闽南，地委机关在卢叨带领下撤离乌山，从进水出发抵达南靖，在树海设立新的指挥中心。

敌人觉察到闽南地委和主力部队离开了乌山，遂纠集省保安团和各县的军警，再次发动“围剿”，乌山地区又弥漫着血雨腥风。敌人手段更为毒辣，他们逐村排查，不但搜捕干部、游击队员、接头户、交通员和革命群众，而且将干部、游击队员的家属也抓起来，逼其去叫丈夫或儿女回来“自新”，若不听从或稍有反抗就地杀戮：保安团、联防队把抓来的接头户和革命群众虐杀后，还将一些人头用电线穿过双耳，挂起来示众。在这种形势下，国民党的一些乡、保长跟着叫嚣，革命队伍中一些意志不坚定者自首变节，甚至掉转枪口为虎作伥。其间，南路区委书记张水满被叛徒出卖丧生，云和诏县委副书记沈万五在后岭被包围不幸牺牲。值此艰难时节，云和诏县委被迫将后方机关移至大山深处的龙礤村，张振福带20人往饶平筹粮。

尽管黎明前还有黑暗，曙光毕竟已在前头。7月，中共云和诏县委在官陂龙礤召开紧急会议，通报当时形势，研究部署迎接南下队伍的工作。会议决定加强宣传、统战工作和诏安城区地下活动，扩大游击区域，打击反动势力。

8月，县人林师珍辞去国民党诏安县长职，缺由逃窜入诏的省第五行政公署专员、保安司令童懋山兼任。随着漳潮属县的相继解放，诏安已成国民党残兵败将、悍匪恶霸、土豪劣绅的麇集之地。诏安一部分国民党军政人员组织了“自卫委员会”“财务委员会”，借以对抗共产党，并搜刮民脂民膏。童懋山则网罗人马，成立“闽南暂编纵队”“闽南人民反共救国军”等武装组织，以公开抵抗革命力量，同时组织“党政军特种汇报室”和“军警稽查处”，以秘密方式进行反共活动。童还勾结饶平、南澳的海匪和地方的豪绅，成立“自卫团”。县城之外，反动势力掌控着四都、太平、大布、走马一带，横征暴敛。霞葛、秀篆的张志鸿保安队、刘汝明兵团残部也肆意妄为、打家劫舍。10 月 25 日，在诏安中山路、三民北路，国民党洪伟达残部组成的“军官团”，明火执仗抢劫了 17 家商户。一时间，城乡一片狼藉，民众怨声载道。

中共诏安县委、县人民政府成立旧址——红星乡坪林村私塾学堂

10 月 6 日，长江支队第五大队第一中队 48 名干部，由武克、李振经带领，抵达乌山脚下的圆林村，与云和诏县委和地方武装的同志会合。当月 20 日，南北干部 120 多名在金溪坪林村举行会师大会，传达中共福建省委、福建第六（龙溪）地委的指示，宣告成立中共诏安县委、诏安县人民政府。武克任县委书记，李亚伟任副书记，张振福任县长，李振经任副县长。同日，县委全体干部移驻进水村集训，进行政策教育及入城接管的具体准备，草拟了县党政机关和各区委、区公所配备人选预案。

11 月 20 日，中国人民解放军三十一军军直侦察营在营长陈树理、政治教导员于宗耀率领下，抵达乌山进水村，与诏安县委、县政府领导会面。

四、解放诏安全境

为了给从乌山出发解放县城的部队扫清障碍，1949 年 10 月初，云和诏县委副书记张振福同官陂镇镇长张光宗、联保主任张逢时谈判，促成该镇和平解放。相邻的霞葛乡乡长张国栋接父亲张清修的信后，即把手下人枪带到官陂，宣布起义。稍后，诏安县第六区成立，由郎壮保任区委书记、张瑞金任区长。

经过一番部署，解放部队于12月8日分兵进攻。一路由县委书记武克、副书记李亚伟、县长张振福率领三十一军侦察营和县大队，向金溪圩进发，当晚强攻走马塘守敌沈思泰特务团一个营，俘敌中校副团长李烈夫以下官兵700多人，接着解放大布寨、景坑、太平周围几个乡，随即成立诏安县第五区。部队经建设乡进取城关，途中追歼敌吴大柴部。12月12日下午，解放部队攻进县城，敌胡银光和张志鸿部一举被歼。

另一路由龙溪军分区政治部主任皇甫琳、副县长李振经和三十一军二七二团副团长刘坤率领一个营，从进水途经云霄，越过油柑岭，直插梅洲，击溃守敌“闽南纵队教导大队”，俘获大队长沈文保以下官兵160多人，而后进入四都圩消灭张飞虎部，并迫使林头盐警队投降。敌许良波独立团不战自馁，驻在四都的张冠雄部连夜逃往东山。沿途还歼灭企图渡海外逃之敌，迅速推进，于12日晚间进入县城。

还有闽粤赣边纵队刘永生司令员所带的一个团，经饶平黄冈进入诏安，歼灭了分水关、白洋乡一带的敌人，活捉沈居正，而王汉忠则领着残兵逃到南澳岛。12月12日上午，刘司令员与诏安县委、县政府领导于城郊良峰山会面，之后，刘司令员回师汕头。

迫于我军强大攻势，接任国民党诏安县长的陈秀林走海路潜逃东山岛，其他人员也纷纷逃散，县警察局长李烈英经事先做工作，看清了形势，将人员、枪械和文书档案集中，宣布起义，听候接管。

1949年12月12日，诏安县城宣告解放，人们欢天喜地。城区地下工作组张贴标语，向群众宣讲我党我军的政策，动员商店照常营业，社会秩序很快恢复正常。

诏安北部山区的秀篆、霞葛两个乡，仍为残敌所盘踞。此前12月2日，秀篆乡大地主王义耸暗中与国民党县自卫队总队长张志鸿串通，欲借和谈图谋不轨，因前去谈判的李振经副县长警觉，全体36名干部、民兵得以撤出陈龙村，安全回归。和平解放无望，唯有武力解决。

1950年1月12日、13日，驻诏三十一军侦察营与县独立大队等联手，扫荡盘踞秀篆、霞葛山区的敌“闽南暂编纵队”、“反共救国军云浦诏东游击司令部”以及封建地主武装“联防队”，俘纵队副司令胡玉光等113人，毙8人，缴获长短枪115支并其他物资。

至此，诏安全境解放。诏安人民在中国共产党的领导下，英勇顽强坚持斗争20多年，终于迎来了崭新的时代。

1950年元旦，各界在中山公园举行庆祝诏安解放大会

第六章　革命群众　老区干城

第一节　老区民众对革命的贡献与牺牲

诏安革命老区具有历史长、地域广的特点。从 1926 年设立中共支部，到 1950 年全境解放，红旗始终不倒；全县有 14 个老区乡(镇)、100 个老区行政村、92 个老区基点村。土地革命、游击战争时期，这里是饶和埔诏革命的中心区域，也是中央苏区的组成部分；抗日战争、解放战争时期，这里是闽南革命根据地，为南方八省 15 块根据地之一。

在白色恐怖包围的险恶环境中，这块红色区域之所以能够存在，固然与诏安属省尾国角、又山多林深相关，但最重要的是民众的支持。正如原中共闽南特委特派员、闽南地委书记卢叨在《乌山支点坚持下来的经验教训》一文中所说："乌山支点之能生存下来，首先应归功于农民群众的支持，党和武装能够和群众密切连在一起。……差不多一切工作，都通过群众来完成，如动作布置、粮食运输、经济谈判、交通联络、敌情报告，以致自动坚壁清野、参加作战，特别是动员群众利用社会关系(亲戚或朋友)宣传我党我军主张，开展外围工作。一切通过群众，党才能保持领导，因此，正确的群众路线，是能够生存下来的总根源。"

在新民主主义革命时期，诏安人民在共产党领导的伟大事业中，做出了重大的贡献，也遭到国民党反动派的摧残杀掠，付出了重大的牺牲。据统计，1926—1949 年，诏安老区被反动派烧毁的革命基点村有 32 个，被绝灭 395 户，被迫逃亡 701 人，被杀 230 人，被抓 144 人，因饥饿疾病死亡 9180 人，被烧掉房屋 1429 间，因并村致房屋倒塌 526 间，被抢、宰耕牛 628 头、猪 770 头，被烧、抢农具 7800 件，荒芜土地 8500 亩。

一、掩护革命

大革命失败后，诏安周边举行暴动的饶平、大埔、平和等县的党组织和工农武装遭残酷镇压。白匪对被捕的革命者及其家属剖腹挖心、砍头剥皮、割肉撒盐，穷凶极恶，就连儿童团员也不放过。值此艰危之时，一些共产党人和赤卫队员被迫向诏安转移。县内秀篆、官陂、霞葛山区及闽粤边界一些村庄的正直百姓，明知来者的身份以及可能给自己带来的灾祸，依然热情接纳，甚至参加了革命。

从 1931 年初开始，国民党 2 个师轮番“围剿”饶和埔诏苏区，革命群众冒险掩护党的干部和武装人员。是年除夕，驻霞葛南陂的县委机关被敌人包围，妇女部长张华云突围时负伤，陈坑村一个贫苦的中年寡妇将她接到自己家中疗伤。早起晚睡，东奔西走，借钱找药，精心照料一个多月，华云才得以痊愈。

1937 年 8 月，驻进水村的省保安团一个营在营长张铁英带领下，趁夜逮捕该村的党支部书记张欣炉和党员张招宝、张坤纹，还有白路坟村的党员张招木、火烧龙村的党员张阿炮和大塘腹村老接头户张水果，严刑拷打，要他们交代在“漳浦事件”“月港事件”中漏网的红军游击队伤员、共产党干部的藏匿处。张欣炉、张招宝、张招木、张阿炮、张水果几位坚贞不屈，拒不交代。最终，张欣炉、张招宝被敌人杀害，而张坤纹则沦为可耻叛徒，向保安团开列名单出卖革命同志。保安团得到张坤纹口供后，包围下溪尾村红军寮捉人，云和诏县委老毛等 7 位工作人员事先得到消息，转移到龙磜村，后又前往林畬村，在基点村群众的掩护下脱离危险。

一次，家住北蔗村的交通员吴阿柔接到通知，说县委委员陈韶等人要来。敌人似乎有所觉察，潜入该村埋伏。情况危急，吴阿柔避开敌哨摸出村，在来客必经的三岔路边口守候。强忍着刺骨的过山风，挨至天麻亮，将来人等到。

还有一回，闽南特委副书记钟骞夫妇到北蔗村，宿于吴阿柔家。晚上，敌人前来围村，挨家挨户搜查，阿柔让老钟从后窗钻出去，隐藏在山上，老钟的爱人有病走不了，她将其扮成“疯女”关在内室，故意将粪便、剩菜泼了满地。敌兵进来见此情景，个个捂着鼻子退了出去。敌人一走，她赶快让人带她转移。等敌人回过神要来抓“疯女”，却迟了一步。最后，只得将一肚子气倒向吴阿柔，将她打得死去活来。

1948 年初，诏安金溪、云霄半岭的群众 40 多人被捕，敌人严刑拷打，甚至用汽油烧身，可没有人当内奸透露消息，之后照样跟定共产党。

二、参军作战

在战争年代，诏安境内曾组建过数支红军游击队，如红四十八团、红三团、闽南政保队、王涛支队第四大队、钟骞支队、闽南支队和第一、二、三、四大队等，也曾出现过父送子、妻送夫、夫妻兄弟同参军的动人场面。在 1951 年中央老革命根据地代表团形成的《诏安县老区访问总结》中提到，诏安“1928—1930 年建立了游击区，成立苏维埃政权，以后游击区一步步扩大，到 1934 年红军遍起，发展极迅速”。

1929 年 10 月，中国工农红军第四十八团在龙伞岽组建，不久就发展到 300 余人枪，其中包括近 200 名诏籍武馆学员、游击队员。这支被群众称为“铁军”的队伍，歼反动民团，惩土豪劣绅，开辟了闽粤边红色割据局面，接着又征战闽西，参加中央领导的反围剿斗争。

1931 年 3 月至 1934 年 7 月间，中共闽西特委、闽西苏维埃政府和福建省委、省苏维埃政府多次向饶和埔诏县发出指示，布置扩大红军和筹措经费、分配土地等任务，县委、县苏均坚决予以落实。

红军四十八团奉命开赴闽西后，饶和埔诏县委为了重建武装，于 1931 年 6 月联系失散的区乡干部、赤卫队员归队，并发动青壮年参军，成立有 120 人枪的红三连。1932 年 10 月，为了配合中央苏区第四次反"围剿"斗争，中共饶和埔诏县委做出向外扩展、开辟新区的决定，首先以红三连指战员为骨干组建饶和埔诏游击队，然后以武装工作组的方式，在饶和埔诏苏区打击进犯之敌。

1933 年 11 月福建事变发生后，饶和埔诏苏区获得发展的机遇。县委、县苏放手扩大革命武装，开拓了以诏安乌山为中心的大片革命根据地。据当时的《福建民报》报道，红军独立师第二团临时总指挥张崇、饶和埔诏县苏主席余登仁带领的红军游击队，由诏安的下涂"窜扰"新圩，"有顺流迫诏安县城趋势"，引起国民党诏安当局的恐慌。

苏维埃时期，饶和埔诏县红军、游击队与闽西红军、潮澄饶红军协同作战，不仅消灭了 40 多个反动民团，毙伤敌人 2000 多名，惩办了土豪劣绅，保卫了苏维埃政权，而且先后牵制了国民党邓龙光、张瑞贵、张贞、刘和鼎等 4 个师的兵力，减轻了中央苏区的压力。

三年游击战争期间，革命群众同样积极参军参战。1936 年初，诏地乡村掀起报名参加抗日义勇军的热潮，仅八仙山一带参加义勇军的就有 980 多人。1944 年 5 月，闽南特委决定恢复武装斗争后，林畲等村群众积极要求加入闽南政保队，队伍很快发展到 70 余人。

1947 年 7 月，闽南地委贯彻闽粤边工委指示，结束埋藏，成立中国人民解放军闽南支队，其兵源主要出自乌山根据地，年底支队已有 100 多人。同时，云和诏县委也依靠老区群众，组建 400 人的游击大队。

三、输送给养

在战争年代，由于国民党的军事"围剿"和经济封锁，革命武装长期过着"深山老林作营房，野菜竹笋当食粮"的艰苦生活，为了支持红军游击队，根据地民众宁愿自己省吃俭用，也要将粮食、食盐、药品送给自己的队伍。

中共闽南特(地)委张敏、卢胜、何鸣、卢叨、陈文平及云和诏县委吴永乐、梁培德等领导，以及经工队、王涛支队、闽南政保队、闽南支队的一些同志，都曾驻扎在官陂豆畲村，村里人将他们当作自家人，尽心尽力接待。敌人围剿时，则想办法把饭送往山林里或石洞中。革命烈士张火瑞的母亲说："宁愿我们饿死，也不能让他们饿死！"张亚清、张亚许兄弟都为革命光荣牺牲，他母亲照常送饭，自己喝米汤，而把所有的饭粒捞起来叫人送上山。

地处乌山腹地的北蔗村，周边山洞石室众多，非常险僻，闽南地委机关便设在这里，红军、游击队有时也来此休整。遇上敌人封锁下山的路，山上便出现粮荒。村里交通员吴阿柔宁可让自己和孩子吃薯渣、野菜，也要把粮食送过去。在她的感召下，乡亲们也会积极帮助筹措粮食。

一次，吴阿柔搞到一些谷子，正在石洞加工，敌人就来搜山。她钻出洞去，引着他们在山间"捉迷藏"，敌人追不上，便回头纵火烧谷子。敌人刚退，她赶紧跑进山洞扑火，抢出了大半粮食。游击队领导接到粮食，感动地说："阿姆，为了我们，您差点连命都没了呀！"

乌山脚下的北坑村得平洋之利，村族 3 个房头都有公田。1944 年后，随着乌山地区革命队伍的发展，筹措粮食成当务之急。北坑村党支书张天运先和本房的人商量，将公田所收粮食拿出一部分支援。于是形成一致意见："每年公田收来的粮食，留 10%作为扫墓、祭祖之用外，其他 90%支援游击队。"然后，张天运再做其他二房的工作，大家也都同意。

1947 年 8 月，闽南支队成立，乌山群众欢欣鼓舞，奔走相告，尽管在敌人不断摧残下大部分田园荒芜，他们的生活十分艰难，许多人还是挤出一两升米、几把菜送给支队。龙磜村群众张天赐在送粮食时，还送来寄托对指战员祝福的"平安符"。

四、传递情报

诏安处于中央苏区南部前沿，不仅有中央的交通线经过，1932 年饶和埔诏县苏维埃政府又从饶平的岩下到诏安的石下建了一条秘密交通线，设在这些点上的交通服务站由诏安篆北乡革委会负责人游石针负责。同时，中共漳州县委也在诏安县城设有立工作基点，但不久遭到破坏

1935年8月，潮澄饶县委书记张敏通过地下交通员吴雄蛙的亲戚关系，认识华表小学教书的县城人郭郁周，经过接触和启发，他表示要为党工作。不久郭郁周回到县城，联系了涂屏南、林楠等人。后张敏指示他们成立一个内线工作组，在溪东、西潭和城关西门外理发店、北门外的紫峰庙等地建立了联络点。工作组的任务是贴标语、撒传单、印宣传品，宣传党的抗日主张，反对蒋介石打内战。同时，搜集、传递情报，其活动直到1937年县委遭破坏。

1939年，张美目接替张欣炉任进水村党支部书记。他与出任保长的堂叔张荣纪一明一暗互相配合，张荣纪将敌人的举动及时地告诉张美目，再由张美目向山上领导机关通报。一些同志为搜集、传递情报，付出了沉重的代价。公北保张名动，利用甲长身份掩护群众、探听敌情，进行革命活动。1944年，为协助我党除掉反动联防队长张亚饮，他及时打探报告其行踪。闽南政保队接到情报，在张亚饮从官陂圩前往公田驻地的途中设伏，将这只与共产党为敌的恶虎剪除。张名动因此受到怀疑，被关押120多天，每次审问都动刑，最终我党通过统战关系，将其解救出来。

在诏安解放前夕，城区地下工作组的同志，通过多种途径调查搜集反动派军政活动的各种情报，而后通过女交通沈瑞明阿姆带上乌山。沈瑞明化装成肩挑叫卖的小贩，走路助行的竹节里装着情报；在肩上挑的箩筐则放地下工作组为游击队采办的纸张、电池、药品。有些紧急重要的情报，地下工作组则派专人上山汇报。

第二节　对敌斗争的坚强堡垒

一、基层党支部

诏安在革命战争年代，一直有党的基层组织存在。支部几个、几十个不等；党员少时十几人，多则几百人，难有准确统计，此乃当时斗争的残酷性和工作的保密性使然。一些支部及党员，在苏维埃运动中和根据地建设中，做出了不可磨灭的贡献。

1928 年冬，中共虎坑支部在诏安秀篆成立，不仅积极发动本村群众起来参加革命、帮助革命，而且推动了诏安西北地区土地革命的开展。1930 年春中共石下支部建立后，积极向山区群众宣传党的主张和革命道理，让群众了解中国共产党的性质和宗旨，唤醒山民的阶级觉悟和抗争意识，为饶和埔诏革命根据地打下了基础。1931 年中共饶和埔诏县委机关的入驻，使石下成为边区革命斗争的一个决策、指挥中心。支部积极配合县委工作，协助红军攻民团、打土豪，开展土地革命。

诏安是抗战时期闽南特委、云和诏县委主要隐蔽埋藏地。1940 年，特委、县委集中一些同志在坑心村梅仔林山上开荒种田、烧炭，生产自救。这里距国民党军驻扎的进水村不远，由于进水党支部张美目等同志的精心保护，生产基地安然无恙。1944 年，特委决定组建闽南政保队，恢复武装斗争，林畲党支部即组织党员干部和民兵骨干参加，挖出埋藏的枪支弹药，加入特委武装小分队。林畲一带几个自然村如火畲、豆畲、割廷坝、深山寨、母庵、禾仓岽，皆建立中共党组织。

官陂龙磜村党支部 1939 年由张龙光任书记，当时他首先要解决的是村里两个房派的对立问题。张龙光要求党员从革命大局出发，凡是不利于团结的话不说，不利于团结的事不做，并通过党员做群众的思想工作。张龙光从发展党员到组织民兵，没有亲疏之别。群众看在眼里、记在心里，慢慢地两个房派融合起来，出现全村人人参加革命斗争，青壮年踊跃参加民兵的可喜局面。

1940 年，云和诏县委书记吴永乐遇害，继任的县委书记梁培德又患病不幸逝世，革命队伍内部思想较乱，加上敌人军事进攻，经济封锁，疫疾流行，根据地的日子过得很艰难。张龙光冒险到金溪圩搞粮食，更深夜静时就带领本村的党员和民兵出发，运粮返回途中遇到敌情，大家藏了粮食分路撤离，党员张清衡不幸被敌人抓住杀害。事后，张龙光在山上找回两担粮食，缓解了特委、县委机关的粮食危机。

1948年底至1949年初，敌人重兵围剿乌山，当时，云和诏县委在龙磜召开会议，决定把全部后方机关——修枪处、伤兵处、被服厂、看守所、交通站和干部家属等200多人，集中到龙磜村隐蔽，由张龙光组织党员、民兵保卫他们的安全。张龙光把这些人安置在龙磜山上，所需粮食和日用品，再按时送上山。尽管敌人连续几个月搜查，却一无所获。

官陂公田村党支部在张大目的带领下，紧紧依靠群众，积极巩固和发展基层组织，逐步建立公田、水晶坪、楼仔岭等革命基点村，组织农会、妇女会和民兵队伍。

正由于有了如此坚强的基层党组织，乌山地区的革命烈火才越烧越旺，革命的队伍才越来越壮大，并最终取得战争的胜利。

二、革命基点村

诏安县92个革命基点村散布于全县8个乡镇，以地处乌山的官陂镇、红星乡居多。卢叨在《乌山支点坚持下来的经验教训》一文中，曾就战争年代革命基点村的重要性说："假如迷醉于一大片的规模，一大片的乡村都可以去，但没有一村有真正可靠的基础，则在环境严重时，工作就没有核心和支柱，也就是说没有阵地。那时节，别说工作的发挥，连生存的'屁股位'都成了问题。"

县内一些重要的革命基点村，有着非常牢固的群众基础，对革命的贡献比较大，受反动派的摧残也较重，如秀篆镇虎坑村、秀篆镇石下村、霞葛镇厚安村、官陂镇楼仔村、官陂镇龙磜村、红星乡北蔗村、官陂镇豆畲村、红星乡大塘腹村、建设乡月港村等。

北蔗自然村建在乌山顶上的绿林中，原先全村12户50多人。1935年10月，根据中共闽粤边特委决定，红三大队、特务大队、卢秋桂短枪队和闽西红九团邓珊部在红星北蔗村寨内埕公厅进行整编，成立中国工农红军闽粤边独立营。同时，云和诏县委的机关报《前哨报》(后改《特委机关报》)社也在北蔗三角空设立。1941年冬，闽南特委机关迁移到北蔗村的大石巷，此后直到闽南临近解放。

豆畲自然村位于乌山深处，住着7户50多口人。地方岭陡涧

中共云和诏县委机关旧址——官陂豆畲村张氏祠堂

深，林木茂盛。凭其退可入山隐蔽、进可四面出击的地理条件，以及可靠的群众基础，1935 年起，成为乌山地区党和红军的重要居留处所。1936 年，云和诏县委和独立营驻扎在这里。1937 年，国民党制造“漳浦事件”“月港事件”，党的各级地方组织遭严重破坏，翌年，中共闽粤边特委及云和诏县委恢复，并重建红三团，以诏安县豆畲村、云霄县水晶坪村为依托，逐步向周边推进。1944 年，闽南政保队在此组建。次年，王涛支队从豆畲出发，扫平设在公田的云和诏三县联防办事处。为了革命事业，豆畲村有 9 人牺牲，7 户人家 3 户是双烈士。

大塘腹自然村，位于乌山深处，地形险要，易守难攻，原先全村 4 户近 20 人。1935 年 10 月，经闽粤边特委批准，从潮澄饶县委抽出一批干部，在大塘腹组建中共云和诏县委。同时，在该村花眉石下一个山洞设立伤兵处。1947 年，闽南地委又在花眉石设乌山枪械修理处、缝衣处。

诏安县有的老区行政村内包含多个革命基点村，如官陂镇马坑行政村 21 个自然村有 17 个是基点村；红星乡进水行政村 12 个自然村有 10 个基点村；官陂镇林畲行政村 11 个自然村有 9 个基点村。

官陂镇马坑行政村与诏安县秀篆镇、平和县大溪镇相接，自然村高低错落散布山谷间。1929 年，党在马坑（栗竹头）建立苏维埃政府，这一带不少村民参加贫农团和红军、自卫队。是年 10 月，中国工农红军第十一军第十六师第四十八团于龙伞崇组建，团部就设在楼仔的学堂里。为了打破敌人的经济封锁造成的军需民用紧缺状况，县苏维埃政府还在楼仔村设消费合作社。1931 年，龙伞崇包括官陂马坑、秀篆石下一带，成为闽粤边苏区的中心区域。

第三节　红土地上的革命英杰

在诏安革命斗争史上，出过不少的仁人志士，其中有地方党组织的领导人、有红军游击队的指挥员，也有一般的党员、战士，还有普普通通的基本群众。他们矢志不移、无私奉献、英勇奋斗，留下了光辉事迹；其坚韧的意志、坚定的信念和高尚的品德，赢得了人们的尊崇。

诏安县革命烈士纪念碑（许少球 摄）

一、为人民解放忘我奋斗的领导干部

在新民主主义革命时期，张鼎丞、谭震林、温仰春、罗时元、黄会聪、刘锡三、余登仁、谢卓元、张华云、赖洪祥、许其伟、彭冲、林林、刘永生、卢胜、卢叨、何鸣、张崇、张敏、何俊、莫丁贵、吴永乐、梁培德、陈文平、张荣华、李亚伟、沈万五、张振福等多级领导，都在诏安这块红色的土地上战斗、生活过。

罗时元，1928 年受党派遣来到诏安，于官陂浮山开设武馆，招收学徒 100 多人，白天摆拳习武，晚间传播革命道理。1929 年，担任中国工农红军第四十八团团长，带领队伍纵横闽粤边区。1930 年，罗时元奉命率团挺进闽西，参加苏区中央的保卫战。

余登仁，参与领导饶平县武装暴动，暴动失败后入诏，组建中共饶大特委。1932 年、1934 年先后担任饶和埔诏县苏维埃政府主席、中共闽粤边特委委员，为饶和埔诏苏区建设和八仙山根据地的开辟呕心沥血。

1931 年，在饶和埔县委、县苏主要领导人牺牲后，刘锡三奉命组建中共饶和埔诏县委，任书记职，作出了着重在诏安境内发展革命基地的决策。他一方面纠正苏区的肃反扩大化的倾向，稳定干部队伍，一方面扩建红军饶和埔诏第三连，打击地主民团。

1933 年，赖洪祥由闽西入诏，接替刘锡三担任县委书记。当时饶和埔诏苏区内部受“左”倾路线干扰，外部遭国民党军队包围。他带领县委一班人，积极发展武装，突破敌人封锁线，打出外围开展游击活动。到 1934 年，游击队发展到 400 多人，并在石炉、马东两个乡开展土地革命。他将给其治病的钱用于支持群众办消费合作社，马东乡的消费合作社办起来了，可他却因病情恶化去世。

卢胜于 1935 年率队转战乌山开辟革命根据地，三年游击战争中依靠人民群众，立足乌山，打击敌顽，威震闽南。“漳浦事件”后重建红三团，任团长兼政委。

卢叨从 1935 年随潮澄饶红三大队向乌山转移，之后任云和诏县委书记、闽南特委特派员，到 1949 年以中共闽南地委书记身份迁出乌山，他在这块土地上留下许多足迹。为巩固我党在东南的战略支点，发展闽南敌后游击战争，做出重要贡献。

卢叨之后，吴永乐、梁培德、陈文平、李亚伟相继主持云和诏县委工作，而当中又属陈文平在位时间最长。他 1938 年便被分配到县委机关，从一般工作人员再到县委委员、副特派员、特派员，直到 1945 年任闽南特委副书记兼云和诏县委书记。陈文平因时因地制宜，创造性执行党的抗日统一战线政策，依靠基本群众，打击顽固派，团结中间势力，从而巩固了乌山根据地，拓展了游击区。

莫丁贵在“月港事件”发生后，协助卢叨重建云和诏县委，历任县委委员、副书记，1941 年调任闽南特委副特派员。

刘永生从 1943 年带领闽西南武装经济工作总队来乌山，到 1949 年，作为解放军闽粤赣边区纵队司令员参与解放诏安，其间数次在诏安从事革命斗争。

云和诏县委副书记沈万五，为迎接解放大军南下，带人下山发动群众，不幸被敌人发现，群众要将他隐蔽起来，可他为了不让群众受连累，毅然带队突围。当他冲出来后，发现还有同志脱不了身，又返回去救援，不幸牺牲。

诏安县革命历史纪念馆

诏安县人民政府首任县长张振福，12岁就为县委送情报，在铁与血的斗争中逐步成长，曾两次虎口余生，三次面对生死抉择，在解放战争时期表现突出。

二、为崇高信仰勇于献身的党员、战士

饶平县岩下村人张牛眼，1930年参加赤卫队，翌年加入红三连，后被选为中共饶和埔诏县委委员，作战勇敢，工作积极。1934年秋带队到炉坑村开展活动时与敌遭遇，她命令几位工作队员撤退，自己留下来抵挡敌人。一颗罪恶的子弹射了过来，夺走了她年仅24岁的性命。

秀篆石下村人李阿签于1932年加入中共产党，不畏艰险，工作出色，被饶和埔诏县苏维埃政府任命为土地委员。1933年，她在官陂马坑村组织群众分田，叛徒张阿信引来国民党部队及还乡团袭击马坑。她在群众的掩护下转移到矿空口村，敌跟踪而至。敌人用尽种种花招，都无法叫她低头，最后将她活埋在马坑凹。临刑前，敌军官问她后不后悔，她面不改色地说："我为共产主义理想而死，无上光荣，有什么可后悔的!"随即高呼口号从容就义。

在1937年国民党对乌山的"清剿"中，身负重伤的云和诏县委没收队长吴毛狮不幸被捕。敌连长从叛徒口中获悉他的身份，便在押解途中对吴毛狮说："只要将你掌握的钱财拿出来对半分，我可饶你不死。"吴毛狮答道："那些钱财是公家的，我无权私分，但性命可以随你处置!"敌连长无计可施，吼叫道："你不说，老子这就成全你!"对他连发两枪，吴毛狮血溅当场，英勇献身。

官陂豆畲村人张火瑞，历任云和诏武装基干队长、王涛支队副大队长，英勇顽强，屡建战功。1945年，王涛支队攻打设在公田的"云和诏三县联防办事处"。敌人据险防守，加之武器精良，我方久攻不下，眼看敌援兵将到。负责占领高山哨所的张火瑞完成任务后赶来，在冲锋时腹部中弹，壮烈牺牲。

1935年，年仅18岁的官陂北坑村人张东华担任区委交通员。1937年，中共云和诏县委开辟向东、向南两条交通线，将其调去任

县委交通员，1941 年，为加强闽南特委和闽粤边委的联络，张东华奉命到平和组建交通联络站。1946 年，闽南特委任命其为半山交通总站站长，1947 年 9 月，叛徒黄汉龙带领省保安团 300 多人包围总站。张东华主动吸引敌人火力，掩护两位同事脱险，自己却命殒青山。

红星北蔗村吴阿柔满门忠烈，儿子张潭黎参加红军，张娇珍、杨菊花、沈秋香 3 个女儿跑交通，媳妇、女婿也都为党工作。1948 年，怀有身孕的沈秋香被捕，狱中沈秋香饱受酷刑，决不出卖组织。1949 年初，敌人将她活埋于云霄县望安山麓，就义时年仅 23 岁。

深桥岸仕村人沈重生，1948 年加入边区纵队，翌年身为警卫排长，跟随纵队司令刘永生转战粤东。打丰顺县城，他带领 70 多名战士猛冲猛打，杀开血路攻入城中，被评为一等功臣。从江西回来后，沈重生参加解放平和、诏安两县战斗。1953 年东山战斗时，时为连长的沈重生率领六连 142 名干部战士坚守待援，再次立功。

1949 年，边纵攻打平和大坪的保安团，敌设在石墓龙制高点的重火力，对我进攻形成重大威胁。官陂人张传奇、陈古老、张瑞庭主动请缨，加入突击石墓龙的敢死队。3 人作为全队的先头组，冒着敌人的弹雨匍匐前进，用手榴弹炸掉敌人的数挺机关枪。大部队乘机发起总攻，敌人全线溃败。

三、矢志不移跟党走的革命群众

1937 年“漳浦事件”“月港事件”发生时，乌山上伤兵处尚有 20 多名伤员。由于负责联络的交通站关系中断，粮食、药品断绝，人心浮动，负责照料伤员的“阿姆”李梨英鼓励大家：“安心养伤，坚持革命，相信团体会来找我们。”他把自己多年积蓄的 20 多块光洋拿出来买地瓜，地瓜吃完了，又带领轻伤员上山挖野菜、采草药，想方设法解决吃饭、治疗问题，周围乡村的基层党组织和群众亦给予力所能及的帮助。

豆畲村 56 口人中，有 17 个青壮年参加革命队伍，剩下妇女老幼种地耕田，为隐蔽在山林、石洞里的闽南特委、云和诏县委机关的领导人筹粮送饭，千方百计地保护他们的安全。国民党顽固派对该村剿了又剿，杀了人，烧了房，可是豆畲村依然屹立着。

1942 年春，云和诏县委领导陈文平等在豆畲时，遭遇国民党顽固派的进攻，村支书张亚清被敌抓走，陈文平等突围后又退回豆畲村，心想群众受了惊扰，情绪可能低沉，张亚清出事，他母亲也许会埋怨。可是出乎陈文平的意料，当他们一到村口，老区群众就热情地招呼他们。张亚清母亲亲切地对陈文平说："亚清被反动派抓走，我心里很难过，但你们平安无事，我心里就宽慰一大半了。"之后，陈文平忆及此情景，感动地说："群众就是我们的亲娘，离开群众，我们就活不成了。"

龙磜全村 103 人，为革命光荣牺牲的烈士就有 10 人，有一家兄弟 3 人，2 个烈士；全村 23 名青壮年参加民兵，表现出色；党支部 10 个党员，其中张清衡、张海勇、张亚玩 3 个共产党员，为革命光荣牺牲。该村民兵负责人张阿佘为了保护乡亲，边鸣枪示警边引开敌人，光荣牺牲；老接头户张天赐，被国民党军警抓去坐牢，打得死去活来，又上"老虎凳"弄折他双腿，用烧红的铁板烫他全身。张天赐饱尝酷刑，就是不肯泄露党组织和游击队的秘密。经我党营救获释后，全家一如既往支持革命。

上篇参考书目

1.《中国共产党简史》,中共中央党史研究室著,中共党史出版社2001年6月出版。

2.《中共闽粤赣边区史》,中共闽粤赣边区党史编审领导小组著,中共党史出版社1999年6月出版。

3.《漳州市志》,漳州市地方志编纂委员会编,中国社会科学出版社1999年11月出版。

4.《中共漳州地方简史(1926—2009)》,中共漳州市委党史研究室著,中央文献出版社2010年9月出版。

5.《漳州革命老区史(上卷)》,漳州市老区建设促进会、中共漳州市委党史研究室、漳州市老区建设委员会办公室著,中央文献出版社2010年10月出版。

6.《诏安县志》,福建省诏安县地方志编纂委员会编,方志出版社1999年12月出版。

7.《诏安人民革命史》,中共诏安县委党史研究室著,中共党史出版社1995年9月出版。

8.《福建中央苏区纵横·诏安卷》,中共诏安县委党史研究室、诏安县革命老根据地建设委员会办公室、诏安县老区建设促进会编,中共党史出版社2009年11月出版。

9.《中共诏安县组织史资料(1926—1987年)》,中共诏安县委组织部、中共诏安县委党史研究室、诏安县档案局编,福建人民出版社1990年9月出版。

10.《乌山风云》,陈方、丘兰生主编,光明日报出版社1998年12月出版。

11.《卢胜回忆录》,王炳南整理,东方出版社 1992 年 4 月出版。

12.《从乌山到鹭江之畔》,蔡鹤影主编,张振福著,中国文化出版社 2012 年 8 月出版。

13.《乌山情——卢叨诞辰百年纪念》,韦立、杨涛、曾一石编,天马出版有限公司 2013 年出版。

中篇

实行民主专政 发展公有经济

诏安 1950 年全境解放后，党和政府带领全县人民，以高昂的斗志和满腔的热忱，重建家园，恢复生产，艰苦创业，开展剿匪反霸、民主建政、土地改革和抗美援朝等重大运动。之后，进行农业、供销、信用三项合作，继而完成了对农业、手工业和私营工商业的三大社会主义改造。地方一穷二白的面貌逐步改观，1957 年全县国民生产总值 2172 万元，是 1949 年的 2.73 倍。

1958 年，全县建立 8 个政社合一的人民公社，开始掀起社会主义建设热潮。翌年，太平公社向万宝山进军，实现一年治山超百年壮举。不仅全县“学太平，赶太平，超太平”蔚然成风，而且通过福建省委的倡导，“太平之风”吹遍八闽大地。但由于“大跃进”“共产风”等影响，加之自然灾害频发，造成地方经济困难。通过经济调整、政策纠偏，各条战线工作有较大起色，1965 年，全县国民生产总值 3483 万元。

在“文化大革命”十年动乱中，地方派性斗争不断，社会秩序被破坏，民主与法制遭践踏，教育、文化和科学事业受摧残，经济建设进展缓慢。1976 年党中央粉碎江青反革命集团后，实事求是进行拨乱反正，使诏安经济、社会重焕生机、活力。

第七章　巩固政权　恢复经济

第一节　新旧政权交替

一、建立新政权

1949年12月13日诏安县城解放的第2天，中共诏安县委员会、诏安县人民政府移驻城区，县委机关在原救济院挂牌办公，半个月后迁到第六街逸园；县政府机关在旧县政府挂牌办公。

1949年12月21日，中共诏安县委工作人员在县城育婴堂合影

县委实行委员制，有县委书记武克、副书记李亚伟、县长张振福、副县长李振经4名委员，翌年，增补杨寿仙为县委委员。1950年1月，张振福带职到地委党校学习，由李振经主持县政府工作。1951年1月，张振福调离诏安，李振经任县长。

县委机关设秘书室，秘书马立功；组织部，副部长杨寿仙（1951年1月任部长）；宣传部，部长李亚伟（1951年兼职）。县政府机关设秘书室，秘书钱明全；公安局，局长葛奠华；民政科，负责人暂缺；财粮科，科长钱明全（兼）；司法科，负责人暂缺；教育科，科长林楠；建设科，负责人郑志达；地方税征收处，主任黄永仁；中国人民银行诏安支行，行长陈广仁；邮政局，负责人陈孔津。此后，视工作需要，逐步调整机构、充实人员。

1950年1月，全县设立7个区，区辖乡（街），其中城关区辖8个街，第一至第六区共辖89个乡。同时，撤销民国时期14个乡镇的区划，取消保甲制度。

各区成立中共区委、设区公所，配备区委书记和区长、副区长。原中山镇改称为城关区，区委书记冯法根，区长刘庆生；原遵化乡、梅中乡合并为第一区，区委书记姚金孝，区长王保胜；原思政乡、白洋乡合并为第二区，区委书记王子清，区长沈德溪；原碧湖乡、东湖乡合并为第三区，区委书记侯永华，区长吴振声；原奇湖镇、梅洲乡、竹港乡合并为第四区，区委书记张存庆，区长刑秀文；原景溪乡、平葛乡合并为第五区，区委书记吴章喜，区长暂缺，副区长王里程；原官陂镇、秀篆乡合并为第六区，区委书记郎壮保，区长张瑞金。

各区设有秘书、文书和民政、财粮、生产、文教等助理员、公安特派员以及区干队；乡（街）由农民协会署理行政工作，民主建政后，始设立乡（镇、街）人民政府，作为基层行政机构，配乡（镇、街）长、副乡（镇、街）长，设有民政调解、财粮、生产、治安、文教等委员会和民兵队部。

1950年1月底，县、区两级党组织和政权建设顺利完成，共配备党政干部145人。其中，既有中国人民解放军长江支队干部、转业军人和上海南下服务团成员，也有地下党干部、游击队人员和闽南公学学员等，形成北方干部和南方干部相互搭配的干部队伍格局。值得提起的是来自太行山区的长江支队南下干部，他们为解放诏安、接管诏安、建设诏安做出了突出的贡献。自1949年10月至1982年3月，统领全局的历届县委书记武克、李振经、杨寿仙、刘秉仁、王满元、杜锷生、罗全贵、李枝惠、孙承泽、安静山、刘兴玉，皆出自这支队伍；1951 年 1 月至 1980 年 3 月，任县长(主任)的李振经、杨寿仙、姚金孝、李枝惠、孙承泽、安静山、刘兴玉，也出自这支队伍。

1950 年长江支队第五大队第一中队南下干部及军转干部在中山公园合影

二、接管旧机构

从 1949 年 12 月 16 日开始，实施诏安县旧政权机构的接管工作。县、区成立的接管工作组，根据“各按系统、原封不动，自上而下，整套接收”的原则，分别接管旧政权党政财文机构。对各机构的文书、档案、财务、资产、人员编造清册、表报，再由专人一一对照核查。

县直机关单位接管后，大致按 3 种情况予以处理：一是撤销机构。如国民党县党部、县政府各科室、县参议会、三青团县分团部、社会服务处、青年服务社、县自卫队总部等。二是重组性接管。由县公安局接管旧警察局、看守所；县司法科接管旧政府司法处；县民政科接管旧政府社会科；县财粮科接管旧政府财政科、会计室和田粮科；县教育科接管旧政府教育科及各类学校；县地方税征收处接管旧政府税捐处；中国人民银行诏安支行接管原福建省银行驻诏机构和诏安银行；县邮政局接管旧邮政局；此外接管的旧政府建设科，于 1952 年 1 月移交县建设科。三是保留性接管。如县立初级中学、官平中学、地方卫生院、民众教育馆和汽车公司、电信代办处、救济院及其基金会、印务公司、青年书店、青年日报社、民报社、文化服务社等。同时，撤销民国政府设立的 14 个乡（镇）公所。

诏安县委贯彻“首恶必办、协从不问、立功受奖”的政策，及时对接管的旧军公教人员作出处置。1950 年 1 月 4 日，县委举办“旧人员训练班”，原国民党县、乡（镇）公务员、警察 283 人参加。其间，学习《中国人民政治协商会议共同纲领》，进行时事、政策教育，敦促坦白交代，澄清政治、经济问题。结束时对受训人员分别处理，录用安置政历大致清楚、有一技之长的一般公务人员 52 人、警察 32 人；对党务人员、科（乡、镇）长以上或有历史问题的遣送回家；对民愤较大、藏匿武器、抗拒接管的逮捕法办。2 月 25 日，又举办了小学教员训练班，原小学教员（含部分龙溪师范应届毕业生和社会知青）418 人参加。结业后录用 281 人，分配到 88 所小学任教。同时，对其他机构的旧人员基本予以留用。

截至 1950 年 1 月底，全县接管各种枪支 1496 杆（挺）、子弹 13577 发、手榴弹 178 枚、旧党政文书档案 3939 件，接收银洋 2675 块和少量黄金、稻谷 56 万公斤、花生油 302 公斤、汽车 6 辆、印刷机 8 台及部分通信设备。

三、实行人民民主专政

在这场伟大的社会变革中，中共诏安县委、诏安县人民政府贯彻执行人民民主专政的政治制度。以工农联盟为基础，对人民的民主与对敌人的专政兼行。在一个多月时间内顺利完成接管工作，避免了新旧政权交替可能发生的社会动荡，保证了社会的正常秩序，为巩固和发展人民民主政权以及社会改造打下良好的基础。

诏安县城解放的第二天，人民政府贴出第一号布告，明令国民党乡（镇）公所、保甲人员和民间所有枪支弹药一律上交，否则按私藏武器论处。1949 年 12 月 27—30 日，县委召开区委书记联席会议，会上，武克作《关于诏安解放 20 天以来剿匪、接管、反特、支前、生产的工作总结》；李振经要求全面开展群众性剿匪反特运动。

在联席会议前后，县里召开有 3000 多人参加的工人大会和有 287 名代表与会的农民代表会议。县委书记武克、副县长李振经到会讲话，阐明党和政府对新解放地区的路线、方针、政策，号召工人、农民起来当家做主，协助县委、政府工作，参与管理人民民主政权。1950 年 1 月 1 日，县委在县城中山公园举行各界庆祝元旦暨诏安解放大会，数千名干部、师生和群众参加，县委书记武克作大会报告。是年，在取消保甲制度的同时，加快 97 个乡（街）民主建政进程，成立县总工会及 17 个基层工会筹委会，会员 1123 人；在 124 个保组织农民协会或农会小组，会员 4410 人。

在人民政权建立的过程中，全县乡村普遍组建民兵组织，实行乡村自卫和区域联防相结合，当蒋介石叫嚣反攻大陆时，沿海民兵不分昼夜站岗放哨，妇女儿童负责检查路条、盘问行人，布下天罗地网，有力推进剿匪反特运动的开展。

解放初期，县内还潜伏有“闽南暂编纵队”“东南人民反共救国军漳州分区”“云浦诏东突击团”“闽粤边区游击纵队第三支队”等土匪特务组织，人数达 1600 多人。他们猖狂反对新生的人民政权，进行抢劫、杀人、纵火、放毒、强奸、抢粮、抢款和包围区公所、烧毁桥梁、伏击干部群众等罪恶活动。

为了巩固人民政权，安定社会秩序，县委、县府根据省委、地委的要求，于 1950 年 1 月 9 日，成立以县长为指挥、县委书记为政委的剿匪指挥部，贯彻“首恶必办，胁从不问，立功受奖”的政策，协调指挥全县军警民开展剿匪肃特行动。

3 月 8 日，剿匪指挥部接到公安局掌握的匪情报告，组织公安干警和县大队，对在诏饶边境活动的匪首沈汰高及其部属近百人实施围剿，迫使其投降自首。3 月下旬，国民党武装匪徒从东山岛潜入诏安县境。至 5 月上旬，共有 6 股武装匪徒 100 余人，陆续在诏安一、二、三区潜伏，与当地的匪徒、反动地主、保甲人员相互勾结，进行造谣破坏活动。县剿匪指挥部遂即进行总动员，军政民密切配合、快速行动，乘其立足未稳逐一瓦解。至7月底，先后俘毙匪徒483人，其中活俘匪首张坑、沈学科、吴如球、吴锡伍，击毙“闽粤边游击纵队第三支队”副司令吴思义；自新者170多人；缴获962支枪及2943发子弹。

9月19日，县剿匪部队在四区邱前乡唐厝村捕获匪徒“闽粤边区游击纵队第三支队”司令员李焕三和卫士胡长才等。1个月后，又俘获其副司令张起凤等匪徒70多人，破获“闽南挺进纵队第二支队情报站”，缴获一批枪支、弹药和通信设备。

10月2日，县委、县政府在人民体育场（西校场）举行首次公审宣判大会，依法处决国民党县自卫总队长张志鸿等3名匪首和2名反革命分子。30日，县委召开剿匪工作会议。鉴于大股的、明显的土匪消灭，但个别的、小股的匪徒还在破坏，会议强调下阶段要贯彻“全面发动，重点清剿，整顿组织，强化情报”的方针，务必肃清匪特。

1950年12月14日，根据中共中央《严厉镇压反革命的指示》，县委成立由武克任主任的县镇压反革命工作委员会。下旬，在城乡分设6个区分庭，抓捕一批反革命分子，继而召开群众公审大会，执行镇压与宽大相结合的政策，枪决其中一些罪大恶极、血债累累的反革命分子。

1951年2月底，全县又发起新一轮军事政治攻势，捕获“闽南暂编纵队”参谋长朱炳奎、“浦云诏东反共突击团”团长徐再溪、“86支队”支队长沈松山、副支队长洪清涛及其部属匪徒，击毙匪首沈水清等；匪“三支队”副司令沈成发及大队长吴阿斗、吴胡生自新。全县累计剿灭土匪15股，破获敌特情报处4处，肃清土匪特务800多人，缴获2000多支枪及大批弹药。

8月27日，县清匪委员会（原县剿匪指挥部）发出《继续发动群众肃清散匪，保证土改生产建设，消灭海匪，巩固海防的指示》，指出肃清散匪仍然是党政军民的政治任务，必须继续实行军事清剿与政治瓦解相结合的方针，深入发动群众，加强海防情报，在10月底前肃清散匪、潜匪、海匪。10月15日，为害四方、作恶多端的匪首吴大头在三区西潭乡落网，至此，境内匪患基本肃清。

第二节　土地改革运动

一、土地改革的准备

1950年6月30日《中华人民共和国土地改革法》颁布后，诏安县、区党委、政府即围绕土地状况组织人员进行调查摸底。统计显示：全县耕地面积294334亩，总人口221322人。贫农、雇农占农村人口45.7%，仅占耕地15.1%；而地主、富农占农村人口5.0%，却占耕地11.8%。地主人均占有土地3.3亩，富农人均2.98亩，中农人均1.48亩，贫农人均0.47亩，雇农人均0.2亩。此外，还存在占耕地总面积26.2%的公田。

地主、富农占有大量土地，却不从事劳动，把绝大部分耕地租给无地、少地的贫雇农耕种，靠收地租进行剥削，地租一般占产量的一半，高者达60%～70%。名义上宗族共有的公田实际上被地主阶级以租佃的方式出租佃户，租金不减，公田收入由族长和地主控制，农民无权过问。许多农民因天灾人祸或青黄不接而不得不借高利贷渡难关，地主、富农阶级却乘机变本加厉，高利贷月息一般10%～20%，高者达25%。

1950年初起，县内普遍进行减租、减息和退押工作。至8月底，全县有90个村(街)、8417户、36868人获得减租果实折稻谷64.4万斤，查出漏征粮的“黑地”(国家没有登记在册的田地)10326亩。

诏安是全省新解放区土地改革首批试点县之一。1950年12月上旬，副县长李振经带领从龙溪地委土改训练班结业归来的22名干部组成工作队，到第一区含英乡进行土改试点。1951年2月上旬，含英乡土地改革试点工作初步结束。试点的经验和做法得到推广。

二、土改运动的全面展开

1951年1月下旬，诏安县第一届第四次各界代表会议召开。大会听取并讨论县长关于土改政策的发言、县委书记关于土改实施方案的建议；推选由县委书记武克等9人组成的县土改委员会，由县长李振经等9人组成的县人民法庭审判委员会；通过《拥护土改、做好土改的决议》。1月17日，土改工作队结束为期半个月的集训，403名成员分赴各地。一场声势浩大的社会变革，就此拉开序幕。

1月18日至4月7日，在城关区、第一区和第四区共8个街、35个乡，进行第一批土地改革。4月27日至7月14日，在第二区、第三区、第五区、第六和第七区共51个乡，进行第二批土地改革。两批土改均按照县委制定的《土地改革工作计划（草案）》，分六个步骤进行。

第一步，宣传发动。在全县广泛宣讲土改政策法令，就县内土地占有状况算细账、做对比，使全县人民认识到土改是一场伟大而深刻的社会变革，将从根本上消灭封建剥削土地制度，解放和促进农村生产力的发展；号召广大民众以主人翁的姿态参加土地改革运动，检举揭发地主富农以及坏分子分散隐藏财产、散布谣言恫吓干部群众等破坏土改的违法行为；召开批斗大会，让受剥削、受压迫的贫苦农民诉说冤情，与地主、富农、恶霸展开面对面的斗争；开展镇压反革命运动，全县第一批土改逮捕地主、恶霸及反革命分子1226人，经审判，对罪大恶极的予以公审，判刑223人、释放481人。第二批土改又逮捕506名反革命分子，分别情况作出判决，推动了土改运动纵深开展。

第二步，划分阶级。依照政务院关于划分农村阶级成分的决定和补充规定，把握“土地占有、是否劳动、有无剥削”三大标准，作为地主、富农成分的划定标准，评定阶级成分实行“自报公议，民主评定，允许申辩，三榜公布”，最后由乡人民政府批准、公示。

第三步，没收征收。澄清封建土地占有情况，拟定没收征收方案，列明没收地主的土地、耕畜、农具、房屋和粮食等五大财产，征收富农超出规定范围的土地和耕畜、农具、房屋等财产，以及公田等，经过农民代表会、贫雇农代表会讨论修订，最后召开群众大会公布方案。由农民协会执行没收征收工作，没收征收的财产一律查封或集中保管，防止贪污舞弊。

第四步，果实分配。实现“耕者有田”，土地分配以“满足贫雇农，团结中农，保护富农”为原则，以户为单位，掌握“大稳定，小调整”原则，“抽多补少、抽肥补瘦”，无地、少地的贫雇农从没收征收的耕地中配给；中农成分一般不动，少数略作调整；地主、富农同样按人口给耕地，让其自食其力。生产生活资料按照“填坑补缺，满足贫雇农”的原则，进行合理分配。方案经民主评定、农民代表会审查后张榜公布，并听取群众意见修改，公布三榜后定案造册，基本体现“团结互让，共同翻身”的初衷。

第五步，核田评产。合理负担，以户为单位，逐户分田块（丘）清丈土地面积，按地块（片）坐落地域、地质，以及生产条件作为评定常年产量依据，按照县制定的“田分九等，农分六等”的一般产量标准，一等田至九等田年亩产粮分别为：950 斤、900 斤、850 斤、800 斤、700 斤、600 斤、500 斤、400 斤和 300 斤；农（园）地一等至六等年亩产粮分别为：350 斤、300 斤、250 斤、200 斤、150 斤和 50 斤。以乡为单位，汇总上报划分土地片区及量产意见，组织联评，自下而上评议产量后，报县审核批准定产。

第六步，整顿乡政。建立健全以贫雇农为主体的基层民主政权，巩固土改运动成果。发挥农民的主人翁精神，积极参与民主建政工作，把农民积极分子充实到农村基层政权组织，实现对旧政权的改造，彻底摧毁封建制度。至 1951 年 7 月中旬，全县共建立 89 个乡（镇）、8 个街人民政府，选举乡（镇、街）政委员 1067 人。

三、土地改革的结束

1951 年 9 月 3 日至 14 日，县委召开有土改队员、助征员等参加的会议，讨论研究结束土改的步骤、方法，决定全县分三批进行土改工作复查，在 12 月底全面完成土改。

根据华东局规定的标准，全县土改乡(村)划分为三类：一类属于较好，二类一般，三类较差。复查土改工作队通过集训，掌握复查的政策及衡量标准。9月20日，参加复查的245名干部(包括县、区财税干部、助征员和工商界、文教界工作人员)，分别深入27个土改乡(其中一类乡22个，二类乡5个)开展工作。

工作队通过召开各种类型的座谈会、家访会，重点了解群众生产积极性是否调动起来；是否建立以贫雇农为核心的乡村政权组织；反动封建势力是否彻底摧毁；阶级成分划分、土地财产分配和产量核定是否公平合理等问题，形成工作报告上报县土改委员会，对县土改委员会指出的存在问题进行整改，如：有的乡村错划漏划阶级成分，经复查更正成分165户663人。此外，一些乡村土改果实分配不公，干部贪污多占果实等问题，也得到妥善解决和处理。

诏安县通过为期一年的土地改革运动，其重要成果在于对社会各阶级的成分作了划分，重新分配了土地等生产资料。统计显示全县总人口221336人，其中地主5412人、富农5563人、工商业者1230人、高利贷生活者184人、小土地出租者7478人、中农(含富裕中农)84585人、贫农100091人、雇农(包含工人)2753人、其他14040人(包含自由职业、宗教职业、游民、小手工业者等)；共没收、征收封建土地119015亩、房屋5442间(座)、农具23686件、耕牛356头、农具3522件、粮食1131141斤，分配给无地少地、无房少房的贫雇农和其他劳动者14万多人。土改前所有地契、房契和高利贷文书宣布无效，一律销毁。土地与房产重新登记造册，以户为单位，由县人民政府发给土地证。雇农人均土地从土改前的0.2亩上升到1.88亩，贫农人均土地从0.47亩上升到1.27亩，中农人均土地从1.48亩上升到1.78亩，地主人均土地由3.3亩减少为0.7亩；富农人均土地由2.98亩减少为1.94亩。

土地改革运动的胜利，标志着延续一千多年的封建土地所有制被彻底铲除，广大农民实现了“耕者有其田”的夙愿。同时，巩固了工农联盟和人民民主专政，有力地配合抗美援朝、剿匪反霸、镇压反革命等运动及各条战线的民主改革，社会面貌发生了巨大变化。

第三节　地方经济的复苏

一、解放前夕的地方经济

诏安解放前，由于政权腐败，战乱频仍，土地制度不合理，生产力低下，经济落后。1949 年，全县五大物质生产部门总产值仅 2187 万元（按 1980 年不变价格计算，下同），其中，农业总产值 2093 万元，占 95.7%；工业总产值 22 万元，占 1%；建筑业总产值 11 万元，占 0.5%；运输邮电业总产值 20 万元，占 0.9%；商业服务业总产值 41 万元，占 1.9%。

农业历来是诏安的主要产业，且农、林、牧、渔、副五业齐全。1949 年主要农产品总产量：粮食 47419 吨，甘蔗 3313 吨，花生 3897 吨，水果 2094 吨，水产品 665 吨，耕牛存栏 20387 头，生猪存栏 30318 头，全年农业总产值仅 2093 万元。

1949 年，全县仅一家民国政府管辖的青年印务公司，设备破旧，技术落后。城乡分布有手工业作坊，主要行业有铁器加工、锡铝铜冶炼加工、米面加工、糖果糕点加工、糖油加工、水产品加工、调味腌制加工、青果加工、茶叶加工、酿酒、制盐、制鞋、砖、瓦、壳灰生产、船舶修造、竹木加工以及草藤织编等作坊近 1000 家，从业人员近 2000 人。受场地、技术、设备以及社会购买力的限制，作坊多数是前店后坊，不成规模，全年工业总产值仅 22 万元。

同年，商业贸易餐饮服务业实现产值 41 万元。由于产品商品率极低，贸易货源短缺，加上交通不便，商品流通不畅，物价不稳定，致市场萧条。有不少大众化的货郎担下乡进城叫卖，沟通了城乡之间的购销贸易关系。县城区有饮食店 2 家，还有沿街叫卖的馄饨、甜点担和市井露天的小炒、水饺和地方风味的“猫仔粥”等；有客栈 4 家，70 多个床位；理发店 10 多家，日用品修补店 8 家；此外，城乡还有不少的流动剃头担、修理匠。

同年，交通运输邮电业实现产值 20 万元，有载重汽车 2 部，公路通车里程 55 公里，内河航道里程 38 公里，全年货运量 2.11 万吨，其中公路货运量 0.82 万吨，水运货运量 1.29 万吨；公路客运量 4.32 万人。有邮电局一家，年邮政函件 29931 件，包件 196 件。

二、扶持工农业生产

1950 年 2 月，创办了诏安第一家国营工业企业——县人民印刷所。1952 年 1 月，又创办了首家农业生产、科研企业——国营诏安县花墩农场，6 月再创办地方国营诏安县粮食加工厂。国营企业的创办，既适应了当时的需要，又为今后续办提供了借鉴。

1951 年，县委、县人民政府贯彻中央关于“实行精兵简政，厉行增产节约”“工业支援农业，沿海支援山区”“大办农业，增加粮食”的一系列决定，在各行各业掀起“比学赶超”、“技术革新”和互助合作的社会主义劳动竞赛，压缩城镇无户籍、无营业许可证的人员，动员闲散人员上山下乡，充实农业一线力量；政府及时发放农业贷款、无偿拨款，扶持农民添置耕牛、农具，兴修水利，改良土壤，广积土杂肥，自制土农药，缓解化肥、农药的紧缺，抗灾自救，减少损失，农业生产连年获得好收成。

至 1952 年，全县社会总产值 4258 万元，比 1949 年(下同)增长 94.7%。其中，农业总产值 3342 万元，工业总产值 724 万元，建筑业总产值 23 万元，运输邮电业总产值 55 万元，商业饮服业总产值 114 万元。主要农产品总产量，粮食 71601 吨，增长 51%；甘蔗 27219 吨，增长 721.6%；花生 4466 吨，增长 14.6%；水果 2823 吨，增长 34.8%；水产品 2561 吨，增长 285.1%；牛存栏 24930 头，增长 22.3%；生猪存栏 49874 头，增长 64.5%。有统计数据的工业产品产量，皮鞋 0.32 万双，砖 86.1 万块，瓦 145.4 万片，中小农具 12.45 万件。

是年，全县交通运输货运量 6.57 万吨，比 1949 年(下同)增长 211.4%，其中公路货运量 3.04 万吨，水路货运量 3.53 万吨；公路客运量 7.11 万人，增长 64.5%；邮政投递函件 84351 件，增长 181.8%；

包件575件,增长193.4%;净增电话机92部。

三、促进物资交流

解放初期,由于部分工商界人士对执行国家工商政策,持消极态度,购进大批“冷货”,中断货源供应,使市场逐渐萧条,更有甚者,偷漏国家税收,抵制补缴漏税款,冻结经营资金。

1950年,中国人民银行诏安县支行设立。翌年2月,诏安第一家国营商店——县裕民商店创办,5月,国营贸易公司诏安营业组成立,负责供应大米、肥料和收购花生油。次年8月,营业组撤销,成立中国百货公司福建省诏安分公司和诏安县合作总社。贯彻“发展经济,保障供给”的方针,国家银行、国营商业、供销合作齐发力,开展城乡物资交流,市场逐渐活跃。

1952年8月31日,县委在人民体育场举办首次城乡物资交流大会,参与交流的有农产品、农副产品、土特产品、食品副食品、手工业品、海淡水产品、鲜活家禽家畜以及大众化、特色美味餐饮等,花色品种多样,城乡群众踊跃交流,热闹非凡,按照“实事求是,积极交流,等价交换,互惠互利”的原则,交流会历时4天,成交额达18亿元(旧币,下同)。9月,四都、西潭、官陂又分别举行物资交流会,总成交额21.4亿元。1953年2月,又举办全县第二次城乡物资交流大会,批发零售兼并,总成交额4亿元。

至1952年,诏安社会商品零售总额431万元。商贸的活跃,促进了地方的生产、流通和消费。

第四节　“三反”“五反”和整党建党

一、“三反”运动

1951年12月1日,中共中央作出《关于实行精兵简政、增产节约、反对贪污、反对浪费和反对官僚主义的决定》,把反贪污、反浪费、反官僚主义作为贯彻精兵简政、增产节约方针的重要措施，要求采取自上而下和自下而上相结合的方法，检查贪污浪费问题。此后，一个全国规模的“三反”运动普遍地开展起来。

诏安县委分析全县党员干部队伍现状，认为队伍中享乐腐化的思想确实在增长，贪污蜕化已成为党内的主要危险。在统一思想认识的基础上，制定了“三反”运动计划：第一步县直机关、各区组织党员干部学习文件，查、揭、摆“三害”问题；第二步在全县党员干部中进行一次检查、检举、坦白交代与反省活动，奖励一批，惩治一批；第三步在全县范围内开展大规模“三反”教育，以杜绝贪污浪费行为，树立廉洁勤政的品德和作风。

1952 年 2 月 6 日，县委召开县、区扩大联席会议，传达“三反”运动精神，布置“三反”工作。成立由杨寿仙等 11 人组成的县委节约检查委员会，作为“三反”运动的领导机构，各机关单位也相应成立节约检查小组。

是年 5 月 15 日，全县 27 个单位、560 名党员干部职工参加“三反”学习，其中县级领导 4 人、区级领导 39 人、区一般干部 322 人、公务员 64 人、勤杂人员 58 人、公安队 73 人。经过初步摸底，全部人员包括左、中、右三种对象，既含贪污犯罪分子，又含犯有不同程度“三害”错误的人及运动积极分子。按部门工作性质，划分为 5 个中队、14 个分队、36 个小组，同时，以中队为单位，成立临时的党、团支部，作为运动的领导核心；并由积极分子组成层层“打虎”队，令“三反”分子难以遁迹。

根据部署，首先由县委书记、县长以及相当职务的领导干部带头“下水”洗澡，公开向群众作自我检查，虚心接受批评帮助。问题讲不清楚、检查不深刻的领导干部，有的连续三次大会亮相还过不了关，直至痛哭流涕，深挖思想根源，才最后取得群众谅解。有的干部虽然问题不大，但也通过自我检查，从思想认识上挖出了自己的症结，既提高了自己，也教育了别人。接着，各个中队时而集中、时而分散，广泛发动群众开展检举揭发，将一部分犯有这样那样贪污行为的人曝光出来。税务局 23 人中，犯有贪污行为的 17 人，其中 2

人贪污250万元(旧币,下同);县政府二科2人驻汕头粮栈,贪污1130万元;筑路委员会1人贪污60万元;县府机关19人贪污800万元。公安局120人中,参与集体贪污的78人;县委会6人,集体贪污15万元;县政府所属单位29人,集体贪污176万元。

6月中旬,县委召开"坦白从宽,抗拒从严"大会。当场逮捕1名原税务局反革命分子、大贪污分子和4名大贪污分子(原县政府财务人员、人民银行工作人员、税务局税务员和贸易公司财务人员),极大地震慑了贪污分子。一些狡猾顽抗的贪污分子纷纷坦白交代,县政府1名工作人员坦白交代贪污公款1286万元,1名坦白交代贪污1091.64万元。银行、税务、财贸、粮食等重点部门的"三反"运动取得较大的进展。

6月20日,县委召开赃款追缴大会。采取"宽严"相结合的办法,对贪污1000万元以上,坦白交代,认罪悔罪,且主动退赃的,予以当场宣布宽大处理。退赃工作取得进展,县税务局有1名干部,仅2天就退赃1000万元;1人为了退赃1400万元,四处筹借款项,可见对问题有所认识。而对那些继续耍赖皮,拒不退赃者则给予从严惩处。至6月23日,全县退回赃款约占总额的1/3。

据统计,至7月9日"三反"运动结束,全县共查出犯有贪污行为者216人,落实贪污总金额70029万元,其中千万元以上"老虎"24人,退赃206人25374万元;浪费损失11402万元;6名严重贪污犯罪分子被依法逮捕法办,27人受到党纪、政纪处分。虽有38.5%的人犯有不同程度的"三害"错误,最终受到党纪国法处分的不过15.3%,犯错误的绝大多数人都受到一次群众性政治运动的革命洗礼,接受深刻的政治思想教育,使他们从思想深处触及灵魂症结,痛改前非。

二、"五反"运动

在"三反"运动中,暴露出贪污、浪费、官僚主义的"三毒"行为与社会上不法资本家的行贿、偷漏税、盗骗国家财产、偷工减料、盗窃国家经济情报的"五毒"犯罪行为有密切的相干。如:有的工作人员贪污公家没收的烟土，卖与私商，非法所得用于购买手表等奢侈品归个人享受；有的将乌山根据地留下的谷子贪污，交与特务分子搞非法生产；有 1 名县委机关工作人员，收受不法分子银圆的贿赂，竟然私放匪首，充当保护反革命分子的保护伞；还有 1 名基层粮库工作人员，盗卖国家公粮，又因贪污腐化、工作失职，导致粮库个别旧人员盗卖公粮 2.3 万多斤，使国家财产遭受严重损失。

1951 年 7 月开始，诏安工商界开展反行贿、反偷漏税收、反盗骗国家财产、反偷工减料和反盗窃国家经济情报的“五反”运动。运动的重点是“坦白补税”，通过层层组织学习和检举揭发、弄清问题，使私营工商业者都普遍地接受了一次遵纪守法的法制教育，提高对国家经济政策和税收政策的认识，承诺“不漏税，不逃税，不欠税”。1952 年 10 月 25 日，全县“五反”运动结束。在抗美援朝运动中，工商界人士捐献 6.9 亿元，占全县捐款总额的三分之一。

三、党组织的整顿、建设

1952 年下半年，为了解决党内思想不纯、组织不纯的问题，县委结合“三反”“五反”运动所揭发出来的问题，以及一些党员自身存在的某些带有旧社会痕迹的作风和思想，开展党的整顿、建设。

首先是政治整建。诏安解放后，县委组织党员干部进行政治形势学习和理想前途教育，要求党员干部警惕资产阶级“糖弹”袭击，牢记“两个务必”，经得起执政的考验。1952 年，县设立整建党学习领导小组办公室，部署对党员的教育。是时，县直机关党员干部每周一次、区分委及支部每半月一次定期召开组织生活会。在开展“三反”运动的基础上，组织县、区机关干部和农村基层干部 1000 多人进行整党建党学习(其中有 40 多名县区干部到地委党校学习)，进行共产党宗旨教育，以及共产党员标准对照检查，要求党员干部在抗美援朝、三反五反、发展生产、保障供给、统购统销、互助合作运动中发挥先模作用。1954 年学习中央文件《关于增强党的团结》和毛泽东《在中国共产党全国代表大会上的讲话》，要求党员不但要从组织上入党，而且要从思想上入党，认识“党的团结是党的生命”，反对自由主义。

其次是组织整建。1950年，全县仅有中共党员73人，主要来自中国人民解放军长江支队和乌山革命根据地。县委下辖3个工作机构、7个区分委，同时在县委、县政府机关和7个区机关建立10个基层党支部。1952年下半年，县委根据中央的部署开始建党。重点发展出身成分好、立场坚定、斗争性强、工作认真的144名积极分子入党，同时在城乡基层新建立18个党支部。全县党员217人(机关58人，农村159人)，党支部29个(机关4个、农村25个)。在以后的社会主义改造中，又发展一些积极分子入党，并增建党的基层组织，至1956年年底，全县已有党员2907人，党支部77个。

最后是作风整建。新成立的诏安县委、县人民政府坚持依靠群众，坚持一切从实际出发，各项工作井然有序，社会由乱变治，经济逐渐恢复，政权得到巩固。1951年，成立县纪律检查委员会。鉴于当时党员干部中存在的骄傲自满、强迫命令的问题和对政策掌握出现的偏差，县委集中全县干部和骨干403人，学习政策，批判和克服各种错误行为，强调要保持和发扬谦虚谨慎和艰苦奋斗的作风。之后经过1952年的“三反”运动和1953年的反对官僚主义、命令主义、违法乱纪的斗争，提高大部分党员、干部的政治觉悟。1956年2月，县纪委改为县监察委员会。1951—1956年，全县共处理党员违纪案件63起，处分违纪党员63人。

第五节　抗美援朝运动

一、抗美援朝的宣传教育

1950年6月，美国政府悍然出兵朝鲜，把战火烧到鸭绿江边。10月，中共中央作出“抗美援朝，保家卫国”战略决策，中国人民志愿军赴朝作战。为此，诏安展开声势浩大的宣传教育活动。

翌年4月21日，成立诏安县抗美援朝分会，主席李亚伟，政委武克。会后，各团体、组织及 3 万户家庭订立《爱国公约》，17 万人在拥护缔结和平公约上签名。5 月 1 日，县抗美援朝分会组织举行反美爱国示威游行，全县 70％以上群众参加游行。国庆节期间，县委派出 23 名报告员、3102 名宣传员下乡进厂，开展爱国主义教育。在此前后，组织干部群众 1 万余人听取中朝部队联合作战英雄事迹报告；3000 多人参观抗美援朝图片展览。

1952 年 1 月，美国在朝鲜和中国东北施行细菌战，全县 10 余万群众参加县声讨美帝国主义灭绝人性罪恶的示威游行。1953 年 1 月，董北辰、赵丹一行抵诏，向全县人民作赴朝慰问情况报告。10 月，后林村解放农业合作社社长沈禹水作为全省唯一的农民代表，作随中国人民慰问团抵达朝鲜前线慰问情况报告。

二、群众踊跃捐款捐物

为表达对志愿军的爱戴之情，鼓励他们英勇作战，从 1951 年 1 月起，诏安县群众掀起了募集慰问品、慰问金和写慰问信的热潮。至 6 月 30 日，全县捐款 3215 万元（旧币，下同）、书刊代金 2461 万元，以及一批书刊和日用品，寄出慰问信 2208 封。

7 月 1 日，县抗美援朝分会发起捐献一架“诏安号”战斗机的倡议。至 12 月 10 日，全县捐献总额达 20.5 亿元（包括稻谷、花生油折款），超额完成购买一架“诏安号”战斗机的任务。

三、组织支前参战

1950 年 12 月，全县 7 天内 465 名青年应征入伍，出现父母送子女、妻子送丈夫、兄弟争相参军的感人景象。从是月起，全县开展增加生产、厉行节约的爱国丰产运动，以实际行动支持抗美援朝。1951 年 3 月，诏安成立支前办事处，由县长李振经任主任，县委书记武克任政委。办事处组织担架大队和民工大队各一队，由县、区领导带队。群众自觉相互帮扶生产，确保军烈属的正常生产及生活。1952 年，全县军烈属 1222 户 5083 人，土地 5449 亩，春耕享受代耕 1101 户 4551 人。

盘踞台湾的蒋帮为配合美国在朝鲜的战争，妄图窜犯沿海岛屿。诏安开展形势教育，发动青年应征入伍，1953 年 2 月，全县完成 536 名征兵任务。7 月，蒋军窜犯东山岛，诏安支前出动担架 1035 副、担架人员 5358 人和民工 1517 人，大小船只 288 艘、船工 1101 人。

1953 年 7 月 27 日，中国人民抗美援朝以胜利告终。诏安籍志愿军在抗美援朝战争中，爬冰卧雪，英勇作战，流血牺牲，事迹可歌可泣。由于参战官兵出自多支部队，人数不详，据不完全统计，赴朝作战的中国人民志愿军诏安籍烈士 30 名。有 2 人被记三等功各二次；7 人被记三等功各一次。

第八章　行业改造　社会建设

第一节　社会主义三大改造

1952 年，党中央提出过渡时期的总路线：要在一个相当长的时期内，逐步实现国家的社会主义工业化，并逐步实现国家对农业、手工业和资本主义工商业的社会主义改造。

一、农业社会主义改造

诏安县农业社会主义改造历经了农业生产互助组、初级农业生产合作社和高级农业生产合作社三个阶段，最终实现农业合作化。

1951 年冬，县委贯彻党中央《关于农业生产互助合作的决议（草案）》，先是在含英乡搞农业生产互助合作组织试点，而后由点到面逐步铺开，发展了一批季节性的临时互助组。临时性互助组由几户或十几户农户自愿结合，土地、耕畜、农具等生产资料仍属农户个体所有，但生产方面组织起来，互助互利，是农业合作化的最初形式。1952 年年底，全县临时性互助组 4991 个，入组农户 21514 户，占全县总农户数 48.3％；参加人数 87120 人，占全县总人数 45.9％；入组耕地 143952 亩，占全县耕地总数 45.4％。是年，各乡村依靠互助组的集体力量，战胜了水、旱、虫、风灾害，当年全县粮豆总产量 71601 吨，比 1951 增产 3446 吨。

1953 年，临时性互助组逐渐发展为常年性互助组。在常年互助组中，农户个体所有制性质不变，但制定了一定的生产计划与管理制度，对农活进行分工合作，按劳评定工分；有些组还实行劳动力、畜力一起参与评定工分；有的实行资金与物资积累。至1954年底，全县常年性互助组有1745个，入组农户12656户，占全县总数26.8％；参加人数75063人，占全县总数37％；入组耕地116883亩，占全县总数35.3％。并有临时互助组3046个，入组农户15295户，占全县总农户数的32.4％。

1953年2月，县委在双港乡后林村试办“解放”与“爱国”2个初级农业生产合作社，随后又在含英乡办2个初级社。农户以土地、耕牛入股，统一经营，但仍保留土地、耕牛的所有权。初级社实行从生产收入中提取一定资金作为公共积累，建置一定的公有财产，在分配上推行按劳分配，并把入股的土地和耕牛作为股金分红。1953年秋天，在景坑乡创办“团结”初级社，至年底，全县计办21个初级社，入社农户394户，入社耕地667亩。1954年，全县初级社42个，入社农户769户；常年互助组1745个，12656户；临时互助组3046个，15295户。

1955年春夏抗旱中，不少农民自发组织初级社，县委在夏收前整顿自发社，解散一批。秋天，贯彻毛泽东主席《关于农业合作化问题》的报告，掀起合作化高潮，初级社发展到948个，31174户（占农户71.4％）；常年组1083个，9148户。

农业互助合作较之单干具有人多力量大的优越性。1951年，太平区走马村依靠互助合作的力量，组织群众开垦山坡地，连片种植梯田式柑橘，大搞柑橘上山，长势良好。1952年，福建农学院院长著名果树专家李来荣到该村实地察看后，专门撰写了《走马塘柑橘上山》一文予以介绍，在翌年召开的南方各省果树会议上，这种做法受到赞赏，吸引南方各省、市789名专家、技术员先后前来参观。1953—1960年，走马村芦柑多次运销苏联和东欧诸国，成为20世纪50—70年代县外贸出口的重要产品。

1952—1954年，全县遭受严重的旱涝灾害和病虫害，由于实现生产关系的变革，初级社战胜了自然灾害，大部分合作社明显增产增收，其中后林村连续三年抗旱夺丰收，被评为全省“爱国增产模范村”。县委书记李振经撰写《后林村是怎样全面丰产的》一书，由福建人民出版社出版发行。

1956年1月1日，县委派出工作组分别进驻港头、后陈、含英、凤西、景坑5个乡试办高级农业生产合作社。高级社的组织与经营形式，系扩大公有制，对社员的耕牛、农具等进行折价入社，而在初级社时已入股的土地，入高级社后不再计算报酬，实行“按劳分配，多劳多得”的分配原则。

1956年诏安区乡干部参观后林村丰产田

1月25日，县委召开全县创办高级社代表会议。会后，初级社、常年组纷纷合并升级转办高级农业生产合作社，到年底计有高级社136个、47078户，占总农户95.5%。东方红高级社是全县规模最大的高级社，由桥东区的林家、桥园、溪澳、甲洲4乡2000多农户联合组成。

至1957年年底，经过整顿，全县有高级社197个，入社农户49416户，占总农户98.6%；初级社6个、153户，占0.3%，全县实现农业合作化。

二、手工业社会主义改造

诏安农业社会主义改造的胜利，牵引了手工业和私营工商业的改造。早在1950年7月，县委、县人民政府就着手部署开展城区的工商业登记工作，为手工业和工商业的社会主义改造奠定了基础。1952年底，全县登记手工业户数369户，手工业者2161人；手工业年产值528万元，比1949年增加526万元。

1953年，在宣传党的过渡时期总路线时，县内有一部分手工业者积极要求走社会主义道路，自愿结合办起了第一家农具生产合作社和10多家手工业生产合作小组。1954年，有的合作小组又合并扩大，成立生产合作社。到年底，全县手工业社（组）达20家。其间，手工业社、组生产的铁、木、竹制产品和麻、藤、草编织品参加全县城乡物资交流会，深受群众欢迎，销量大增，生产发展，增强了手工业者加入互助合作组织的信心和决心。

1955年，手工业合作社、组亦增至36个，社（组）员1143人，还成立了1家手工业供销合作社和24家供销合作小组。到1956年末，有1463名手工业者走上合作化道路，占全县手工业者的93.2%。全年手工业生产总值比1955年增长25%。

三、私营工商业社会主义改造

解放后，人民政府贯彻“公私兼顾，劳资两利，积极生产，繁荣经济”方针，使工商业逐渐复苏。至1951年6月，全县私营商户533户，从业人员1030人，经营资金19.7万元（新人民币）。1953年，县委正确执行中央提出的对资本主义工商业实行“利用、限制、改造”的政策，通过采取加工、订货、统购、包销的办法，将资本主义工商业纳入国家计划经济的轨道，又通过把个体商业劳动者小商小贩组织起来，办起了合作商店或合作小组，引导他们走上合作化道路。

1955年秋冬，在“统筹兼顾，全面安排，积极改造”方针的指引下，工商业者积极酝酿接受社会主义改造。1956年1月，县成立对私改造办公室，着手进行具体部署。首先，在工人、学生、店员、座商、摊贩和街乡干部中挑选培训了一批积极分子。接着，又派出对私改造工作队下乡进店，与工商业者一道学习政策，解除工商业者的思想顾虑。一时，城区私营工商业者纷纷申请接受社会主义改造，各行各业列队敲锣打鼓，捧着申请书和喜报，争先恐后向县委、县人委报喜。四都、桥东等的工商业者，也到县城表达自愿接受社会主义改造的决心。最后，经过县委对私改造办公室审查批准，根据不同条件，分别确定其接受改造的形式。

1956 年 1 月 27 日，县委、县人委在中山公园隆重召开全县私营工商业实现社会主义改造庆祝大会。此时，从县城到农村，到处张灯结彩，锣鼓喧天，鞭炮齐鸣。全县有 875 户私营工商业户接受社会主义改造，占总户数的 90.8%。其中过渡为国营 83 户、公私合营 6 户、合作商店 131 户、合作小组 619 户、其他 36 户，从业人员共 2344 人，拥有资金 16.1458 万元。

国家对所有接受社会主义改造的工商业者实行“包下来”的政策，县委、县人委按照“量才使用，适当照顾”原则，任命 29 名工商业者当门市部主任，还有 6 人经过地区“私改办”批准，任用为企业副经理或副厂长。对这些任用人员，县委都在全县干部、职工大会上给予宣布，在企业内召开全体职工大会欢迎，使他们干得安心，感到社会大家庭的温暖。随后，县委组织力量，对所有接受改造的工商企业进行清产核资和经济改组工作，“实事求是，公平合理”地处理债权债务，确定国家偿还付息的年限和金额，兑现“赎买”政策。

全县私营工商业者定股资金 10.2035 万元（其中华侨股金本金 1.0269 万元）。债务处理贯彻“从宽处理，尽量了结”原则，共处理 68 笔 6208 元，其中债权 24 笔 2294.4 元，退还增资 44 笔，折人民币 1185.4 元，并确定国家于 1957 年将付给私股股息 5101.75 元。

第二节　供销合作与信用合作

供销合作、信用合作是与农业合作三位一体的合作形式，其出现及发展，使农村经济在纳入国家计划经济的前提下空前活跃，堵住了资本主义自发势力的膨胀。

一、供销合作社

1952 年，成立四都、桥东、华表、西潭、太平、陈龙 6 个供销合作社和城关消费合作社。此后，基层供销社按行政区域兼顾经济区域进行设置。1978 年，全县设立 10 个基层供销合作社。8 月，县成立供销合作总社，其所属经营机构农资、土产、日杂、茶叶、果品食杂、贸易等公司也陆续成立并逐步完善。

供销合作社是农民群众本着自愿互利的原则，集资创办的合作经济组织。社员通过投资入股的形式参与发展，股金是供销社的经营发展基金。供销社设立理事会、监事会，建立社员代表大会制度，实行民主管理。1954 年，供销社社员 4.8 万人，股金 14.11 万元。1957 年，社员 5.46 万人，股金 16.11 万元。从 1954 年至 1964 年，县供销社共召开 4 次社员代表大会。1954 年，进行首次股金分红，全系统统一每股份分红 0.15 元，共发放红利 0.68 万元。以后分红不定期，标准也不一致。

按照国家商业分工规定，供销社负责经营农村的农业生产资料化肥、农药、农药械、塑料薄膜；生活资料棉布、百货、食杂、日杂、五交化、图书；以及农副产品收购、废旧物资回收等。诏安县供销社以“面向农村，服务农业，服务农民”为办社宗旨，县供销合作社下属 6 个专营公司：农资公司专营化肥、农药、农药械、中小农具、农用塑料薄膜、种子等；土产公司主营黄（红）麻、烟叶、木薯、蜂蜜、野生植物原料、皮张等；日杂公司经营木柴、木炭、日用陶瓷、铁竹木制炊具、竹藤棕草纸制品、日用铝制品以及废旧物资回收等；茶叶公司经营毛茶收购、加工和商品茶销售；果品食杂公司经营干鲜果、干菜、调味品、糖烟酒、海产品、粮食复制品、糕饼糖果、罐头食品等；贸易公司经营工业品、农副产品、食杂等。此外，县社又通过基层供销社、代购代销店向社队延伸，形成了服务“三农”（农村、农业、农民）的网络和经营特色。

建社初期，受国家委托还承担粮油的代购代销业务。为了密切社群关系，方便群众购买，打开购销业务，供销社重视营业网点建设，先在社址所在地集镇设立门市部，以后逐步延伸，在大村设立分销处或合作商店，在小村设立代销点。1954 年，全系统有商业网点 61 个，至 1980 年发展到 676 个，遍及农村每个角落。

1952 年 8 月建社后，供销社立即参加县举办的物资交流会，购销业务迅速展开。至当年年底，实现商品纯购进 29.69 万元，纯销售 26.32 万元。

1953 年，国家开始实施第一个五年计划，对农副产品逐步实行统派购政策，工业品则逐步实行凭票（证）定量供应制度。供销社在搞好计划内统配物资（商品）调供的同时，积极拓宽渠道，搞活经营，在交通闭塞、运输工具缺乏的情况下，组织“千车万担”货物下乡，特别是“五夏三秋”大忙时节，深入田间埕头，挑灯开夜市，深受农民欢迎。1957 年，实现商品纯购进 389.57 万元，纯销售 559.59 万元，分别比 1953 年增加 1.28 倍和 2.14 倍；农副产品收购品种 231 种，总值 650 万元，比 1956 年增长 15.9%。

1958—1978 年，供销社虽曾两度与国营商业合、分，从集体所有制到全民所有制，再到集体所有制，但始终坚持原先的办社宗旨，积极扶持生产，发展多种经营，采购农副产品，调供生产资料和生活资料，活跃城乡经济，成为农村商品流通的主渠道。

二、信用合作社

随着农业合作化运动的深入开展和供销合作事业的迅速发展，信用合作事业也得到相应发展，1952 年 12 月，第四区后港乡奇材村信用互助组成立，为全县第一个信用合作组织。由农民集资入股，筹集的股金主要用于支持农业生产合作社购买耕牛、农具、种苗以及项目建设等，为恢复和发展生产提供金融支撑。1953 年，又发展了一批信用互助合作组织。

1954 年 3 月 1 日，诏安县首届信用合作社代表大会召开。会上，县长姚金孝指出：信用合作社是社会主义性质的资金互助组织，信用合作要“依靠群众，自力更生”、“服务生产”和“反对高利贷剥削，保护劳动人民利益”，为信用合作事业的健康发展指明了方向。1954 年年底，全县有 17 个信用合作社，入社社员 32402 人，股金总额 4.92 万元。1956 年有信用部 55 处，社员 87692 人，股金 8.68 万元。

第三节 发展教育事业

一、幼儿教育

1949年12月，县人民政府接管幼稚园1班，有幼儿40人，教养员3人。1950年设立县幼儿园，有2班。1954年县直机关办幼儿班1班，学生25人，教养员2人。1956年城区街道和农村坪路、仙塘等地办起一些幼儿班。翌年，推广坪路幼儿班办学经验，全县幼儿教育有较大发展。1958年生产大队曾普遍办起幼儿班，由于师资、设备跟不上，到1959年仅剩8个班。1960年，坪路幼儿班被评为"全国儿童工作先进单位"，该班教养员陈雪英出席全国文教群英会。1963年起，贯彻"调整、巩固、充实、提高"的方针，至1965年全县有60班。"文化大革命"中幼儿教育受严重摧残，全县仅存仙塘、建华、八街3个班。

中华人民共和国成立初期，幼儿教育参照苏联学前教育的内容，选编适用本地的教材。1952年，采用《新编幼儿园读本》，内容有体育、语言、图画、手工、音乐、计算和环境认识。1953年教育部颁发《幼儿园暂行规程》，授课内容为识字、图画、音乐、计算、手工、体育。

二、小学教育

1949年12月，县政府文教科依照"维持现状，逐步改造"的原则，接管了丹诏、东北等88所公、私立小学，有学生9273人、教职工322人。经过整顿，于1950年3月全面开课。学制沿用"四二制"，开设语文、算术、自然、地理、历史、体育、图画、音乐课，翌年每周增加一节珠算课。为了适应社会需求，县逐步增设小学，同时在交通不便、生源较少的革命老区基点村实行巡回教育。至1952年，全县有小学129所，学生16033人，教职工502人。

1953年，县成立小学教学研究调查组，开展经常性的教学调研活动。1955年，县文教科组织全体语文教师420人，参加“标准语音训练班”，在全民推广学习汉语拼音。1956年，县制订实施《小学发展十二年规划(草案)》，扩充师资、新建校舍、添置教学设备等。执行教育部颁发的《关于小学课外活动的规定》和“教育必须为国家建设服务，学校必须为工农开门”的方针，教学理论联系实际，重视提高学生的政治思想觉悟。是年，地处乌山革命老区基点村的白路盆、北蔗教学的老师陈友光，被推荐赴京出席全国教育工会代表大会。1960年又被评为“全国先进工作者”，赴京出席全国文教群英会。

“大跃进”期间，县人委会贯彻“两条腿走路”的方针，村村办小学，学校数、学生数大幅增加。1960年9月，城关各小学和农村中心校又重新试行五年一贯制。由于师资、设备跟不上，教学质量普遍下降。1962年，撤并小学，调整布局。1963年，全面贯彻《全日制小学工作暂行条例(草案)》，重新确立教学是学校工作的中心，恢复正常的教学秩序。1965年，小学289所，学生29327人，教职工1065人。

1966年5月“文化大革命”开始，学校“停课闹革命”，废除中小学升学考试制度。1968年“复课闹革命”，小学下放给大队管理。教学“突出政治”。1972年，小学实行五年一贯制，提出“读小学不出大队，读中学不出公社”，城关各小学和农村中心校都附设初中班。1974年，批判“师道尊严”，教育教学工作一度近于瘫痪。1975年，进行教育整顿，学校管理有所改善，但由于实行“开门办学”，学生过多地参加社会实践，教学工作仍无法正常运转。

1978，城乡小学一律招收五年制的一年级新生；撤销小学“红小兵”组织，恢复少年先锋队组织，小学教育步入正轨。

三、中学教育

1949年12月，县政府文教科接管诏安初级中学和官平初级中学，有学生394人，教职工33人。保留原有师资人员，学校迅速复课。中学学制沿用“三三制”，课程设置暂用旧课本。1951 年后，采用新编临时课本，注重政治思想教育和社会实践。1952 年，执行《中学暂行规程(草案)》，按学科成立教学研究组，开展多种形式教研活动。次年，依照《普通中学工作计划纲要》组织教学教育。1954 年，初中停授英语，高中英语改授俄语。1956 年，诏安中学实行《准备劳动与卫国的体育制度》。

1951 年 4 月，私立官平初级中学并入诏安初级中学。1953 年，诏安初级中学增设高中班，成为完全中学；1955 年 8 月，改称诏安中学，翌年首届高中毕业生参加全国高考。1957 年，由许秀峰等华侨捐资创办的华侨实习学校扩建并更名为诏安县华侨中学。

1958 年，县制定实施《宣传、文教事业发展纲要(1958—1962)》，先后增办了 7 所中学。同年 6 月，诏安中学改称“福建省诏安第一中学”，成为全省重点中学之一。1958—1960 年“大跃进”中，先后创办了 7 所中学。1961 年调整撤并中学。到 1962 年有中学 6 所，学生 2810 人，教职工 272 人。1963 年起，调整教育政策，加强学生品德教育，教学质量逐年提升。诏安一中学生参加 1958 年高考，成绩居龙溪地区第一，1959 年跃居全省第二，1960 年高考录取率达 100%，成为当时全国的一面“高考红旗”，《人民日报》发表了《穷山沟飞出金凤凰》的通讯，《人民教育》刊登了《福建省诏安一中提高教育质量的经验》，报道诏安一中的办学经验。中央教育学院党委书记和省教育厅副厅长等专程到校视察，全国多个省份组团前来参观。

1966 年 6 月上旬起，中学“停课闹革命”。1968 年 10 月，虽然陆续回校“复课闹革命”，但实行工人、干部、教师为代表的“三结合”学校管理制度，教学教育秩序不正常。

1970 年 9 月起，贯彻“普及教育”的精神，中学学制缩短为“二二制”，先后复办、增办一批初级中学，有的还扩办为完全中学。1974 年，受“白卷英雄”张铁生的影响，“读书无用论”再度泛滥。1975 年，实行“开门办学”，到 1976 年，全县中学都升格为完中，共 11 所 273 班，在校生 14149 人，教职工 671 人。

1977年，批判“读书无用论”，尊重知识、尊重人才的社会风尚得以再现。是年冬，全国恢复高考制度，诏安县成立招生委员会，设3个考场，参加高考的考生，包括1966至1977届高中毕业生或同等学力者共3732人，录取49人；参加中专考试1875人，录取33人。

1978年开始执行教育部《全日制十年制中小学教学计划(试行草案)》，重新确立“教学三中心”在学校中的主导地位，教育教学质量逐步提高。是年，有中学11所，学生16054人，教职工786人。

四、农业学校

为了满足农村高小毕业生的学习愿望，培养农业生产技术后备力量，1958年初，县先行试办西潭农业中学(学生84人)，至年末全县办农业中学38所、67班、学生1496人，普遍采用初中教材授课。

1959年，县委、县人委联合发出《关于办好农业中学的通知》，按照“铁民校”标准对教材教学作出规定，要求做到“三集体”(集体读书、集体劳动、集体生活)。是年，学校数调整为19所、22班、学生557人、教师20人。1960年，根据《农村人民公社工作条例》，农业中学改为一社一校制。实行半日制，学生半农半读，教师半农半教；招收年龄在20岁以下、具有高小毕业或同等学力的青年入学，学制3年。经费由社、队自行筹集，学生自带口粮，国家适当补助，学校生产基地的收入在完税后可自行支用。其时，全县农中8所、17班、学生599人，教师23人。为了激发农中教师的积极性，县人委决定从当年6月30日起，参照公办教师的工资等级待遇，除由社场原发的工资外，不足部分由政府补足。

1961年，贯彻国民经济调整“八字方针”，仅保留四都、深桥、西潭、官陂4所农业中学。翌年全部停办。1964年，根据省教育工作会议精神，复办9所农业中学，学生342人。1965年增加到17所、学生799人。至1970年，农业中学全部解散，教师回乡当民办教师。

五、成人教育

农民文化教育:1950 年,全县 110 所小学兼办民校、识字班,开展扫盲工作,学员 4920 名。1954 年上半年,业余教育办班 414 班,学员 19965 人,毕业生 525 人(扫盲班 228 人,高小班 297 人)。1955 年 11 月 8 日,县委发出《关于加强扫盲工作的指示》,成立县农民业余文化教育委员会,区、乡相应成立扫盲机构。1955—1958 年,举办各种形式民校 1562 班,学员 6 万多人。1961 年,全县业余教育在学 7820 人,培训民师骨干 320 人;建立 17 个传授站、21 个备课小组,涌现了五通、坪路等省级扫盲先进单位。1976 年,成立诏安县工农业余教育委员会,推进了工农业余教育。1978 年,贯彻国务院《关于扫除文盲的指示》精神,扫盲工作再度升温。但至 1990 年,全县 15～40 周岁的 240035 个青壮年中,仍有文盲 58552 人,被列为全省 22 个文盲大县之一。

职工文化教育:1952 年 10 月,县总工会先行组织码头工人 50 人办起“祁建华速成识字法试点班”,经过 3 个月学习,达到当时的脱盲标准。1953 年,创办职工业余文化学校,配备专职教师 2 人,分设速成识字和业余高小各 1 班,有店员 100 余人参加学习;县碾米厂、蜜果厂、农械厂等亦相继办班。至年末,全县办班单位 48 个,参加文化学习职工 1550 人次。1959 年,全县举办 13 所红专学校,共有 37 班,学员 1158 人次。1965 年,县职工业余文化学校开办 332 班,参加学习职工 19850 人次。

干部文化教育:1954 年,贯彻中央《关于加强干部文化教育的指示》,成立机关干部业余文化学校(简称“机关干校”),开办扫盲、业余高小各 1 班,学员 100 多人,教材采用机关职工业余学校课本。1956 年发展到初中、高中各 2 班,还试办夜大学,配备专职教师 3 人,兼职教师 8 人,学员 300 多人。1958 年,机关干校规定每周 8 课时,每学期 160 课时。分设文理科初、高中课程。1960 年起,举办初中、高中函授班。“文化大革命”期间,函授班停办。

第四节　发展卫生事业

一、卫生机构的设置

1950 年 2 月 11 日，县人民政府接管旧卫生院，在院医务人员 11 人，设病床 10 张。11 月，县政府拨款修建旧院址，并增购医械药品。1953 年 6 月，卫生院迁址，新建一幢 2 层楼病房及配套设施，医务人员增至 50 人，内设医务、防疫、总务 3 个科室。1957 年，县卫生院更名为县人民医院。1972 年再更名为诏安县医院。

1951 年，县政府在四区、六区设立区卫生所，各配备卫生所长、医生、助产士。1952 年，七区、八区、九区也相继设立卫生所，还在上龙村、龙磜村分别设立老区卫生室。1954 年合作化高潮时，城乡陆续出现自愿结合、独立核算、自负盈亏、民主管理的联合诊所。1958 年公社化后，将区卫生所（室）以及社会个体医务人员统一纳入公社卫生院或联合诊所。1964 年，全县撤区并社，成立 8 个公社中心保健院。

1952 年 3 月，成立诏安县防疫委员会，领导开展爱国卫生运动。各区设分会，各村设卫生站，开展日常卫生防疫工作。1953 年 3 月，成立诏安县爱国卫生委员会，下设爱卫办；建立县辖防疫预备队，分 8 个队，共配备医务人员 95 人，非医务人员 101 人。1957 年 11 月，组建县卫生防疫站，工作人员 10 人。1960 年，省拨款在良峰山麓投建县卫生防疫站新址，翌年建成并投入使用。

1953 年，县妇幼保健站成立，工作人员 5 人。不久又在四都梅洲成立第四区妇幼保健站。1954 年，县、区妇幼保健站并入县卫生院防疫股，医生、助产士、保健员共 10 人。1957 年 11 月后，县卫生防疫站内设妇幼股。1961 年，在县妇联配合下，妇幼股组织人员下乡蹲点，检查治疗妇女病 3066 人。

1950 年 2 月，全县西医界人士成立县医师公会，3 月成立县中医师公会。年底，2个公会合并成立县医务工作者协会，翌年8月改称县卫生工作者协会。卫协团结卫生工作者，贯彻“预防为主，防治结合，做好群众卫生防疫与群众性运动相结合”的方针，走中西医结合的路子。

1959年11月8日，成立县医学会，并召开第一届理事会，选举会长，有会员297人。医学会团结广大医学科学技术工作者，促进医学科学技术的交流和发展，弘扬祖国中医传统。至年底，医学会收集单方、验方、秘方22863方，整理编印中医验方3集，制作草药标本732件；召开草医、草药经验交流会3次，参加医务人员144人；举办两期针灸训练班，参加人数86人。

县委、县政府十分重视医疗卫生事业的发展，中华人民共和国成立初期，通过培训、进修，培养大批中西医技术人才，及时充实到各个医疗机构。1953年，全县西医医生48人。1956年全县执业中医内、外、伤科医生231人。1955年培训农业社保健员148人。1958—1963年建立大队医疗站62家，共有医务人员133人。1960年，为了解决医务专业人员短缺的问题，县卫生科在县医院开办卫生学校，分期举办初级护理和药剂训练班。

为了适应战备需要，1966年4月，在官陂天桥村投资兴建诏安县医院霞葛分院，设内科、外科、妇产科、放射科、化验科、药剂室。该院的建成，改善了山区群众看病就医条件。

1969年，在农村推行合作医疗制度，建立大队合作医疗站。到1970年，全县农村合作医疗站183个，推行“一支针”（针灸）“一把草”（草药偏方）治疗法，针刺麻醉甚至作为手术的全麻手段替代麻醉药品，土生土长的乡村医生队伍迅速壮大。1975年，开展合作医疗大检查，对条件合格的162个合作医疗站，由县发给证书，还为23个大队合作医疗站配备简易病床和制药、医疗设备。

1977年，全县医疗卫生系统开始落实知识分子政策，新建诏安县医院院址，公社、农场卫生院（所）定员定编、改建扩建。南诏卫生院医务人员也增至40多人。1978年年底，全县有县级医疗机构4家，医疗技术人员139人；公社（场）医疗机构12家，医疗技术人员

255人。另有机关、学校、林场、企事业单位10多家医务所(室),医务人员共40多人。

二、常见病和传染病防治

中华人民共和国成立伊始,环境卫生条件差,各种传染病流行,严重影响人民身体健康。1950年12月、县政府召开第一次大型防疫会议,部署天花、鼠疫、霍乱等烈性传染病的防控工作,建立疫情报告制度,全县开展大面积预防注射。1951年9月,城关区和毗邻广东的区乡出现霍乱急性传染病,县组织疫区5295人接受预防注射。1954年2月,麻疹大流行,仅邱厝城就有麻疹病人135人。5月,乙脑在仙塘、后港、后埔、西潭等地流行,死亡9例。县防疫预备队医务人员及时到疫区就地抢救病人,消杀环境,使传染病得到有效控制。1961年,诏安县宣告烈性传染病天花灭迹。1962年,全县鼠疫、古典型霍乱基本扑灭。

1957年,全县开展各种传染病重点查治,发现血丝虫病率为12.4%、钩虫病有的查治点发病率高达48.27%。1959年10月,县卫生防疫站组织对21411人进行血丝虫病检查,发现阳性患者10748人,全部给予免费服药治疗。

1956年9月,县卫生院设立麻风科,开始免费为麻风病人诊治。1958年,成立县麻风防治站,县人委会发文通知开展丝虫病、钩虫病、疟疾病和麻风病普查,全县受检5万人,发现麻风病人618人,其中传染性病人250人,送往县麻风防治站隔离病房,由省派专业医生3人、护士2人免费收治。县皮防院每年都进行县域麻风病普查,1970—1974年,先后收治病人1000多人。每个公社(农场)均设兼职医生,对皮肤病轻症病人发放药品治疗,并监察上报。

三、爱国卫生运动

解放后,县民政科聘用5名专职环卫临时工人,打扫中山路、公园路的环境卫生。1952年5月,全县开展第一次大规模除“四害”(老鼠、麻雀、苍蝇、蚊子,后将麻雀改为臭虫)爱国卫生突击运动。

农村主要开展清扫猪牛栏、清理垃圾、清沟渠和改良水井、厕所、粪坑等，城镇注重公厕、水沟、垃圾堆放点等公共卫生场所的清理打扫和消杀，消灭蚊蝇等传染病寄生源。

在1958年“大跃进”运动中，县人委会提出5年内实现“四无县”的目标，掀起全民性爱国卫生运动高潮。是年，全县灭鼠150万只，雀90万只。其间，涌现一批先进单位和先进人物。1957年，四都上湖村胡玉裕赴北京出席全国爱国卫生运动“除四害”工作经验交流座谈会。同年，官陂公社堀里村草药医生张玉坑11个月共捕鼠10378只，被誉为“捕鼠能手”，出席翌年全国农业社会主义建设先进代表大会，又出席1959年全国爱国卫生除“四害”群英会，并在会上做灭鼠经验介绍。

1960年以后，群众性卫生工作仍坚持在一些主要节日前，发动群众性大扫除，除害防病，把防治乙型脑炎和副霍乱列为爱国卫生运动的重点，广泛发动群众，坚持“无病早防，有病早治”的方针，强制预防注射，加强饮水、饮食卫生管理，有效地控制了疫情。1968年12月，省卫生厅授予深桥公社西坑大队“除害灭病先进单位”称号，奖励显微镜一台。

四、妇幼保健

解放前，妇女分娩绝大多数采用旧法接生，屡屡发生新生儿破伤风、脐炎、痴呆、畸形以及产妇患产褥热等疾病，造成有的新生儿死亡、有的母子双双丧命。

中华人民共和国成立后，县政府重视妇幼保健工作，1951年6月，县举办第一届旧接生婆接生技术培训班，推行新法接生和孕期检查，政府规定近亲和有遗传病患者禁止结婚。至1954年，县妇幼保健站建立11个区站、7个接生小组，有105名接生员，同时，加强新法接生的宣传、培训。至1957年，共培训接生员231名。是年，产妇到县医院分娩955名，分娩安全率大大提高，患破伤风、产褥热仅是个别现象。1961年，新法接生2715人，占分娩总数55%。为全面推行农村新法接生工作，还在白石、下河、上湖等村设置农村产院。到1962年,除个别偏僻山区,全县基本普及新法接生。

1959年,全县共为63658名妇女进行妇科疾病筛查,查出患子宫脱垂症955人;1961年又查出子宫脱垂症1966人,均给予治疗。1962年,太平公社保健院采用会阴修补术治愈子宫脱垂症64例,建设农场卫生院用药物加针灸治疗子宫脱垂症57例,四都公社保健院用复合B和求偶素注穴治疗闭经病37例,城关保健院采用综合治疗37例,均取得良好疗效。1974年县妇女病防治会议召开后,每年开展妇女病调查,调查中发现的妇女病,给予及时治疗。

第五节　发展文体事业

一、文化事业

中华人民共和国成立后,将民众教育馆改称为文化馆,馆内阅览厅扩大,设备增加。1950年,县委指示宣传部依托文化馆创办《黑板报材料》刊物;举办文化夜校,培养宣传员;组织业余文宣队和幻灯放映队深入乡村,宣传党的方针政策、文化科学知识,宣传各项工作进展情况,动员广大人民积极参加新政权管理。1953年,增设四都、官陂文化站和收音站。县文化馆、区文化站组织"文化担"下乡巡回,开展图片、图书、杂志阅览活动。文化馆逐步增添书报杂志,至1964年。藏书达4万册,还有历代书画作品100余件。

民国期间,诏安民间潮剧班为数不少,解放初,旧戏班因剧目不合时宜,一度消沉。1950年,码头工会组织群声业余潮剧团,城关西门街组建民主业余潮剧团,以后又在乡村出现10多个业余剧团。1951年,毛泽东为中国戏曲研究院成立题词"百花齐放,推陈出新",这一题词成为我国戏曲改革工作的总方针。1952年,县文化部门贯彻这一方针,在进行地方戏曲改革、把关上演剧目的同时,加强对蓬勃兴起的城乡业余潮剧团、铁枝木偶戏班的领导及资质审查。1955年,改私营侨联戏院为公私合营南侨戏院。1956年,建立工人俱乐部;成立海燕潮剧团和铁枝木偶剧团,群声、民主两个剧团合并为半专业性质的实验潮剧团。每年举办一次全县性会演,促进戏剧团体健康发展,活跃群众文艺生活。“文化大革命”期间,撤销专业潮剧团和铁枝木偶剧团。1978 年,恢复专业潮剧团。

诏安民间音乐得到扶植,畲歌、洗佛歌参加 1956 年福建省民间音乐舞蹈会演,青年歌手黄海英演唱沈汝淮整理的《新打酒瓶白披披》《怎得云开见日头》,获节目奖、演出奖和演员奖。1957 年,歌手陈正勋、许乌净、黄海英演唱的洗佛歌《百花歌》,以及陈正勋、黄海英演唱的龙船鼓歌《祭江歌》,被省推选参加全国民间音乐舞蹈会演,获得好评。县里逢节日或喜庆场合,往往安排潮州大锣鼓、潮乐、舞狮、舞鸟等音乐舞蹈表演;逢县组织大型文艺活动,往往有中小学的秧歌舞、腰鼓舞、扇舞、彩绸舞等节目参加踩街或演出。

1954 年成立县电影队。1955 年,收音站改为县有线广播站。1957 年,建简易电影院,成立电影工作站。1958 年,社社建立有线广播站,成为全省第一个千个喇叭县。1960—1964 年,成立 5 个电影队;全县有线广播喇叭发展到 1 万个。1965 年新建千个座位的电影院,电影队发展到 7 个,有 268 个放映点。1966 年 5 月,建成全县有线广播网络。1978 年,有 8 个集镇建立电影院。

二、体育事业

中华人民共和国成立后,接管民国时期的公共体育场 1 处,并改为人民体育场。1951 年,成立中华体育总会诏安分会。以后,体育设施改善,运动器械增加,群众体育蓬勃发展。

1952 年,举办第一届人民体育运动会,以后每隔一二年举行体育运动会 1 次。同时,建 2 处灯光球场,并大力推行广播体操。1956 年,县直机关建立 10 个基层体育协会。1957 年,举行首次职工体育运动会。1958 年,组织农村开展体育比赛 114 次。1959 年,举行 9 次综合性运动会,参赛运动员达 4860 人次。1961 年,在职工中推行太极拳。1964 年,全面整修人民体育场。1972 年,举行中学生体育选拔大会。1979 年,成立少年儿童业余体育学校。

第六节 改变社会风气

中华人民共和国成立后，取缔了卖淫嫖娼、贩毒吸毒、聚众赌博、反动会道门等社会丑恶现象；提倡勤俭节约、热爱劳动、无私奉献、乐于助人的精神，使社会风气发生了根本转变。

一、扫除毒、赌、黄

民国前期，由于军阀威逼利诱民众种植鸦片、纵容社会贩毒、吸毒，致使境内烟毒泛滥，后期虽有明令禁止，但警务人员往往借破获烟毒案中饱私囊，致使鸦片源源由汕头流入，吸毒禁而不止。1950年2月，中央人民政府政务院颁布《关于严禁烟毒鸦片的通令》，宣布种毒、贩毒、吸毒为犯罪行为，全县展开禁毒大宣传、大发动。1952年6月，查处云霄县人吴全净在官陂开设裕兴号鸦片厂的烟毒案。8月，全县展开消除烟毒行动，清查种植罂粟218户、148亩，缴获鸦片5377两、吗啡135两、烟膏125两、副品626两、烟具数万件和制造吗啡机器1部。是年，查处吸毒烟民313人。1957年初，侦查官陂镇张金朗为首的贩毒集团10多人，依法予以严惩。

民国时期，诏安聚赌成风，逢年过节尤炽。1950年后，各级人民政府广泛开展禁赌。1954年春节期间，查获一批赌案，处理一些赌头赌棍，狠刹聚众赌博歪风。

民国时期，卖淫嫖娼行为从未断绝。1950年开始，严禁卖淫嫖娼，县公安局明令取缔娼馆12家，教育娼妓改过自新，对少数鸨头和不思悔改的妓女，分别判处徒刑或劳动教养。

二、弘扬英模精神

中华人民共和国成立后至“文革”之前，各级党委、政府多次倡导向英烈先模人物学习，努力在社会树新风、扬正气，如成为全国宣传学习榜样的焦裕禄、雷锋、王杰、刘英俊、蔡永祥、欧阳海、门合、麦贤德,其中最具影响的是学习雷锋活动。雷锋的一生虽然没有创造惊天动地的英雄伟绩,但他在实践中表现出来的全心全意为人民服务的精神,毫不利己帮助别人的品质,在各种不同的工作岗位上干一行爱一行的态度,感人至深。自毛泽东主席 1963 年 3 月题词“向雷锋同志学习”后,诏安同全国一样,兴起了广泛、深入、持久的学雷锋热潮,从而造就了良好的社会新风气。

诏安在新民主主义革命时期牺牲有名可考的烈士有 391 人,在社会主义革命、建设时期获省、部级表彰的先进人物有 38 人,这些人物是诏安人民的杰出代表,受到群众的爱戴,是人们学习的榜样,他们英勇奋斗、艰苦创业、无私奉献、爱岗敬业的精神,成为诏安宝贵的精神财富。

第九章 计划经济 公有体制

第一节 国民经济的计划及其实施

一、建立高度集中的计划管理体制

从1953年起，全国进入社会主义计划经济时期，国家实行“统一计划，集中管理”的计划管理体制，对生产、建设和流通实行指令性计划管理。生产资料、生活资料和建筑材料，统一按计划调拨和供应。计划指标一经下达，任何单位和个人不得随意改变，以维护计划的严肃性和权威性。

县按照上级下达的计划任务，直接下达到基层，或切块下达到主管部门，然后层层分解，并加以实施，形成以“条条为主，条块结合”的管理模式，只强调有计划的生产、建设和流通，忽视市场调节的作用，形成市场单一、封闭的格局。

二、实施国民经济五年计划

1949年12月诏安县人民政府接管旧机构、建立新政权之后，即着手恢复和发展国民经济。1953年开始实施国民经济五年计划，至1980年，共实施6个五年计划。

“一五”计划(1953—1957年)：1953年起，农业生产为农村压倒一切的中心任务，依靠互助合作组织，改进耕作技术，开展水利建设。1954年，实行粮食统购统销，稳步发展初级农业社，开展爱国增产运动。组织劳力清移阻碍东溪下游排水的3个土坂。1955年，春夏季组织农民同严重旱灾作斗争，秋季掀起农业合作化高潮。1956年春，基本实现农业高级合作化，开展以粮食为重点的全面增产运动，粮食总产8.525万吨，比1952年增长23.7%。是年，建成港口渡堵港蓄水工程。1957年，以粮为主，全面发展，粮食总产8.275万吨，比1952年增产20.1%，农、林、畜、渔普遍获得好收成。同时，对个体手工业和私营工商业进行社会主义改造，发展国营工业，新建糖、油、酒、农械、化肥、青果加工等。

“二五”计划(1958—1962年)：1958年，贯彻“鼓足干劲，力争上游，多快好省地建设社会主义”的总路线，建成三姑娘渠道引水工程和丁寮水库。组织各行各业“大跃进”，农业生产出现高指标、命令风、瞎指挥和浮夸风；工业以“小、土、群”“大炼钢铁”，组织大批劳力滥砍林木。秋季办人民公社，办公共食堂，搞“平(拉平)调(无偿调用)”，工农业生产受破坏。1959年春夏“整风算账”，纠正高指标、命令风、瞎指挥、浮夸及平调问题。秋冬在太平公社开发“万宝山”推动下，出现开山热潮。1960年春，省委提出“大兴太平之风”。此年，出现春荒，全县大抓“瓜菜代”(以瓜菜代主粮)。入夏，遭百年罕遇的“六九”特大风水灾害袭击，早季严重减产，城乡生活困难。1961年和1962年，贯彻国民经济“调整、巩固、充实、提高”八字方针，执行农村人民公社工作条例，调整社、队规模，以生产队为基本核算单位，采用农业(水、肥、土、种、密、保、管、工)“八字宪法”，促进农业生产回升。1962年，粮食总产7.628万吨，比1957年减产7.8%，比1952年增产10.7%。

国民经济调整时期(1963—1965年)：1963年，组织全县人民同连续245天的严重旱灾作斗争，建成160匹马力的赤水溪抽水机站。1964年，建成东西溪堤防洪工程，开展以阶级教育为中心的社会主义教育运动。1965年，农业学大寨，开发山区经济，兴太平之风，发展粮食生产，走音西之路，搞农田基本建设，落实农业“八字宪法”，农作物显著增产，粮食总产10.26万吨，比1957年增产24%，比1962年增产34.5%；粮食耕地亩产471公斤，提前超过《1956—

1967年全国农业发展纲要》规定的亩产400公斤的水平。

“三五”计划(1966—1970年):1966—1968年,在“文化大革命”中,农村生产建设备受影响,一些水利工程项目拖了多年才建成。1969—1970年,贯彻“备战、备荒、为人民”方针,在“左”的思想指导下,错误地批判“太平之风”。同时开展农业学大寨,树立大布、彩下、石溪、沈寨、下坝自力更生搞农田建设、发展粮食生产典型,大力扩种粮食作物面积;发动群众“三自带”(资金、粮食、工具)兴修亚湖水库。1970年粮食总产10.41万吨,比1965年增产1.46%,林果、牲畜、水产及副业发展比较缓慢。

“四五”计划(1971—1975年):1972年,建成总库容量3850万立方米的亚湖水库和日榨500吨的诏安糖厂。1973—1974年,继续开展农业学大寨,社场和大队领导干部分两批往山西昔阳参观大寨。1975年,以官陂公社“沙固路”铲山头造平原为典型,大搞开山造田和平整土地,限制小私有和集市贸易,集中劳力搞粮食生产。是年,粮食总产11.82万吨,比1965年增产15.2%。

“五五”计划(1976—1980年):1976年10月,中共中央粉碎江青反革命集团后,拨乱反正,提倡科学种田,发展多种经营。1977年,建成新春、西潭排涝站和装机800千瓦的湖内东坑尾水电站。1978年,开展真理标准问题的讨论。1979年,贯彻中共十一届三中全会精神,实行工作重点转移,加快农业全面发展。1980年,粮食总产13.67万吨,比1975年增长15.7%,经济作物、林果、牲畜、水产及副业也显著增长。

三、专营专卖

日用工业品:包括针纺织品、日用百货和五金交电。1952年,县百货公司经营花纱布、针棉织品批发。1956年,县五金公司经营铁钉、铁丝、自行车及交通机械零件等。1959年,日用百货匮乏,棉布凭票购买,肥皂、火柴、牙膏、洗衣粉等实行凭证或批条供应。

农副产品:包括生猪、家禽鲜蛋、水果、蔬菜和茶叶。1956年,不准私人或集体经营生猪。1957年,蔬菜由国营食杂商店购销。

1958年,居民凭票供应猪肉。1960年,针纺织品实行统购统销。1961年,生猪收购实行粮食补贴,翌年改为奖售原粮或化肥,家禽鲜蛋实行粮食挂钩奖售政策。

生产资料:包括金属材料、建筑材料、化工原料、机电设备和燃料。1950年,水泥、玻璃由国营商业经营,煤炭、石油、木材和纯碱、烧碱、硫酸、硝酸、橡胶、轮胎等14种化工产品列为国家统配物资。煤炭、石油由百货公司兼营,凭证定量购买。1956年木材由木材公司经营。1960年,机电商品、黑色金属、有色金属及其型材、板材、管材,建筑材料和化工原料归县物资局经营,实行计划分配供应;雷管、炸药、硫酸、硝酸、盐酸、纯碱、烧碱等实行严格审批管理。1965年,农机产品由物资局经营。

专卖商品:包括蔗糖、海盐、卷烟和酒。1950年,酒类实行专卖,禁止私人酿酒上市。1953年,国家禁止食糖私营,由国营集体商业购销。1956年,卷烟批发由国营糖业烟酒公司经营,农村由供销合作社转批。1959年,海盐为国家一类商品,由盐务公司批发,国营商业和供销出售。1962年,食糖实行派购和蔗肥挂钩奖售政策,派购任务完成后余糖可入市交易。

四、票证管理

中华人民共和国成立后,生产发展一时还无法满足人民生活的需要,出现商品供需矛盾。为了合理安排供应,对一些商品实行票证发放。1953年,粮食、食油开始按城镇人口凭票供应。1958年,猪肉凭票供应。此后,一些商品陆续凭票供应。1961年,凭票证供应的有粮、油、肉、蛋、布、糖、酒、食盐、火柴、肥皂、煤油等近100种。1964年后,凭证控制供应的品种逐步减少,至1978年,除棉布、食糖、猪肉继续实行凭票定量供应外,其余商品基本上敞开供应。1984—1985年,棉布、猪肉也先后取消票证供应。

棉布票证:1954年9月15日起,对城乡居民按人口发放民用定量布票。每人标准:干部11.67米,工人8.33米,城市居民6米,农民4.67米。1955年,改工人、盐民、渔民为10米,居民6.67米。

1956年9月至1960年9月，不分地区、不分阶层统一标准计发，每人先是7.33米，后改为6米、5米。1960年9月至1964年8月，每人基本定量是0.83米，同时发放针棉织品票。1964年9月至1966年12月，基本定量先是1.67米，后改为3.67米，不另发针棉织品票。1964—1968年，基本定量先是4.23米，后改为2.73米。1969—1983年，不再分岗位、阶层，一律按人定量，每人4.67米。民用布票外的生产（如工厂、医院、旅社）用布、临时调剂（如社会救灾、婚丧）用布，均按需由集体或个人向发放单位申请，凭批条购买。1980年12月至1982年11月，棉纺织品、针织品、各种维纶等都先后免收布票。1984年1月起，取消布票，棉布类商品敞开供应。

猪肉票证：1958年起，猪肉开始按城镇人口定量凭证供应。1959年，对全县城镇居民、干部、职工发放肉票，实行猪肉定量凭票供应，每人每月供应0.75公斤，元旦、春节增加供应。1960年，生猪实行派购，任务分配到公社、大队，购4留6，农户发给自留肉票。1965年，猪肉放开供应。1969年后，又恢复凭票供应。至1985年，取消肉票，议购议销，敞开供应，干部、职工发给差价补贴款。

食糖票证：1954年，食糖开始实行凭证定量供应。1959年，实行凭票按人口定量供应。1964年取消票证。1967年又恢复凭票供应。1988年后，取消票证。

卷烟票证：1959年，卷烟开始实行凭票供应，分甲乙2种票。当时按全民、集体所有制职工人数的70%发给烟票；领导干部、知识分子另加供应量；城乡居民有婚丧喜庆额外需要，经申请批准，凭票增加供应；如遇重大节日和重要会议则实行特殊供应。1980年后，取消票证。

茶叶票证：1953年开始，实行成品茶供应，居民户口或者干部职工每人月凭票供应1～2两；部门、单位因会议等公务需要，凭批条供应；茶农按指标完成收购任务，给予一定的回销茶，回销茶凭茶票供应。1984年，取消茶叶凭票证供应，并取消茶叶收购奖售。

其他工业品票证：1955年，煤油实行凭证限量供应。1959年年末，肥皂、火柴、香烟、糕点、纯碱、自行车、手表、缝纫机、毛线等也限量凭证供应。1964 年开始,工业品票证大大减少。1967 年,又恢复部分工业品票证。1977 年起,煤油、汽油实行凭票定量供应,柴油实行统一分配,定量供应。1978 年起,除煤油仍实行凭票定量供应外,其他工业品票逐步取消。至 1983 年,所有凭票供应的工业品全部敞开供应。

侨汇物资供应券:1959 年,实行侨汇物资供应,以侨汇人民币 100 元,发给侨汇购买券,分副食品券和工业品券 2 种。供应的副食品有粮油、猪肉、食糖和海产品;供应的工业品有烟、酒、干果、日用百货、针织品、家用电器等,持券者可自由选购。"文化大革命"期间停止使用。1978 年,恢复侨汇供应券,标准是每 100 元人民币侨汇供应平价商品 30 元,其中工业品 20 元、副食品 10 元。1994 年 1 月起,不再发放侨汇物资供应券。

第二节　反右派和"反右倾"

一、整风运动和反右派斗争

诏安解放 7 年来,由于社会主义改造的快速完成,经济建设中开始出现急躁冒进情绪;在县委机关,领导干部滋长着主观主义和官僚主义的思想作风;在基层单位,少数基层干部骄傲自大,看不起群众,甚至出现贪污腐化行为。于是,干群关系等人民内部矛盾逐渐突出。这些并非诏安独有现象,全国其他地方也存在。

1957 年 4 月 27 日,中共中央发出《关于整风运动的指示》,要求在全党开展以正确处理人民内部矛盾为主题,以反对官僚主义、宗派主义、主观主义为内容的整风运动。5 月,县委召开县直机关干部和城关中小学教师动员大会,传达贯彻中央的指示。整风运动原定方案是"以县级机关为主,但基层整风整社仍要继续进一步深入贯彻,做到上下结合",用 3 个月的时间,分搞通思想、端正态度;学习文件、提高认识;检查问题、开展整风三个步骤实施。

在整风初期，城乡各地通过有线广播、黑板报、各种座谈会等形式，分行业普遍向群众宣传。县委多次召集党外人士座谈交流，发动整风鸣放。在大鸣大放中，各单位干部职工、党外人士纷纷向各级党政组织及其领导干部提出批评和建议。县委还适时制定了《关于各级领导人员参加体力劳动的实施办法》，规定党政机关、群众团体和企事业单位的管理干部，每年至少参加体力劳动 20～40 天，以及取消一些官僚制度等。

在鸣放过程中，出现了极少数资产阶级右派分子借机发表极端言论，攻击社会主义制度，甚至妄图取代党的领导等情况，形势急转直下。中央决定给予反击，在全国范围内发起一场反右派斗争。按照地委的统一部署，县委从 6 月起组织实施反击资产阶级右派的斗争，各机关团体、企事业单位组织干部对照 6 条政治标准，划分左、中、右三种人，对大鸣大放中一些尖刻或者不满言语当作反党反社会主义的右派言论进行严厉批判斗争。至 10 月底，县直反右派斗争基本告一段落，共有 32 个机关单位、1939 人参加，经所在的 18 个党支部讨论审查，划定极右分子 14 人、中右分子 42 人，分别给予开除、撤职、降职等处理。

1957 年底，整风运动进入整改阶段。在农村，主要是结合整党整社工作来展开，组织学习党章、社章、中央的有关文件指示精神以及农业发展纲要四十条，加强正面教育，着重克服右倾保守思想和换班思想。机关、学校、医院、工厂、企业则分别开展反浪费运动，至翌年 8 月底，共揭发浪费开支 74724 元，提出整改意见 21895 条，落实整改的 19232 条，建章立制 197 项。整风运动宣告结束。

由于反右派斗争的严重扩大化，1957 年以后党的指导思想开始向左偏移，以致发动了“大跃进”和人民公社化运动，使探索适合中国国情的社会主义建设的良好开端遭受严重挫折。

二、“反右倾”斗争

1959 年庐山会议后，中共八届八中全会决议迅速在全党传达贯彻，全国范围内掀起了“反右倾”斗争的高潮。从 9 月中旬起，县委召集县级党员干部、社场正副书记、大队（作业区）和县直机关单位支部书记202人，正式传达八届八中全会精神，要求各级党员、干部对照检查右倾思想在工作中的表现，统一思想，用实际行动保卫总路线、“大跃进”、人民公社“三面红旗”。在会后3日内，县直以机关党员大会、农村以支部会的形式，迅速地把中央决议精神向每个党员作原文传达。

10月23日，县委召开三级干部会议，宣布成立由王满元、姚景玉、庄家友、杨青云、徐永昇5人组成的“诏安县委反右倾领导小组”，并对照检查党内“右倾机会主义”问题，揭露批判42名县、社级干部。11月8日至13日，会议扩大为有县直机关干部和生产队长参加的四级干部会，“反右倾”运动全面铺开。县直机关以组（口）为单位进行近一个月的学习、讨论，在大小会上分别受到斗争批判的有24人，受重点批判的有29人，被视为“右倾机会主义分子”的党员、干部，分别受党纪或政纪处分；农村以公社为单位，对46名被认为有严重“右倾”言行的生产大队、生产队干部进行重点批判。而后，县委分2批在130个大队中开展以总路线为中心的社会主义教育运动，先是开展摸底和训练党员、干部、积极分子，之后以整风整社的形式，批判有所谓“右倾”思想的基层干部和富裕中农，到翌年3月初结束。共批判“有右倾问题”的党员干部1779人，撤换大队、生产队干部447人；同时，调整和健全党团基层组织和大队领导机构，发展党员300人、团员267人：提拔优秀积极分子609人，其中提拔新正支书20人，副支书80人，正副大队长75人，正副小队长212人，一般干部222人。

“反右倾”斗争不但严重伤害广大党员、干部的积极性，损害党同人民群众的关系，而且助长“左”倾思潮，使党的事业和人民利益蒙受了不应有的损失。

三、落实党的政策

自1957年反右斗争扩大化后，政治运动接连不断，一大批敢于坚持实事求是和讲真话的党员、干部受到不同程度的打击，国民经济逐年下滑，党群关系一度趋于紧张。为了缓和人民内部矛盾，齐心协力渡过难关，1961 年起，中央本着“有错必纠”的精神，决定对在历次政治运动中被错误批判和处分的党员、干部进行甄别平反工作。

早在 1959 年 9 月 28 日，县委就成立“改造右派工作领导小组”，依托县委统战部，抽调专职人员，开启了“右派分子”的摘帽工作。“反右倾”后，因“干部严重缺乏，许多工作难以开展”而中断。直至 1961 年 1 月 10 日，县委统战部宣布摘掉第一批 8 名“右派分子”的帽子。2 月 1—12 日，县委召开有工商、华侨、医协、教育、社会人士 149 人参加的“神仙会”，县委常委、县长姚金孝作《关于当前形势与任务》报告，传达中央“十二条”及省委八条补充规定，进行形势、政策和前途教育。会议采取集中听报告、各界分组讨论的形式，以“三自”（自提问题、自我分析、自己解决）方法和“五不”（不扣帽子、不打棍子、不抓辫子、不计账转账、不划右派）原则，发扬民主，和风细雨地进行说服教育，达到沟通思想、消除疙瘩、提高认识的目的，改善党与民主人士的关系。

之后，县委统战部加紧配合、协调有关单位继续做好摘帽工作，组织对 1960 年处理不纯分子工作中加重处分的“右派分子”工作分配、工资待遇和教育管理的情况进行复查，由所在党支部核实材料，提出意见，逐级进行审查。7 月，经地委“改造右派工作领导小组”讨论审批，决定收回分配适当工作的 28 人（其中诏安县收回人数不详），工作予以重新审定；对于散处在社会上的“右派分子”，由民政部门负责教育管理。

1961 年 8 月，诏安县甄别工作首先在桥东公社甲洲大队开展，随后又把港头、林家、梅洲等大队列为复查重点，多点试验，取得经验。10 月，县委成立甄别工作领导小组，下设办公室，组织一批力量，对 1958 年以来在“反右倾”、新“三反”、整风整社运动中受批判斗争处分的党员、干部进行甄别。县委通过召开民主生活会，甄别平反县一级干部 8 人。11 月起，县委又分设工交、财贸、文教卫生、党群政法和农林水（含农村公社）5 个工作小组，对受到错误批斗处理的党员、干部进行甄别纠正。

1962 年 6 月 27 日，县委召开民主座谈会，邀请在“反右倾”、新“三反”、整风整社中受批判处分的部分干部参加，历时 11 天。县委副书记杨青云作动员启发报告，县委第一书记罗全贵作关于加强团结问题和当前工作的报告。至 1963 年 4 月底，历时 18 个月的甄别工作基本结束。

1958 年以来，全县生产队长以上受过批判处理的党员、干部共 948 人(其中受党纪处分 323 人，行政处分 461 人，刑事处分 18 人，受批判斗争 146 人；地委管理干部 12 人，县委管理干部 338 人，县以下管理的 598 人)，经甄别，属于原批判处理正确的 424 人，受到错误处理和基本错误处理的 247 人，部分错误处理的 214 人。县委对其中受错误批斗的同志赔礼道歉，受错误处分的予以平反纠正。

第三节　人民公社化和“大跃进”

一、人民公社化

1958 年，诏安掀起创办人民公社的热潮。9 月 3 日，溪南乡试办第一个农村人民公社，名为“红旗人民公社”。当月又相继成立卫星、太阳升、东方红、幸福、团结、上游与和平 7 个人民公社。至年底，将全县近 200 个高级农业社，合并成 8 个人民公社，实现了人民公社化。

人民公社实行政社合一，既是基层政权机构，又是经济实体，具有“一大二公”(规模大、公有制程度高)的特点。公社把高级社的财产收归公社，收回社员的自留地、自留山和自留果，取消评工记分，搞“一平二调”(分配搞平均主义，无偿调用生产队的土地、资金、物资和劳动力)。推行“组织军事化、生活集体化、劳动社会化、行动战斗化”。缩小按劳分配、扩大按需分配比例。掀起土法上马大炼钢铁运动，农业生产则大搞“放卫星”，搞超深翻改土，稻超高度密植，移苗并丘；种薯超高畦等反常规、反科学的做法。出现所谓亩产“万斤稻谷”“10万斤甘薯”“千斤花生”的浮夸风、假报道。盲目从北方高纬度地区引种粳稻品种，导致早孕早熟低产量；从南方低纬度地区及东南亚等地引种早稻品种，导致不抽穗、颗粒无收。加上自然灾害损失，造成1959—1961年连续3年经济困难。

1962年，诏安贯彻中共中央提出的国民经济“调整、巩固、充实、提高”方针，开展整风整社，纠正“平调”风、浮夸风和一些错误的做法，同时，落实《农村人民公社工作条例(修正草案)》，公社从原有的8个改为26个。实行公社、大队、生产队三级所有，队为基础，将生产队列为基本核算单位，实行“独立核算，自负盈亏”的分配原则。这些措施提高了农民生产积极性，使渡过困难时期后的社队经济迅速恢复。1964年5月，撤销县以下的行政区，把26个公社又合并为城关、四都、桥东、深桥、西潭、太平、官陂、秀篆8个人民公社，原来的大队和生产队的规模基本不变，继续执行“三级所有，队为基础”方针。

“文化大革命”开始后，公社的正常经营管理秩序受冲击，生产倒退。1966—1969年，全县农业年平均收入735.1万元，连续三年减收，年均递减3.7%，其中1969年比1966年减收95.42万元，减收率为11.5%。1970年后，局势较前稳定，农村实行“农、林、牧、副、渔”五业并举的方针，农业趋向恢复和发展。

1980年，城关人民公社改为城关镇，翌年12月改为南诏镇，各街道亦改序数为传统地名。1984年10月，县属下建制实行政社分开，建立乡、村政权。南诏镇保留原建制，8个公社、3个农场改为乡，206个生产大队改为村民委员会。

二、大规模农田基本建设

1958年，诏安县委带领全县人民，大搞平整土地、修筑梯田、改造坡耕地、改良土壤、营造农田防护林、兴修农田水利等农田基本建设。是年，建成长102公里的三姑娘渠道和金星丁寮水库。之后，又投建长68公里东西溪防洪堤和梅洲、红坑等水库。西潭、深桥和沿海地区的13万亩农田基本解除了旱情，东西溪两岸7万多民众和5万亩田地，摆脱了洪水灾害的威胁。至1962年年底，全县共兴建大小型水利工程9207处，扩大和改善灌溉面积21.5万亩。同期，还平整土地2万亩，改造低产田1万余亩，开发“万宝山”逾28万亩。各级党政和广大社员在征山服水的创业过程中，成绩、精神可圈可点，但也出现一些失误，如开山毁林造田，水土保持措施跟不上，导致植被破坏、河道堵塞、生态失衡。

1958—1960年的3年“大跃进”中，诏安县创办了红星、金星、建设3个国营农场和湖内、赤竹坪2个国营林场，国营农场以发展橡胶为主，林场以发展杉木为主。20世纪80年代，诏安年烟胶总产量达700吨，占全省总产量的2/3，为国家做出了贡献。

三、大炼钢铁，大办工厂

在“大跃进”年代，诏安响应国家号召，“以钢为纲”，开展大炼钢铁运动。1958年6月，县委召开四级干部万人大会，会上提出“苦战一百天，确保钢铁一万吨”的战斗口号。从7月开始，全县以“小土群”的办法建炉炼铁，10月底前示范突击两个高产周，11月全县掀起大炼钢铁的高潮。在两个高产周中，党政军民及学生齐出动，全力投入大炼钢铁。到11月底，共出动劳力8万多人，投工168万工天，动用大批交通工具，采铁矿石、洗铁砂、挖铁土8000多吨，砍伐林木烧炭1.4万多吨，建炼铁炉1000多座、炼钢炉200座，生产生铁2820吨、钢铁52.7吨，其中不乏以社员捐献的废钢铁充数。

1958年，创办国营农械厂、城关碾米厂和四都盐场；在良峰山麓建起第一座小水电站，装机1台5千瓦。是年6月17日，县委作出《关于组织地方工业跃进再跃进的决定》，要求“小型为主，遍地开花，全民办工业”。全县人民积极响应县委的号召，“破除迷信，解放思想”，只用12天时间，即办起“三土”厂[土化肥、土农药、土农械(具)厂]3000多家，乡乡社社都有肥料厂、农药厂和农械(具)厂。县也办起水泥厂、炼铁厂和滚珠轴承厂。由于盲目投资，重复建设，资金、设备、技术、原材料跟不上，搞无米之炊，大批“三土”厂上马又下马，至1960年，不少工厂已名存实亡，难以为继，导致人力、财力、物力的严重损失，而国营工厂数目则略有增加，至1962年年底，国营和地方国营工厂12家。

四、兴办公共食堂

1958年7月，西潭照亮社林邦室村创办公共食堂的经验在全县各社场推广。11月，县委召开全委扩大会，贯彻省委提出“鼓足干劲生产，敞开肚皮吃饭”的指示，总结3个月来办食堂的做法，进一步发动大办公共食堂。会后，各公社实行“放开定量，保证吃饭，有啥吃啥，计划供应”的膳食供应制，办“吃饭不要钱”的公共大食堂1118家，100％农户参加。进而又试行吃饭、穿衣、入学、医疗、丧葬等“包干”，有的公社还提出给社员“衣、食、住、行、生、老、病、死、婚、育、教、娱”12项费用定量包干。翌年5月起，全县的公共食堂因难以为继大部分解散，社员一度过着“瓜菜代”（以瓜、菜代替粮食）生活，“12项包干”流产。

第四节 贯彻“八字方针”

为了尽快扭转经济困难的局面，1961年1月，中共八届九中全会提出“调整、巩固、充实、提高”的发展国民经济总方针，诏安县委认真贯彻执行，从实际出发，以“调整”为中心，落实农村经济政策，纠正“平调”风、浮夸风，实事求是，尊重科学，合理布局生产力，协调农业与工业、重工业与轻工业、消费与积累、生活与建设之间的比例关系。通过调整，农业的基础地位更加巩固，工业的主导地位得到加强，商业贸易购销两旺，民生事业得到改善，国民经济困难的局面明显好转。1965年，全县国民生产总值3483万元，比1961年（下同）增长52.8％；工业总产值增长4.7％；农业总产值增长117.2％；粮食总产量增长63.1％；社会商品零售总额增长56.1％；外贸出口产品收购总值净增188万元；财政收入增长79.3％；农民人均纯收入48元,增长9.1%。

一、整风算账纠正“五风”

诏安落实农村经济政策从纠正“一平二调”开始。1960年10月,开展整风整社运动,县委学习讨论中央批转的湖北省委关于沔阳县贯彻整风整社政策试点的情况报告,召集13个生产大队队长举行座谈会,调查农村各地刮“共产风”搞“一平二调”情况,寻求解决问题的办法。11月,县委第一书记罗全贵在县驻四都公社整风整社试点工作队和社员代表会议上,就解决“共产风”、“一平二调”和实行等价互利、按劳分配等问题发表意见,指导整风整社运动。1961年1月,县委先后召开全委扩大会议和县、社、大队、小队四级干部会议,传达贯彻中央《关于农村人民公社当前政策问题的紧急指示信》、《关于农村整风和若干问题的讨论纪要》和省委“八条补充规定”,传达1959年毛主席致生产队长一封信,部署开展纠正“五风”(即高指标风、行政命令风、瞎指挥风、浮夸虚报风、平调“共产风”)和整肃干部特殊化的整风整社运动,强调必须彻底清算“平调”账,坚决兑现退赔。

会议结束后,各地学习官陂公社下官大队开展“公归公,私归私,物归原主”处理“平调”退赔问题的做法。至1961年年底,全县四级共退赔“平调”资金445万元,132个生产大队划出耕地13409亩(占全县总耕地面积的4.7%)给社员作自留地,退还社员厕所36480个,退还社员自留果林和零星果树8.2万多株,以及耕牛、农具和禽畜等。深桥公社把“平调”账和公社家底交由社员代表会议审查,如何退赔由代表会议决定,放手发动群众搞退赔,退赔工作搞得彻底,群众很满意。

退赔政策的落实和兑现,大大调动了社员的积极性,生产发展,风气改善,农村形势向好的方面发展。1965年,全县农业总产值、粮豆总产量、社员人均纯收入,分别比1962年增长88.3%、38.6%和20%。

二、调整社队规模

1961年，人民公社普遍以生产大队为基本核算单位，所有权、分配权归大队，生产权、管理权属生产队。由于“四权”不统一，导致大队与生产队、生产队与生产队在生产、分配、管理上出现一些不合理问题，一定程度上助长了平均主义，限制了生产队和社员群众的积极性。为了解决这些问题，县委贯彻《农村人民公社工作条例(修正草案)》精神，因地制宜，调整人民公社组织规模，公社数从原有的8个调整为25个，生产大队从118个调整为256个，生产队从984个调整为2249个。

1962年2月，贯彻中央《关于改变农村人民公社基本核算单位问题的指示》，实行体制下放和“大包干”，把核算单位全部下放到生产队。实行公社、大队、生产队三级所有，队为基础，以生产队为基本核算单位。生产队实行“独立核算，自负盈亏”。大队除经营企业外，对所属生产队实行分配包干、提取“三金”(公积金、公益金和管理费)的做法，生产队实行“三包四固定”(包工、包产和包成本；劳动力、耕地、耕牛和农具固定)。公社除经营企业外，还允许社员经营少量的自留地和扩大边角地种植。市场逐步放开，搞活经济。

1964年，进一步调整，撤销县以下的行政区，全县26个公社又合并为8个，并对大队和生产队的规模作出调整。至1965年，全县公社8个，生产大队203个，生产队2254个，全部实行以生产队为基本核算单位。体制下放后，农村生产关系更适合生产力发展，管理体制更适应当时的管理水平，调动了社员的积极性，推动生产发展，巩固了人民公社。

三、调整分配关系

口粮分配是农村诸多分配中最重要的分配，牵涉千家万户。县委高度重视农村口粮分配，贯彻“按劳分配，多劳多得”原则，对这项工作不断总结、改进和提高。

1962年，县委农村工作部组织对农村口粮分配问题进行专项调查，于1963年3月形成《诏安县农村口粮分配办法执行情况综合报告》，报告从农村多种多样的口粮分配办法中筛选出群众普遍认可的3种做法，在全县加以推行。同时指出口粮分配要正确处理国家、集体、个人三者的关系，照顾社会上老、弱、病、残、孤和军、烈属及上山下乡人口、困难户的利益。

东湖公社上陈大队党支部针对生产队财务人员业务基础薄弱问题，采取集中培训的办法，提高财务人员核算、建账水平；划清收支范围，议定分配办法，制订分配方案，并经社员讨论通过。全大队分配工作有条不紊，密切了干群关系，推动了生产。该大队搞好分配工作的做法被省委树为典型，在全省加以推广。

四、调整计划指标和征购任务

1961年，县委贯彻《关于农村人民公社当前政策问题的紧急指示》，纠正人民公社化运动中"左"的错误，调整不切实际的生产计划指标，决定当年全县晚稻种植15万亩、亩产225公斤，晚番薯种植6万亩、亩产175公斤。鉴于以往高指标、浮夸风和虚报产量，征购指标年年加码，导致农民生活困难的问题，责令予以纠正。

调整粮食征购包干政策。粮食征购实行"增产增购，减产减购，灾荒少购，特大灾害少吃、救济"的政策，克服粮食分配上的平均主义。粮食征购在全年包产包购的基础上，实行按季征购、全年结算的办法。教育社员树立国家观念，踊跃交售粮食，完成或超额完成粮食征购任务，坚决打击隐瞒粮食产量、逃避粮食征购和搞粮食投机倒把的违法行为，保证国家粮食收购、调拨计划任务的完成。

调整农副产品采购政策。果品收购实行一定的"购留比例"，如荔枝、柑橘，一般集中产区留果量15%～20%，分散产区20%～25%。实行粮果挂钩"一边挂"，一般以同一土地上的产果量和产粮量的比例，作为挂钩标准，即完不成水果交售任务的，应按标准，多售粮食；但超额完成水果交售任务的，不能以果抵粮。1965年，县国营商业部门果品收购43万元，比1956年增长1.4倍。同年，县供销系统收购荔枝177.9万公斤，比1962年增长4.5倍。

生猪、禽、蛋收购一般“实行任务一年一定、上调全年包干、内销自行安排”政策。1965 年，全县收购生猪 6.58 万头、家禽 17.57 万羽、鲜蛋 22.13 万公斤，分别比 1962 年增长 2.5 倍、2.6 倍和 5.8 倍。

五、调整工业和支援农业

1962 年，县委贯彻中央《关于国营工业工作条例（草案）》（简称“工业七十条”）精神，调整工业结构，突出“保”“压”两个字。“保”：轻工业重点巩固、提高以本县农副产品为原料的地方国营食品制造加工企业的 2 家青果加工厂、4 家半机制糖厂、3 家油厂、3 家碾米厂和面粉厂、酒厂等，鼓励发展传统手工业和家庭作坊，大力发展竹、木、草、藤的制作加工。重工业重点扶持壮大地方国营农械厂、造船厂和发电厂。1964 年，创办国营化肥厂。“压”：对 1958 年以来，一哄而上、遍地开花的“三土厂”（土炼铁厂、土化肥厂、土农药厂，均属重工业行业），予以压缩，把工业生产和基本建设指标降到切实可行、留有余地的水平上。同时，压缩“大跃进”中从农村招收的固定工、临时工和节季工，动员他们返回农村参加农业生产，充实农业一线劳动力。

在工业调整过程中，工业系统职工广泛开展“增产节约”运动，普遍实行“五定”“五保”的做法。“五定”：定生产规模和产品方案，定机构和人员，定消耗定额和原辅材料供应，定固定资产和流动资金，定协作挂钩关系。“五保”：保证产品品种、数量、质量，保证工资总额，保证成本计划，保证上缴利润，保证设备使用期限。通过加强经济核算，改善经营管理，提高企业的经济效益。1962 年，全县投入生产的 16 家企业中，有 9 家企业盈利，盈利额 26.91 万元；亏损企业 7 家，亏损额 5.18 万元。县印刷厂“减员增产”尤为突出，全厂 52 名职工，精简 12 名，但生产扩大，劳动生产率上升，全年实现工业总产值 23.31 万元，接近 1961 年的水平，上缴利润 32.34 万元，比 1961 年提高 52.67 个百分点。

工业战线通过技术革新，改进生产工艺和生产设备，创新产品，提高质量，扩大销路。1964 年 8 月，纸簿厂（后改称“文日厂”）生产的蜡烛、神香首次出口新加坡等地。1965 年,蜜饯厂首次出口蜜饯产品 443 吨。是年,全县完成工业总产值 1053.27 万元,比 1962 年增长 26.9%。

六、调整商业体制及购销政策

1961 年 9 月,县委根据中央《关于改进商业工作的若干规定(试行草案)》,开始调整商业体制,把“大跃进”中并入国营商业或上升为全民所有制的集体商业,如供销社和合作商店、合作小组,恢复还原集体所有制性质。支持小商小贩从全民所有制企业中划出,组织合作商店或合作小组,分别实行独立核算、自负盈亏和分散经营、各计盈亏。调动职工的积极性,恢复送货上门、夜间销售、流动服务、方便生产、方便群众的优良传统。

商业体制调整后,商业、供销部门积极调整经营方式,联结当地社、队、企业和农户,建立农副产品商品生产基地,增加农副产品采购货源;在完成国家收购、上调任务的同时,积极开展政策允许下的自营业务,扩大议购议销;于驻地及集镇增设百货、副食品等生活资料专柜或门市部,增加集市摆摊设点、边远地区购销网点;举办中小型工业展销会和物资交流会。纠正以“大购大销”搞“一平二调”、高指标、高征购,损害群众利益等“左”的倾向。遵守市场规则,商品按质论价、明码标价,交易公平公道,保护消费者和经营者的合法权益。

1965 年,商业部门农副产品收购总额、社会商品零售总额,分别比 1962 年增长 2.7 倍和 17.73%。

七、精简职工和城镇人口

1961 年,县委贯彻中央《关于减少城镇人口和压缩粮食销量的九条办法》,实行精简政策。当年,精简教育系统教职工 158 人,高、中、小学毕业生 1911 人,城区闲散劳动力 2807 人,合计 4876 人。1962 年又精简全民所有制职工 2959 人。1964—1965 年,动员城区知识青年和社会青年上山下乡 139 人。1961—1965 年,共精简压缩城区人口 7974 人。这些人到农村参加农业生产,既减轻财政负担、减少商品粮供应,又促进社会劳动力的合理流动,充实农业一线劳动力,对改善城乡关系,调整国民经济比例关系,都发挥了重要的作用。

八、调整社会事业规模、布局

1961 年起,县委根据教育部关于全日制中学、全日制小学《工作条例》(草案)精神,压缩"大跃进"期间创办的一批形同虚设的民办小学、技术学校和业余大学,集中力量增办普通中学和小学,加强师资引进和培训,加强学校管理,提高教育教学质量,全县学校教育秩序逐渐进入轨道。到 1965 年,全县普通中学 9 所,小学 289 所。

卫生事业根据卫生部《关于全国卫生事业机构调整精简的意见(草案)》,调整卫生机构规模和布局,建立健全县、公社、大队三级医疗机构,增加医疗设备,开展群众性爱国卫生运动,灭瘟疫,控制流行性传染病。1965 年,增办县医院霞葛分院。是年,全县卫生机构 98 个,病床位 221 张,卫生技术人员 561 人。

文化事业在贯彻落实"八字方针"的过程中,加强文化市场管理,取缔黄色书刊和封建迷信书籍出版,组织文化用品下乡,满足农村群众文化需求。1965 年,全县文化事业机构 15 个,电影放映单位 6 个,其中电影院 1 个、剧场 1 个、电影放映队 4 个、剧团(艺术表演团)2 个、文化馆(站)6 个、图书馆 1 个。

第十章　改造河山　整治家园

第一节　影响深远的“太平之风”

一、学太平，全县开发万宝山

1959年，太平公社响应县委关于“苦战三年，实现大地园林化”的号召，凭着改变山区贫穷落后的决心和创业精神，使用简陋的生产工具，开展你追我赶、热火朝天的劳动竞赛，开荒2.5万亩，种果1.58万亩，栽竹0.61万亩，造林1.61万亩，种油茶2.27万亩，合计6.38万亩，创造了“一年治山超百年”的伟大业绩。同时，各大队采用提早插秧、农忙小干、农闲大干和组织专业与全民突击相结合的办法，解决了农业生产与向山发展的矛盾，获得粮食与林果双丰收。1959年粮食亩产1065斤，比1958年增产29％，总产增产28.8％。

中共诏安县委对太平公社这一创举极为重视，给予很高的评价，认为这是农林并举高速度发展生产的道路，是壮大集体经济，帮助穷队赶上富队，进一步巩固发展人民公社的重要措施。1959年12月，县委召开千人誓师大会，要求各社队“学太平、赶太平、超太平，鼓足冲天劲，向山大发展，征服自然界，实现园林化”。

太平公社的经验不但在全县遍地开花结果，而且广大群众在实践中丰富和发展了太平公社的做法。2个月内，官陂、秀篆、太平公社分别在下山、岭山、景坑山搞万人大会战，接着，四都公社开垦梅洲山，桥东公社开发凤山岭，城关公社垦殖良峰山，深桥公社进军分

1960 年 2 月,《福建日报》以 4 个版面集中介绍太平公社开发万宝山经验

水关,西潭公社主攻牛仔岭,全县掀起了开发荒山造林种果的高潮。官陂、秀篆在实行荒山梯田化、梯田规格化和举办林果场方面,后来居上。县委从林果场的举办获得启发,在接下来的 4 个月,全县掀起大办社营"五场"(农场、林果场、畜牧场、水产养殖场、工厂)运动。1960 年,诏安造林种果 22.05 万亩,创办社办"五场"125 个。

二、大兴"太平之风"

1959 年 11 月,县委报告《一年治山超百年——记太平公社开发万宝山的英雄事迹》呈送龙溪地委、福建省委后,引起省委、地委高度重视。1960 年 1 月,省委第一书记叶飞撰文指出:诏安县太平公社开发万宝山的好经验应该在全省迅速推广。2 月上旬,叶飞到诏安太平视察,赞扬太平公社高速开发万宝山是一种可贵的革命作风,并称之为"太平之风"。不久,省委号召全省"大兴太平之风"。2 月 19 日,龙溪地委作出《关于开展学习诏安太平公社发展山区经济的领导作风的决定》。

《福建日报》在 2 月 7 日头版刊登诏安县委的报道《公社带来百业兴,英雄大造万亩林,太平公社荒山变成万宝山》,并配发《社社办林场,开发万宝山》的社论。从 2 月上旬起,许多县、市组织前来参观太平万宝山,诏安半个月接待 2500 多人。1960 年春天,在"学太平、赶太平、超太平"的热潮中,全省发动 300 多万人次上山,开荒修梯田 400.05 万亩，造林面积达 1699.95 万亩。

之后，福建同全国一样，进入国民经济调整时期。在此情况下，诏安县仍然重视开发万宝山的成果，支持维护太平的做法，继续以发展山区经济促进农业生产的全面发展。至 1964 年初，万宝山已开垦种植杉、松、桉等 1.32 万亩；种植花竹 1.6 万亩；油茶、油桐1.53 万亩；凤梨、柑橘、柿梨、李子等果树 1.18 万亩。太平公社从万宝山收获了 2.5 万担竹子、木柴，9.8 万担水果；1.3 万担杂粮，4600 多担花生、黄麻、薯榔、巴豆、鱼藤、生姜等作物，总产值逾 153 万元。其中由万宝山收入中投资于农业生产的资金逾 52 万元。县内其他社场，亦从中收益。

不久，诏安和全国一样进入"瓜菜代"的国民经济困难时期。1960 年下半年，中央作出"大办农业，大办粮食"的指示，各地狠抓粮食生产，向山发展问题被暂时搁置下来。

三、再兴"太平之风"

1964 年春天，福建省委在全省农业先进代表会上提出"重兴太平之风"。6 月 27 日，《福建日报》刊登太平公社党委《坚持开发万宝山，林果遍地五业兴》的文章。翌年 3 月 1 日，该报又报道《太平社万宝山大献万宝》。省委书记叶飞于 4 月两次到太平公社视察，号召全省要继续"走音西之路，兴太平之风"，八闽大地掀起"学大寨、学音西、学太平"的群众运动。

之后数月，诏安各社场集中大批劳力开发山地 1.16 万亩、围垦海滩 0.60 万亩、兴修水利 700 多处。1966 年 4 月，诏安县委又发出学习新营、外凤、上营、后陈、五通 5 个大队的通知。指出：新营大队坚持开发万宝山，由贫穷走上共同富裕的道路；外凤大队以彻底革命的精神，全面平整改造了低产咸埭田；上营大队在瘦沙园上闹革命，使低产薄收的农地走向稳产高产；后陈大队坚持革命种田、科学种田，实现高产再高产；五通大队长革命志气，征服秃头山的水土流失。并进一步号召全县人民以 5 个大队为榜样，发扬大寨精神，大兴太平之风，广泛开展治山治水和农田建设的群众运动。

“文化大革命”期间,“太平之风”被当作叶飞的“黑样板”受到批判。1976年“四人帮”垮台后,省、地、县派联合调查组到太平公社调查,于1978年4月为“太平之风”恢复名誉。党的十一届三中全会后,太平乡再掀开发万宝山热潮,建成青梅、柿子、橄榄、龙眼、荔枝、香蕉和八仙茶7大果茶基地和14个村级水果市场。1993年,太平镇水果总产量1000万公斤,茶叶31.6万公斤。

“太平之风”为诏安写下一段农业发展的辉煌历史,也为后人留下了值得珍惜的精神、物质财富。

第二节　抗击风水旱灾害

一、主要自然灾害

诏安的自然灾害主要有水灾、旱灾、台风、寒害和水土流失等,给诏安经济和社会发展造成不同程度损失。

1950—1978年,诏安县遭受台风侵袭12次,暴雨成灾21次,共造成田地和农作物受淹71.8万亩,堤岸、渠道、水陂、山塘、小型水库冲损20810处,毁坏房屋36944间,冲毁道路145处,桥梁69座,毁船605艘,死57人,伤91人。

28年间,诏安县遭受旱灾12次,据不完全统计,共造成受旱田地36.33万亩,农地7.13万亩,粮食损失2484万公斤。

二、抗击风水灾

1950—1978年,在诏安县遭受水灾时,县委、县政府皆及时组织全县干部、群众开展抗灾斗争,组织抢修公路、通讯等水毁设施,进行生产自救、重建家园工作。省、地亦派干部和医护人员赶赴诏安灾区安置灾民,拨出大米、救济款及救灾物资。

1960年6月9日,6001号台风从广东登陆后横扫诏安全境,狂风暴雨持续9个小时,风力10～11级,秀篆降雨量418毫米,官陂

357.8毫米，城关330毫米。山洪大暴发，东溪水位高达6.82米。全县农田受淹11.6万亩，溪堤坍塌438处、毁房4983间、船损67艘、死亡24人，其中西潭后溪临时渡船沉没，死22人、伤55人。洪水涌入县委、县政府大院和中山公园，东西溪防洪堤多处冲毁，城关附近被淹村庄94个，为中华人民共和国成立后诏安一次最大洪水。

县、乡两级抗洪指挥部共组织104支抢险队、80支巡逻队，驻诏部队全体指战员和2万多名民工投入东西溪抗洪抢险。全县共投入抗洪斗争80155人，抢修决口溪堤5处、海堤36处、水库69处、山塘96处、沟渠356处。动员7723人转移，安置1387户灾民，拨出大米18593公斤、蔬菜11891公斤、柴草58万多公斤、木炭19779公斤及副食品，解决4044户灾民生活。省、地区筹集大批救灾物资支援诏安。洪水退后，县委县政府安置灾区群众，抢修水利设施、公路、桥梁及通信设备，修复倒房，开展生产自救。

三、抗击旱灾

1950—1978年，县委县政府带领全县人民在抗击旱灾斗争中，自力更生，艰苦奋斗，不屈不挠，最大限度减少旱灾带来的损失。其中，最严峻、最艰苦的一次是1963年的抗旱斗争。

1962年10月15日至1963年6月10日，全县降雨量比常年减少80％～90％，出现冬、春、夏3季连旱，东溪断流2个多月。1963年4月，全县20个库容10万立方米以上水库全部干涸，1万多个塘、堀、井大都泉断水枯，地面水几乎枯竭。全县8万亩田地受旱，8万多人按人配水。灾情之重，超过诏安1903—1955年历次大旱灾。

省政府派地质队到诏安勘察水源，调拨60台抽水机，发放贷款67万元、无偿投资19万元、救济粮236万斤、救济款2.5万元，其中拨款9万元建成赤水溪抽水机站，灌溉深桥公社田地1000多亩。全县抽水机从34台增加到106台1412千瓦，机械灌溉面积2万多亩；新挖井、堀1.6万口，清理旧井、堀近万口。用“蚂蚁啃骨头”办法，维持9万多亩田地的灌溉，涌现许多找水、送水和让水的动人事迹。

1963年5月，全县两次出动8000多人，在东溪中挖1条长10公里的大沙沟，汲水灌溉两岸万亩田地。东湖公社5次破溪坝让水100多万立方米给深桥、城关、桥东、溪南、含英灌溉万亩田地。太平、大布和建设农场让水给白石、华表、深桥和溪南，出现“百里送水”的动人场面。

1963年下半年，抗旱斗争取得丰硕成果。是年，全县早稻总产1692.5万公斤，完成原计划的61.8%；花生收成4.26万担，完成原计划的45%，晚季又取得大丰收，1963年全县粮食总产量144.48万多担，虽然比1962年减产5.3%，但是，全县保持群众生活、市场物价和社会治安的稳定，出现“旱天不旱地，旱灾不旱市”的奇迹。

第三节　基础设施建设

一、水利水电工程建设

1950年，全县没有一座蓄水量在10万立方米及以上的水库，更没有一座可供电力的水电站。仅有的20座堰坝由于年久失修，渐失效力以致报废。解放后，历届县委、县政府都重视水利水电建设。“大跃进”和“文化大革命”期间，各级党政领导民众克服物质条件匮乏、工具简陋和缺少资金等困难，筑大坝、开水渠、建电站，组织一次次水利水电工程大会战。

水库工程：1956年，全县建成乌石底水库、屏山水库、斗山岩水库，这3座小(二)型水库(库容10万～99万立方米)，总库容量58.3万立方米。1957年又建成6座，以后逐年按计划新建和修复。至20世纪末，全县共修建小(二)型水库31座，总库容量1014.2万立方米，总灌溉面积1.4万亩。1957—1978年，全县建成丁寮水库、水吼水库、红坑水库、梅洲水库、四都水库、双田水库、古关水库、雄鸡水库、赤竹坪水库、榕城水库、屏山水库，这11座小(一)型水库(库容100万～1000万立方米)，总库容量2860万立方米，总灌溉面积

4.6万亩。至1978年,诏安县建成亚湖水库、岭下溪水库2座中型水库(库容大于或等于1000万立方米)。亚湖水库于1967年1月动工,1972年7月建成,总库容3850万立方米,总灌溉面积6万亩;岭下溪水库于1976年动工兴建,1980年建成,总库容1690万立方米,保灌面积3万亩,可供马头和梅花电站发电用水。

亚湖水库

引水工程:1950—1978年,全县修建青天渠道、英坑渠道、彩向阳渠道、马头岭渠道4条中小型引水渠道,总灌溉面积1.9万亩。同时,建成三姑娘渠道、梅花引水渠2条大型引水渠道。三姑娘渠道于1958年1月动工,同年8月建成,68个建制村受益,灌溉面积10.3万亩;梅花引水渠于1975年12月动工,1981年5月建成,供梅花水电站发电,余水引入亚湖水库,灌溉面积4万亩。

堤防工程:1950—1978年,全县建成港口渡堵港工程和东、西溪防洪堤2个主要堤防工程。港口渡堵港工程于1956年3月动工,1957年3月建成。址在四都镇港口村,堤长780米,高10.5米,顶宽8～9米,蓄水1000万立方米,左右干渠总长5.8公里,总灌溉面积1.45万亩。围垦面积1.1万亩,其中农田7500亩,水产养殖2000亩。工程总投入50万工日,总投资53万元。东、西溪防洪堤于1959年12月动工,1964年4月建成。该堤包括赤水溪、浒溪、城关和西溪共16个堤段,总长68公里,工程总投入467万工日,总投资554万元,其中国家补助539万元。

四都港口堵港工程纪念碑

水电工程：1950—1979年，全县建成水电站6座：马头水电站、河口塔水电站、湖内二级水电站、新营水电站、赤竹坪水电站、河口水电站总装机3480千瓦。其中马头水电站于1986年扩大为装机700千瓦，并向城关变电站送电。

二、交通设施建设

公路建设：1950年，中南军政委员会协助诏安县修建国道龙诏线（龙溪县—诏安县），1950年8月开工，1953年3月竣工，全长176公里。“大跃进”和“农业学大寨”时期，诏安以“民工建勤”（县负责工具、膳食和医疗费，公社派工）和“民办公助”（群众投资投工，县派员指导和拨部分资金）等方式，用简陋工具开出许多条乡村公路。1952—1978年，全县建成县道4条，总长101公里，沿海、平原、山区连成交通网络。其中：诏平线，从诏安至平和，全长55.4公里；霞秀线，从霞葛至秀篆，全长20.5公里；下宫线，从下寮至宫口，全长13公里；城铁线，从县城至铁湖港，全长12.1公里。至1979年，国道龙分公路逐年进行改造，路况不断改善。除国、省道全部由政府投资外，县、乡道建设仍采用“民工建勤”、“民办公助”和“以工代赈”等办法修建。

桥梁建设：1950—1978年，全县修复建成桥梁7座，分别是通济桥、四都桥、虎蹄桥、梅洲桥、虎跳溪桥、秀篆桥、霞葛桥等，总长500.39米。

码头建设：1969年2月，兴建150吨级趸船码头1座，长27.5米，宽6米，趸船面积165平方米，钢架引桥长10米，宽4米，码头石堤长80米，宽10米，1972年竣工投入使用。

三、邮电设施建设

中华人民共和国成立后，修建诏安—云霄长途电话线路。1954年开通诏安直达漳州话路，同时开办长途电话业务。1952年，市话总机50门，市内用户23户。1960年，长途电话有诏安—漳州、诏安—云霄（有2路）、诏安—漳浦、诏安—黄岗共5路，主要供机关和国营企业单位通话。1977年，长途电话增至9路。

邮政事业也不断发展。1953年8月，开办国内航空邮件。1960年8月1日，开办国内特种挂号信函业务。1978年后，信件业务量上升，设备逐步更新。

第四节　扶持老区脱困

中华人民共和国成立之初，诏安广大民众的生活非常贫困。山区、半山区多为土墙围楼，通风采光条件差；沿海、平原地区为三合土墙或乱石砌墙，房屋矮小，全县还有为数不少的无房、缺房户。贫困农民穿着补丁加补丁的破衣服，不少农户冬天无棉衣、夏天无蚊帐，不少人赤脚或着草鞋。沿海、山区以甘薯为主粮，难得吃顿大米饭，多数农户缺粮。而革命基点村，由于自然环境差，战争年代又饱受国民党摧残，更加贫困。因此，帮助民众摆脱困境，成为各级党政的要务。

一、帮助老区人民重建家园

诏安刚解放时，县内老区基点村一片荒凉景象，到处是断壁残墙，那些勉强可住的房屋也是破烂不堪。

1952 年，省政府主席张鼎丞要求将扶助基点村人民重建家园作为各级政府第一位的工作任务。诏安县政府通过细致调查，汇总数字，再经认真审查，按“可修建可不修建的不修建，可推迟则推迟”原则，如实上报。在此基础上，专署制定了老区修建房屋 5 年计划。诏安获准修理的房屋为 460 户 1500 间；新建的房屋为 750 户 823 间。

诏安采取群众自主修建、政府予以帮助等办法，开展扶持老区群众“重建家园”的工作。从 1953 年到 1957 年，按专署制定的计划，分年度实施。其间的 1955 年，政府又给 166 户漏报户修建房屋 278 间。

20 世纪 60 年代初，诏安有 30 多户漏报的老军烈属、老接头户住房修建问题，通过政府补助得以解决。80 年代初，诏安老基点村 240 间的修建，得到最后解决。

二、帮助老区人民恢复生产

1952 年起，党和政府为帮助老区人民恢复生产，首先从减免公粮负担做起，根据华东军政委员会颁布的《农业生产歉收减免暂行条例》，龙溪专署制定了老区粮食征收减免细则：凡因水、旱、虫、雹及其他灾害致农作物歉收的，应予减免；受灾 6 成以上者，按成数减免，七成以上全免。

革命基点村因被敌人摧残破坏，分 3 种情况减免：第一类型户，为房屋烧光，家庭物资被抢，家具耕牛等损失严重，致田园荒芜，劳力减少，生产尚无力恢复及大部分尚未恢复者，全免；第二类型户，为房屋被烧，家具物资耕牛农具等遭受损失，仍有劳力，但尚无力恢复，或大部分未恢复者，折半减免；第三类型户，因长期支持革命而受敌人摧残抢掠，以致物资损失一部分，尚未全部恢复元气者，减征三成。据1952年统计，诏安减免24个乡，其中全免的66个村676户2622人，全免公粮78980公斤；减免三成至八成的65个村2086户7996人，全免公粮337078公斤。一般游击区因时间较短，贡献相对较小，因此只给政治上待遇，没予公粮减免。

公粮减免对老区人民恢复生产帮助很大，如诏安隔石乡群众把减征的谷子1.4万公斤存入合作社，换购肥料2550公斤，买耕牛4头，养猪20头，添置农具80件，有力促进了该乡的农业生产。

其次，就是直接划拨生产建设补助金，或拨给生产资料，支持老区群众添置生产工具，进行农业基本建设。这项补助从1952年开始，进行数年，使诏安绝大多数老区乡村，农业生产已较大幅度超过解放前的水平。

三、清偿革命年代借粮借款

在革命战争年代，由于敌人的经济封锁，革命根据地经常处于缺衣少粮、缺医少药的状态。其解决办法，主要是开辟生产基地自救，没收土豪劣绅的钱粮，还有就是向村族、群众借钱借粮。革命胜利后，从1950年开始兑现当年粮款的清偿，但规定地主、富农一律不偿还；中农一般不归还。真正大规模清偿是在1952年国民经济基本恢复之后。由于清偿得寻找当年经手的人和地方党组织，难度很大，诏安这项工作到1954年才基本完成。同时完成的，还有兑换苏区票的工作。

四、优抚老区军烈属

中华人民共和国成立初期，党和政府对军烈属中的许多困难没法解决，导致有的人流落外乡沿街讨饭，有的人到儿子所在部队要人回家种地。因此，引起中央的注意。1951年4月派出中央南方革命老根据地慰问团到龙溪地区各老区县慰问。从是年起，诏安经过摸底,全县共有 423 户 1302 人。各项对军烈属的优抚工作,如发放慰问金、救济粮、代耕、优待劳动日、帮劳力缺乏烈军属打理家务等,便提上了工作议程,每年均有进行。1963 年,优待军烈属 1161 户 5233 人,平均每户 450 个工天,并拨出慰问款共 1 万元。

第十一章　经历动乱　徘徊前进

第一节　“社教”延及“文革”

诏安的社会主义教育运动(简称“社教”),从1963年2月中央决定在全国普遍发动,到1966年12月,社教按中央指示纳入“文化大革命”,前后经历3年多。这场社教运动,对制止干部多吃多占、强迫命令、欺压群众等官僚作风,打击贪污盗窃、封建迷信等歪风,全面清理农村社队经营管理存在的问题,确实起到一定的正面作用。但在“左”的思想指导下,从前期“小四清”的“以阶级斗争为纲”,到后期“大四清”定性为“社会主义和资本主义的矛盾”,提出“党内走资本主义道路当权派”的概念,又使其成了“文化大革命”的先声和预演。

一、点面结合的“小四清”

1962年2月,中共中央工作会议决定在全国进行社会主义教育运动,运动以抓阶级斗争为中心,在社队清账目、清财产、清仓库、清工分(又称“小四清”)。1963年5月和9月,中共中央先后出台《关于目前农村工作中若干问题的决定(草案)》(简称“前十条”)和《关于农村社会主义教育运动中一些具体政策的规定(草案)》(简称“后十条”)。

诏安按照省委的部署,安排“先展开面上的社会主义教育运动,面上运动基本结束,再分期分批展开点上的社会主义教育运动”。

1963年2月,逐级成立农村社会主义教育领导小组,全县在大造声势的基础上大搞生产。截至7月,除秀篆、西山外,共有5228名基层干部经过训练、整顿。一番准备之后,1964年1月县委召开县、区、公社(农场)、大队和生产队五级干部大会,部署开展农村面上社教,参会7000多人。大会学习"双十条"文件,提出要进一步揭开农业生产斗争、阶级斗争和两条道路斗争的"三个盖子"。到会大队党支书、大队长都检查交代问题,生产队干部和社员代表69%进行"洗手洗澡"。

会后,工作组进村入户,讲明"农业六十条"政策不变、小私有政策不变、征购政策不变等,随后发动群众学习文件,请"三老"(老红军、老赤卫队员、老贫农)讲"三史"(斗争史、村史、家史),揭开"三个盖子"。最后,根据"说服教育,洗手洗澡,轻装上阵,团结对敌"的十六字方针,帮助干部查清经济问题。

通过面上社会主义教育,全县形势发生大变化。生产上,多数社队开展"比学赶帮超"活动,全县有368个先进队帮115个后进队,1078名先进社员带1082名后进社员。各地纷纷开展水土保持、改造低产田、兴修水利等基本建设。思想上,"千拳归一路,人心向集体",社员加强国家和集体观念。全县有1288个生产队处理乱开荒问题,有的把多分土地、果地、山林、果树归还集体。社员群众学文化讲政治成为时尚,农村办起书报俱乐部113个、民校600多班。各地社会秩序井然,基本上煞住歪风。

1964年5月,县委在桥东公社开展第一批点上社教运动。工作组入村,边抓生产边发动群众、组织贫下中农阶级队伍揭开"四不清"盖子。同时,公社党委召开三级干部会,一方面启发大队、生产队干部主动交代"四清"问题;另一方面采取群众性核对与专业小组清理相结合,先集体后个人,先账内后账外,把各种收、支、存、欠查清,逐条公布,并妥善处理退赔问题。最后贯彻落实按照"农业六十条"政策。9月下旬,因县社教工作队奉命赴南安水头和惠安崇武等地开展社教,全县点上社教运动中止。

二、“大四清”纳入“文化大革命”

1965年1月，中共中央发出《农村社会主义教育运动中目前提出的一些问题》（即“二十三条”）。文件规定，今后“四清”内容改为清政治、清经济、清组织、清思想（又称“大四清”）。这次运动的重点，是整党内那些“走资本主义道路的当权派”，进一步巩固和发展城乡社会主义的阵地。

是月中旬，县委召开有3841人参加的贫下中农代表大会，传达“二十三条”，成立贫下中农代表协会筹备委员会，组织参观“阶级斗争展览馆”，发动贫下中农代表大揭发、大检查、大退赔，帮助干部“洗手洗澡”、放下包袱，解决“四不清”问题。至6月15日，全县169个大队开展经济退赔，占79.6%，其中63个队全部落实；36个大队1416名干部站队，解放1342人，这些人原检查46683元，落实28919元。

1965年9月1日，诏安列为全省21个社教运动重点县之一。1966年5月15日，龙溪地委副书记、社教团团长董有伦率地区社教总团进驻诏安，开展点上社教。21日，召开县直机关干部职工大会，之后，县委、县人委领导带头作检查、放包袱，县直机关进驻工作队，组织干部大鸣大放、大字报，互相揭发，人人“过关”，在干部中划分类型，对重点对象组织专案。5月下旬，贯彻中共中央“五一六通知”，县成立“文化大革命领导小组”，“四清”运动纳入“文化大革命”。

9月15日，由外地2000多人组成的社教工作队入诏，各社（场）设社教分团，各大队（街道、作业区）派驻社教队，开展“大四清”。运动分3个阶段进行。第一阶段，召开两委会、支部大会、积干会、群众大会，宣讲“二十三条”和县贫代会精神，刷新布置“红海洋”，开展“学毛著、做好事”活动。第二阶段，发动群众掀起大鸣、大放、大字报热潮，揭开阶级斗争和两条道路斗争盖子。第三阶段，组织贫下中农对大队、生产队账目进行清理，揭发贪污挪用等问题，并进行退赔；对问题性质较为严重的，帮助改正错误。

12月,中共中央发布《关于农村无产阶级文化大革命的指示》,提出由群众自己教育自己、自己解放自己。是月31日,龙溪地委通知驻诏社教工作队全部撤离。县委分别成立城镇、农村"文化大革命"办公室。

第二节　红卫兵运动

一、从"六一五"事件到"全面夺权"

1966年5月,县举办中小学老师训练班,以大鸣大放、大字报开展大揭发、大批判。同时,组织工作队进入诏安第一中学。6月8日,诏安一中校园内出现《陈源的资产阶级教育路线应当批判》的大字报,10日,县委派工作组进驻该校。6月15日下午,诏安一中保校长陈源的高年级学生与工作组发生争执,数百名情绪激昂的学生高喊口号,走出校门直奔县委机关请愿,要求"改组工作组"。地委社教团和县委领导说服了5位学生代表,学生队伍离开。

8月下旬,诏安一中两派师生分别成立"红卫兵团"和"红卫兵大队",其他中小学也成立红卫兵、红小兵组织,开始"停课闹革命"。师生和工人等纷纷走上社会,除菩萨,毁神庙,烧旧册,大破"四旧"(旧思想、旧文化、旧风俗、旧习惯)。

9月中旬,根据中央通知精神,许多中学师生分批组织上北京等地搞"大串连"。县设立红卫兵大串连接待站,免费为外地红卫兵提供食宿和生活补贴,持续2个月。

二、从"一二一九"事件到组建"联司""新诏"

1966年12月16日凌晨,"红卫兵大队"数百名学生涌入县委机关,驻扎机关食堂,轮番找县领导辩论,要求县委重新检讨。12月19日,上千名工农群众进入县委机关,驱赶"红卫兵大队"学生。

1967年1月19日,造反派把一些县党政及部门、单位的领导当作“党内走资本主义道路的当权派”，挂大牌、戴高帽揪斗游街。22日，诏安一中“红卫兵大队”等9个造反派组织联合成立“诏安县毛泽东思想革命造反联合司令部”（简称“联司”）。24日，联司组织队伍到县委、人委机关实施“全面夺权”，收取印章，宣布县委、人委等一批领导干部“靠边站”。

2月3日，县人武部、驻诏部队二营、县中队指战员和一些群众组织成员300多人，围捕“老区人民反修战斗团”10名成员，并挂牌游街，数天后释放。

16日，诏安一中“红卫兵团”等群众组织联合成立“新诏安公社红色造反者联合委员会”（简称“新诏”）。全县形成“联司”和“新诏”两大派组织，双方开展大论战。

3月29日，经龙溪军分区、地区公安处批准，县人武部、公安局与新诏强行关闭联司办公场所，收缴所有印章，并抓捕其骨干成员16人，联司与新诏矛盾进一步激化，发展为互扔砖块、石头的派性武斗。21—24日，两大派各调集农民进城，挑起大规模武斗，多人受伤，诏安社会局势动荡混乱。

三、从“八五”武斗到“复课闹革命”

1967年7月29日，联司某组织冲击县人武部武器仓库，抢夺战备物资和钱物，又于31日发动老区群众1000多人携带武器，以参加“老区代表会”为名进城待命；新诏也调动沿海民兵进城。县军管会和支左部队部分撤离诏安，县城陷入极度混乱状态。

8月3日，联司武装队伍向驻守城关五街的新诏茅峰战斗队发起攻击，双方激战，死亡6人，伤多人。8月5日凌晨5时，新诏武装队伍向据守良峰山和诏安一中的联司发起强攻，经过约4个小时交战，联司队伍撤退，新诏乘胜追击，第6天后全面控制城关。武斗中双方死亡17人、伤多人，有200多名联司成员被抓获关押于文庙。诏安一中百花楼、图书馆和实验室在混战中被烧毁，花纱布公司大楼被人纵火焚烧。

1968年3月5日，县军管会举办学习班，按“三结合”方针协商酝酿县革委会成员名单。联司下属组织“文攻武卫”贴标语攻击学习班，协商受阻。

3月30日，联司造反派群众组织在县影剧院召开批斗大会。批斗会前后，造反派一伙暴徒在县看守所打死县委原副书记何瑶波，并毒打原县委书记罗全贵、副书记刘锡平、县人武部政委李吉如、副县长解志成、县公安局副局长李成修、银行干部叶炳坤等人，酿成骇人听闻的“3·30惨案”。

6月14日上午，“文攻武卫”组织冲入新成立的县革命委员会，砸坏革委会牌匾，绑架县革委会主任张荣华达73天。联司公开分裂成“文攻武卫”和“69主力军”两派组织。8月中下旬，根据8月15日周总理接见福建毛泽东思想学习班学员时的指示，“文攻武卫”组织者被拘捕。

10月中旬，中小学实行“复课闹革命”，各校由干部、师生、工农代表组成复课闹革命大联委或领导小组，管理学校一切工作，红卫兵停止活动。

第三节　军管建政与整党建党

一、军管与建政

1967年5月初，县委、县人委机关陷于瘫痪。不久，诏安两大派群众组织各调集农民进城，挑起大规模武斗。为了扭转诏安社会动荡混乱局势，福州军区于25日宣布对诏安县实行军事管制，成立中国人民解放军诏安县军事管制委员会，由龙溪军分区副政委张荣华任主任，紧急执行“三支两军”(支左、支工、支农、军管、军训)任务，整顿各造反派组织。由于地方派性斗争加剧，军管会一度撤离。9月初，经中央军委批准，福州军区派部队分海陆4路开进诏安县城，支持军管会行使职权，社会秩序逐步恢复正常。

1968年6月5日，空八军党委批准成立诏安县革命委员会，实行党政高度集中的领导体制，成员按“三结合”配置，张荣华任主任。14 日，发生革委会牌匾被砸、主任遭绑架事件，机关被迫移到漳州。9 月 3 日，福州军区再次派部队进入诏安，李枝惠主持县革委会工作，贯彻《关于封存武器，制止武斗的通告》，社会秩序逐步趋于安定。

革命委员会的建制一直延续到 1980 年 11 月，才依据《地方组织法》，改为县人民政府。

二、整党建党

1969 年 6—7 月，县委举办两期整建党学习班，一期半个月。1970 年 9 月 17 日，省革委会党的核心小组批复成立诏安县革委会党的核心小组，履行原县委职能，各社场、系统和单位也加快党组织重建工作。

1971 年，结合“批陈(伯达)整风”运动，全县转入整建党扫尾工作。7 月 1—4 日，中共诏安县第三次代表大会在城关召开，出席党代表 511 名，大会选出中共诏安县第三届委员会。县委与县革委会合署办公，县委书记孙承泽兼任县革委会主任。

至 1971 年底，整建党工作基本结束。全县建立 7 个社场党委和 4 个社场核心小组，党支部 299 个，党员 7283 人，98%以上党员恢复组织生活。

第四节　自上而下的政治运动

一、“斗、批、改”运动

“斗、批、改”即《十六条》中规定的“斗争党内走资本主义道路的当权派”“批判资本主义和修正主义”“改革教育、文艺和上层建筑”。县革委会恢复工作后，便着手开展。1968 年冬至 1969 年春，主要是“清理阶级队伍”，在县直机关和城乡基层，清理“九种人”(地、富、反、坏、右、叛徒、特务、牛鬼蛇神、国民党残渣余孽)。12 月中旬，县革委会在工交、财贸、农林水、文教卫生系统和桥东、四都、城关公社首先开展“清队”运动。随后，派工宣队进驻诏安一中、医院、广播站等单位，再抽调驻诏部队组成军宣队，分别进驻官陂、建设、西潭、四都、红星、太平指导“清队”。

1969 年 3 月 6—15 日，县革委会召开活学活用毛泽东思想先进单位和积极分子代表大会。会后，落实“给出路”政策，纠正“清队”初期的乱批斗行为，一些被划为“走资派”的领导干部重新起用。1970 年 2 月中旬，全县“清队”基本结束，重点审查 1853 人，定案 1088 人，分别给予重新分配工作或下放基层劳动的处理。

由于派性和极左思想指导，在“清队”运动中，一些基层干部和群众因此遭受批斗、游街和搜查，许多无辜党员、干部和群众蒙冤受屈、身陷囹圄，身心受到极大伤害。

二、“一打三反”运动

1970 年 2 月中旬，县革委会组织传达中共中央《关于打击反革命破坏活动的指示》《关于反对铺张浪费的通知》《关于反对贪污盗窃、投机倒把的指示》3 个重要文件，大造“一打三反”舆论，派出整顿渔区工作队进驻沿海 10 个大队，组织贫宣队进驻社直财贸单位指导运动。27 日，县召开宣判大会，判处 5 起现行反革命、2 起贪污盗窃和投机倒把的案犯，造成政治声势。3 月 6 日，县革委会在文庙举办“一打三反”战绩展览会，展出运动成果图片和物品。至 7 月下旬，县财贸系统清洗 92 人，调离 98 人，辞退 93 人，动员过渡人员上山下乡 267 人，内部调整 507 人，并选拔贫宣队员 371 人充实财贸队伍，受到龙溪专区革委会肯定。至年底，沿海地区清查反革命案件 15 起，缴获子弹 14 发、手榴弹 14 枚；清查贪污盗窃 210 人、金额 9800 多元，投机倒把 81 人、牟利 34300 多元；查封一批个体运输船只。

尽管诏安在“一打三反”运动中清查了一批贪污盗窃分子，但运动中制造了许多冤假错案，给人民群众带来不小的创伤和痛苦。

三、“批林整风”运动

1971 年的 6 月、9 月，根据中央《关于把批陈整风运动推向纵深发展的通知》，县核心小组先后举办两期“批陈（伯达）整风”学习班。“9・13 事件”发生后不久，诏安县由“批陈整风”转入“批林（彪）整风”。

11 月 1—20 日，县委组织传达中央转发的《毛主席最近批示的七个重要文件》原文，通报“9・13 事件”和林彪反革命集团反党叛国的罪行。12 月下旬，县委组织传达中央《粉碎林陈反党集团反革命政变的斗争》（材料之一）。1972 年 2 月 2—9 日，县委举办《粉碎林陈反党集团反革命政变的斗争》（材料之二）宣讲员培训班。至 3 月中旬，全县听传达单位 293 个，参加学习批判 213511 人，传达面 96.1％。4—6 月，分三阶段传达中央 12 号文件，听传达 199522 人，受教面 90％。9 月 10 日，传达中央“批林整风”系列文件。

1973 年 4 月 28 日，县、社（场）干部集中开展为期 40 天的路线教育。6 月中旬，教育活动转入农村和基层企事业单位，为期 1 个月。参加单位 255 个，培训骨干 15274 人，其中开展革命大批判 174 个单位 107707 人。全县 101 个大队改选党支部。8 月，中共十大召开，提出“无产阶级专政下继续革命”的理论。

在“批林整风”运动中，按照中央、省委、地委部署，县委一是落实党的干部政策。1972—1973 年，安排大队领导 539 人，恢复被审查干部工作 81 人，提拔一批县、公社领导干部，安排老干部 6 人、退休 2 人，复查被处理干部（包括教师）26 人，收回 11 人（其中教师 7 人），办退职 3 人，预备党员转正 143 人，取消 8 人。二是开展产业整顿。农业“以粮为纲，全面发展”，兴修水利，科学种田；1971 年，县商业进行恢复性调整，全县商业批发总额 3256 万元。财贸系统重发 1965 年在册 638 户个体工商营业执照，并组织 13 个自负盈亏合作小组经营；1972 年，国营工业企业开展“五比”（比产量、比质量、比出勤、比安全、比消耗）社会主义劳动竞赛，全年工业总产值 1136.98 万元。1973 年，工业企业实现扭亏为盈；期间，诏安开展短暂的纠“左”努力，部分落实党的政策，在一定程度上促进全县国民经济与各项社会事业的恢复与发展，但由于不能触及“文化大革命”底线，故形式多于内容，实效不大。

四、“批林批孔”运动

“林彪事件”发生后，毛泽东在1973年的一次谈话中指出，林彪是“尊孔反法”的。江青一伙接过毛泽东的提法，经过密谋策划，于1974年年初发动所谓“批林批孔”，把矛头指向周恩来。1974年1月下旬，县委成立“批林批孔”办公室，并在四都、樟朗大队开展宣传试点。4月6日，县委召开大会布置“批林批孔”运动。8月27日，县委举办历时8天的儒法斗争史讲座，全县广泛宣讲《儒法斗争史提纲》。中共十大要求放在首位的“批林整风”运动转而成了“批林批孔”运动，使“9·13事件”后刚趋于稳定的政治局面和有转机的国民经济再遭严重破坏，因而受到诏安干部群众的消极抵制。

第五节　地方产业状况

一、实行公有制经济模式

“文革”期间，诏安实行的经济形式，为较稳固、单纯的生产资料归劳动者共同占有的形式。在当时限制小私有、割资本主义尾巴、主张实行社会主义公有制经济的形势下，县内主要存在生产资料全民所有制企业和部分劳动群众集体所有制企业。

在农业领域，1965年，全县设4个全民所有制的农场，下分19个作业区；8个集体所有制的人民公社，下分206个生产大队（另有非农的城关公社8个街道）。到1976年，全县设3个农场（西山农场并入桥东人民公社，与大队同级），下分23个作业区；仍设8个人民公社，下分206个生产大队（另有非农的城关公社8个街道）。

在工业领域，1965年，全县全民所有制工业企业18家，集体所有制工业企业 37 家。到 1976 年，全县全民所有制工业企业 21 家，集体所有制工业企业 47 家。

在商业领域，1965 年，全县全民所有制商业企业 6 家，集体所有制商业企业 8 家。到 1976 年，全县全民所有制商业企业 10 家，集体所有制商业企业 12 家。

二、开展农业学大寨运动

从 1964 年 12 月中共中央号召“农业学大寨”，到 1978 年 12 月党的十一届三中全会提出经济体制改革，诏安同全国一样，农业学大寨运动经历了近 15 年。

“文革”初期，由于社会动乱，农业学大寨运动中止。1969 年冬，在县革委会部署下，全县掀起农业学大寨、大搞农田基本建设新高潮。2500 名由各社场平调的劳力，自带工具、伙食、被席，来到重新开工的亚湖水库，参加大坝清基大会战。1972 年 1 月，县委召开农业学大寨动员大会。全县掀起水利建设、积肥的热潮，每天出动劳力 6 万多人；多数社队放宽社员发展家庭副业的限制，农、林、牧、副、渔都有相应的恢复性发展。

1975 年 9 月 29 日，县委在人民体育场召开 3 万人群众大会，传达全国农业学大寨会议精神，提出“苦战两三年，山河重安排，建成大寨县，粮食翻一番”奋斗目标。11 月，全县再掀起农田基本建设、积肥、冬种新高潮。单干工匠 5047 户被纳入集体轨道，各中小学放农忙假半个月，组织师生参加当地秋收冬种。日出勤 16.2 万人，创历史最高水平。官陂公社每天出动 1.5 万人，4 天积肥 60 万担。同时，组织民工“三自带”参加大会战，加快岭下溪水库、梅花引水渠、东坑尾水电站建设。是年，全县农业总产值 5155 万元，比 1974 年增长 12%，粮食总产 117465 吨，比增 17.4%。

1976 年 1 月，县委召开农业学大寨群英会。至 3 月末，全县完成农田基本建设 835 处，平整土地 3.97 万亩，改造低产田 1.27 万亩，农、林、牧、副、渔业有所发展。

1977 年 1 月，诏安县召开四级干部会议，传达贯彻第二次全国农业学大寨会议精神。县委组成普及大寨县工作队，全县掀起农田基本建设、冬春生产新高潮。至年底，全县上场劳力 12.2 万人，动工 403 处，其中县、社重点工程 21 处（水利工程 5 处），完成土石方 160.5 万方。1978 年 5 月，各社场组织劳力 55982 人，山区打响开发“万宝山”战役，沿海社场组织 13955 个劳力大搞围海造田。年底，各社场再次开展农田水利基本建设。

1976 年，全县农业总产值 5114 万元，其中农业产值 4465 万元、林业产值 261 万元、牧业产值 902 万元、渔业产值 261 万元、副业产值 310 万元，总产值比 1965 年增长 1730 万元；社员人均纯收入 51 元，减少 12 元。

通过广泛、深入、持续开展农业学大寨运动，让大寨“自力更生，艰苦奋斗”的精神在丹诏大地开花结果，促进了农业及相关行业的发展。成效主要表现在：

一是加快了水利工程建设。全县集中大量的人力物力，投入水利工程建设。相继完成亚湖水库、四都水库等 15 个水库；湖美、甲洲等 18 个抽水机站；西潭、新春等 3 个排涝站；前江等 5 段海堤，以及众多引水渠道的建设。这些设施投入使用，提升了地方防洪抗旱及蓄水、灌溉能力。至 1978 年，全县旱涝保收、稳产高产田达到 23 万亩。

二是推动了农田基本建设。自 1964 年起，各地采用开排灌沟、平整土地、客土改良等手段，加大了中低产田改造的力度，同时，各社场开展经常性积肥活动并大力开发施用腐殖酸肥源，提高土壤肥力。1965 年开展包括围海造田、改溪造田、开山造田等群众性治山治水工程，当年围垦前江埭 3200 亩，数年后，围垦厢杯埭 1500 亩、西埭 1500 亩，不少大队靠造田扩大种植面积，由缺粮队变成余粮队。至 1976 年，全县完成农田基本建设 835 处，平整土地 39700 多亩，改造低产田 12700 多亩，在建 403 处，其中县、社重点工程 21 处，完成土石方 160.5 万方。

三是提高科学种田水平。全县设置四级农业技术体系，建立试验田、样板田、种子田、丰产片，广泛开展科学试验，使复壮提纯良种、防治病虫害、稻薯间作、单季改双季等良种良法得以推广。加之贯彻“农业八字宪法”(即土、肥、水、种、密、保、管、工),加强田间管理,使稻麦等作物的单位面积产量明显提高。

四是有利农业机械化。从1969年起,农田基本建设逐年积累的成果,直接体现在耕地大面积平整,其中如西潭镇的军寮洋、桥东镇桥东洋都在万亩以上,为农业机械化创造了条件。插秧机、机动脱粒机、收割机、麦田开沟机的使用,基本实现耕作、收获、植保作业的初级机械化,通过“一机多用”,提升农田基本建设、提水灌溉、农副产品加工的机械化水平。至1979年,全县轮式拖拉机104台,比1965年增加89台;手扶拖拉机519台,增加517台,机耕面积6.9万亩。

这场运动的主要问题,一是片面追求“一大二公”,限制小私有,收回社员部分自留地、自留厕,农田基建都实行“三自带”,割“资本主义尾巴”,不准家禽蛋品上市,直接损害社员自身利益。二是片面坚持“以粮为纲”,忽视多种经营。一味发展集体粮食经济,严格限制家庭副业。尽管粮食生产增长较快,但农村经济停滞,物资匮乏,生产效率低下,社员仅维持低生活水平。三是忽视自然规律,搞“人造平原”。农田基建项目一哄而上,山区大搞毁林开荒,沿海盲目围海造田,不同程度破坏生态环境。1975年春,组织全县上万人到官陂公社南陂沙固路开山建造“小平原”1500亩,使沙固路成为全省典型的水土流失重灾区。

三、工业生产

受“文革”初期动乱的影响,诏安工业生产处于半瘫痪状态,企业管理混乱,设备失修,亏损面加大。1970年,全民所有制工业企业虽增至23家,工业总产值却下降为561.91万元;县手联社18家厂社职工1071人,工业产值下降为107.19万元。

1971年起,开展工业学大庆运动,贯彻《鞍钢宪法》,树立“独立自主、自力更生”思想,开展“四好”“五好”竞赛和增产节约、技术革命、综合利用活动。同时,县手联社改计件工资制为固定工资制。

是年，投资兴建日榨500吨甘蔗的国营诏安糖厂，1972年兴建国营水产冷冻厂，1974年国营诏安糖厂建成投产，工业又有所发展。

坚持地方工业为农业服务的方针，不仅继续生产传统农具，而且仿制新型农具。到1971年，仿制成功的新产品有红卫12型小四轮拖拉机，4.5千瓦小型发电机和卷扬机、低压变压器等40多项新产品。

1972年5月，根据全国计划会议关于整顿企业的精神，县革委会加强对工业的领导。各企业普遍开展社会主义劳动竞赛，从抓产品质量入手，建立健全检验制度和设备管理制度，使企业逐步走上正轨。县农械厂成功自制高效钛矿磁选机，产品供不应求，超额完成年度生产计划。出现了铁工厂等一批工业学大庆的先进单位。

1976年，工业企业恢复被"文化大革命"废除的规章制度，建立以品种、销售收入、成本、利润、税金、资金周转天数、劳动生产率等指标为考核内容的岗位责任制，实现扭亏为盈的目标。是年，全县工业总产值1766万元，比1965年增长713万元，主要行业为蜜饯食品、制糖、粮油加工、酿酒、建材、陶瓷、制鞋、造船、制盐、化肥、机械五金、木竹加工、木雕制品、印刷、针织、服装、供电等17个。

四、商业营销

"文化大革命"初期，个体经商受限制，集体商业并入国营商业，集贸市场被封闭，社会商业网点锐减，部分百货凭票供应，五金交电商品供应紧张。猪肉、家禽鲜蛋和蔬菜等供应困难。卷烟批零业务由国营商业和供销社经营，并销售高粱酒、二锅头酒、葡萄酒、荔枝酒等。商品匮乏，服务质量下降。1969年，合作商店、小组从业人员除少数转为国营、集体职工外，其余下放农村。

1971年，全县商业进行恢复性调整，成立县食杂、食品、饮服、医药、日用工业品、生产资料、农产品等服务站。加强计划管理，大部分工业品按计划分配，停止跨省区采购，全县商业批发总额3256万元。翌年，贯彻工商业放开政策，重新发放1965年在册的638户638人的工商营业执照，并组织13个自负盈亏的合作小组在城镇经营，方便城乡居民生活。同时，四都、太平、官陂恢复“三天一圩”的传统集市贸易。

1973 年 3 月，设国营物资供应站和国营农机供应站，同时成立食杂、百货、日用、杂货、竹器、陶瓷、水产、家禽、小猪、饮食、食盐等合作商店、小组，陆续回收安置原精简下放的 294 名人员。1974 年，日榨蔗 500 吨国营诏安糖厂投产，全县蔗糖收购 5045 吨，县内销售 181 吨。同年成立的县燃料公司，专营石油、煤炭业务。

1975 年，全县商品零售总额 3616 万元，比 1965 年增长 1020 万元，主要购销商品，日用工业品类的有针纺织品、日用百货、五金交电；农副产品类的有生猪、家禽、鲜蛋、水果、蔬菜、茶叶；专用商品购销的有蔗糖、海盐、烟、酒；生产资料购销的有金属材料、建筑材料、化工原料、机电设备、油炭燃料。

五、进出口贸易

中华人民共和国成立后，国家统一经营进出口贸易，由县外贸部门向商业、供销、工业、二轻等部门转达龙溪地区专员公署的收购计划；进口商品则由省分配指标或作为出口奖售。

出口农副产品以鲜活、冰冻水产品为大宗，并出口干制品、调味品、种苗、珍珠；蔬菜以出口制罐、速冻蔬菜为大宗，并出口鲜货、脱水、腌制、干制品；水果以蜜饯、果脯出口为大宗，并出口鲜果、干果、罐头等；茶叶以出口县产红碎茶、八仙乌龙茶为大宗，并收购梅占、铁观音等经漳州茶厂加工出口；少数毛织品由香港来料加工后外销；抽纱品有 10 多个花色品种出口；其他出口土特产还有：中草药材 25 种、日用陶瓷器皿和美术工艺品、烛香纸品、土北鸭、良种鸡、生猪、鹅鸭毛、蜂蜜、山羊皮、牛皮、木竹草制品。

由国家统一进口再予下拨物资有三枪牌自行车、梅花手表、派克金笔、收音机、圆珠笔和纸张、尼龙布、化纤布、呢绒布等日用品及化肥、农药、水泥、钢材、铁板等。

第六节　上山下乡

一、知识青年上山下乡

1968 年 12 月底，毛泽东主席作出“知识青年到农村去，接受贫下中农的再教育，很有必要”的指示。翌年，全县动员知青上山下乡 837 人。1973 年 11 月，县委成立知识青年办公室，对应、历届高、初中毕业生进行再动员，组织成批知青上山下乡，并逐步完善知青点建设。

1973 年，县委贯彻全国知青上山下乡工作会议精神，解决了知青吃、用、住、医等方面的一些实际问题。1975 年 3 月，县委出台新规定，应届高中毕业生应到父母所在单位或户口所在地挂钩的社队知青点落户。

至 1978 年，全县共动员、安置知青上山下乡 2319 人（含社会青年），设立亚湖、大老湖、梅峰、外凤、王公寮、樟朗、后埔、深桥、溪南、上寨、埔上、下径、搭桥、汀洋、旧宙、阳山、吉林、塘西、玉楼、石溪、文山、大布、走马、新楼、羊角科、江亩坑、坪路、西山农场等 40 多个知青点。

是年 12 月底，根据《全国知识青年上山下乡工作会议纪要》和《国务院关于知青上山下乡若干问题的试行规定》，全县停止动员知青上山下乡。

二、上山下乡知青生活

广大知青刚下乡，虚心学习耕（翻）、耙、插（播）、锄、排灌、植保、收割、储藏等农技农艺，吃苦耐劳，多赚工分，实现自食其力。1976 年，深桥、西潭、太平、官陂、秀篆等公社知青积极投身“农业学大寨”运动，参加岭下溪水库、亚湖水库、梅花引水渠等水利工程建设，与社员一起风餐露宿，广受称赞。

知青上山下乡第1年，一般达不到标准劳动力的工分档次。由国家供应平价粮油指标。1973年起，每人每月口粮33斤，并参加劳动分配；第2年减半供应，第3年起取消。县按规定拨给知青点住房建设资金，统一供应“三材”指标。

知青白天干农活，晚上组织政治学习或开展文艺活动。1975年，许多知青担任政治夜校教师，组织社员学习党的路线、方针、政策，学习农业科技知识和文化。各知青点业余自编自演文艺节目，为社员表演或参加县、乡文艺会演，成为农村政治文化生活的一支生力军。

1975年10月和1977年8月，县委分别召开全县上山下乡知识青年积极分子代表大会，共表彰知青278人次。知青中有的担任大队党、团支部书记或正、副队长，担任会计、出纳、保管、记工员和广播员，以及民办教师、赤脚医生等，有的还当上县、市人民代表、青年代表和妇女代表，有的被推选出席县、市、省劳模大会。

三、城镇居民上山下乡

1970年“一打三反”运动期间，县革委会把动员城镇居民下乡作为一项重大政治任务。县派出宣传队进驻各街道，举办学习班，开展“革命大批斗”，把所谓“九种人”（地、富、反、坏、右、叛徒、特务、牛鬼蛇神、国民党残渣余孽）的家庭户一律遣送下乡，还包括小作坊、小商贩家庭户，甚至不满16岁少年都纳入。动员规模大，措施简单粗暴。至5月底，共动员城关居民2370户10482人到农村落户，其中1户7人举家下乡。下乡家庭户每人一次性发给安置费200元，每户分配0.3立方米杉木，下乡第一年粮油仍按标准供应，“九种人”不能发给安置费。至年底，城镇居民上山下乡动员工作停止。

四、上山下乡人员的回城安置

根据党中央、国务院文件精神，1978年12月12日上山下乡动员工作正式停止。1979年5月，县成立安置城镇待业人员办公室，与知青办合署办公，抓紧落实下乡人员安置政策。

至 1980 年底，全县安置新老知青 1852 人，其中招工 1301 人，招生 196 人，招干 18 人，参军 180 人，自谋职业 18 人，迁往外地安置 35 人，按病困政策办回城区 100 人，出国 4 人；城镇居民户回城安置 2902 户、15783 人，安置率 98.25％。

1982 年 12 月，撤销县知青办和安置办，其财产、资料和人员并入县劳动局。至此，诏安县上山下乡运动全面结束。

第十二章　拨乱反正　转移重心

第一节　全面整顿与“反击右倾翻案风”

在1975年1月召开的全国人大四届一次会议上，周恩来总理重申实现农业、工业、国防和科学技术四个现代化的目标。会后，周恩来病重住院。邓小平受命主持中共中央、国务院的日常工作，在毛泽东的支持下，着手推行全面整顿。江青一伙却将整顿说成“翻案”，动用其帮派体系，与邓小平唱反调、对着干。这种派性与反派性、整顿与反整顿的斗争在诏安同样进行着。

一、解决各级领导班子的派性问题

“文化大革命”中，诏安有些人靠造反起家，在地方党政机关和社会企事业单位攫取了权力，甚至进了县领导班子。有的人拉帮结派，与“四人帮”在省、市的亲信遥相呼应，提出所谓“省在轰省委，地在轰地委，我们诏安要轰县委”的行动口号。指责县委在十大以后开展党的基本路线教育是“执行反动路线”“镇压群众”，他们冲击县委常委会议，围攻县委领导，扬言要同县委“干到底”，并开出宣传车，贴大标语、大字报，制造“第二次夺权”舆论。

邓小平在整顿工作中，提出主要整顿各级领导班子，“必须坚决同派性作斗争”。新上任的省委第一书记、省革委会主任廖志高明确指示，将整顿班子中的派性、调整领导班子作为全省1975年整顿的重点。根据这些指示精神，中共诏安县委对各级领导班子中的派性问题进行批判、处置。

1975 年 3 月，在全县开展党的基本路线教育活动中，县委组织干部、职工、教师、社会青年 937 人集训，然后分组进驻桥东、深桥、官陂公社的 99 个大队和社直单位，向群众宣传《毛主席关于理论问题的重要批示》，大造“抓路线、批派性”的社会舆论。5 月 7 日起，县委分期举办县直机关干部理论学习班，到 7 月中旬结束。学习班联系诏安几年来动乱不止的情状，组织党员、干部揭发批判资产阶级派性。7 月 3 日，县委召开县直机关千人大会，发动党员干部一边弄清派性的性质及其危害，增强党性，一边全面清查县内“资产阶级派性司令部”成员。之后，成立党的基本路线教育领导小组，分系统举办学习班，继续揭盖子、批派性。

8 月，在农村全面开展党的基本路线教育运动。通过实行开门整风，初步解决了社、队领导班子的问题。经过学习批判，大多数干部对资产阶级派性的性质、危害有了进一步的认识，形成了讲大局、讲团结的舆论氛围。

1975 年 11 月，根据省委《关于认真做好落实党的政策工作的通知》，县委成立落实政策领导小组，各社场、县直各系统成立相应小组，抽调干部专案调查落实。截至年底，经复查定案，澄清“文革”中“清队”、整党和“一打三反”等运动中列为重点审查对象 357 人及已作结论处理 338 人的问题，共复查 111 人，其中属于全错全纠 25 人，部分错部分纠的 19 人。这项工作在 1976 年 4 月因“反击右倾翻案风”的冲击而中断。

二、各个领域的整顿

1975 年，诏安县委在整顿班子、围歼派性的同时，贯彻“抓革命、促生产、促工作、促战备”的方针，对各个领域进行整顿。

全县以“把国民经济搞上去”为主旋律，兴起“工业学大庆、农业学大寨”运动，努力发展生产。这一年，全县国民生产总值 5453 万元，为“文革”10 年中最好的年份。农业方面，要求学习大寨“自力更生、艰苦奋斗”精神，大搞农田基本建设，大搞扩大耕作面积。全县交流推广秀篆公社带领群众学大寨的经验，组织参观磜岭、青山、焕塘、陈龙等大队开山造田、造林现场。根据地委书记陈天仁在官陂的视察意见，官陂公社党委组织发动干部、社员和师生上万人，到南陂大队沙固路开山造小平原，县里从人力、物力上予以支持。县委批转桥东公社渔业生产实行的统一经营、统一管理、统一核算、统一分配的经营管理方式，以及“三定一奖赔”（定产值，定成本费用，定产品交售和增产奖励，减产赔偿）生产责任制。10月，县委在人民体育场召开农业学大寨群众大会，参加者近3万人。会上传达贯彻《全国农业学大寨会议纪要》，宣布县委《农业学大寨中有关巩固发展集体经济十条决定》。11月，县提出“苦战两三年，山河重安排。建成大寨县，粮食翻一番”的目标、措施。会后，岭下溪水库建设、桥东洋万亩土地平整、梅洲基点改溪造田和梅花引水工程等10多个项目同时开工。1975年，全县农业总产值5155万元，比上年增加590万元。粮食总产比上一年增加17500吨。工业方面，要求学习大庆人“三老”“四严”作风，改变企业存在的“软、懒、散”现象和机器利用率低、投资效益差的状况。同时，恢复被“文革”废除的一些规章制度，建立健全岗位责任制、技术操作规程和安全生产、设备管理维修等制度。当年，创办国营诏安县重砂选矿厂。1975年，全县工业总产值1794万元，比上一年增加403万元。

同年，开展教育整顿，学校管理转入常规管理，改变了过去严重溜生现象，校风校纪也得到好转；组织开展合作医疗大检查，进行整顿巩固，符合条件的合作医疗站给予颁发证书；重新成立县计划生育领导小组，发出《关于实行计划生育工作若干问题的通知》，要求坚决实行晚婚晚育，因人制宜落实节育措施，做到“晚、稀、少、好”。在各社场、单位开展宣传活动，全县掀起大抓计划生育高潮；县举行农村学习小靳庄业余文艺会演，有11个社场组织文艺宣传队参加，上演革命样板戏和自编反映农村新生事物的节目。

三、“反击右倾翻案风”运动

随着整顿工作的铺开和深入，逐渐发展为对“文化大革命”比较系统的纠正，因此遭到“四人帮”的强烈反扑，引发 1975 年 11 月开始的“反击右倾翻案风”（翌年初改称“批邓、反击右倾翻案风”）运动，邓小平为扭转“文化大革命”以来混乱局面所做的努力被全盘否定。

在诏安，帮派分子闻“风”而动。这伙人依样全盘否定诏安 1975 年的工作，指责理论学习、路线教育是“翻文化大革命的案，算文化大革命的账”，“矛头向下整群众”；指责批判资产阶级派性是“镇压造反派”；把整顿班子、加强党的领导说成是“还乡团复辟”；把处理超支欠款比作“黄世仁逼债”；攻击超额完成征购任务是“不顾群众死活”；攻击大搞农田基本建设是“劳民伤财”；攻击把国民经济搞上去是“唯生产力论”。

1976 年 4 月 1 日，县委在影剧院召开“批邓、反击右倾翻案风”誓师大会。县委书记林祥远传达中央批转毛主席“批邓反右”重要指示和华国锋的讲话。会议批判邓小平提出的“三项指示为纲”（即毛泽东关于学习理论、反修防修和要安定团结、要把国民经济搞上去的指示）是“修正主义路线”，重申必须坚持以阶级斗争为纲，反修防修。会议快结束时，一派群众进入会场，围攻县委领导近 3 个小时。

借着这股“反击右倾翻案风”，在“反资产阶级派性”时挨了整的造反派找县委主要领导算账，要他们“转弯”。6 月 17 日，县委书记林祥远代表县委作“转弯”报告，检讨去年执行邓小平路线的所谓“错误问题”。这些人意犹不足，叫嚷：“要转弯就要解决具体问题，就是要平反、要放人。”于是，全县刮起“平反风”“放人风”，一些在押犯得以破监而出，对处理过他们的领导干部进行残酷的报复。

运动不仅造成诏安社会局势的混乱，而且使刚有好转的经济又复下滑，当年国民生产总值比上年减少 222 万元。越来越多的干部群众对持续多年的“文化大革命”感到困惑，对“四人帮”的倒行逆施心怀不满，要求社会安定和发展经济的愿望愈加迫切。

第二节　粉碎"四人帮"和揭批查运动

一、欢庆"四人帮"覆灭

1976年1月8日，周恩来总理逝世，全国沉浸在哀悼的气氛中。县委接到的通知是不开追悼会，然而诏安民众还是自发举行了各种形式的悼念活动。4月4日清明节前后，北京天安门广场聚集数百万人悼念周总理，声讨"四人帮"，此事被宣布为"反革命事件"，诏安也有一些干部群众因悼念周总理被追查。4月8日，县委召开机关党员干部紧急会议，传达中央政治局《关于撤销邓小平党内外一切职务的决议》和《关于华国锋任中共中央副主席、国务院总理的决议》。

随着邓小平被撤职，"四人帮""批邓、反击右倾翻案风"运动以更大的规模和声势在全国强行推开。诏安帮派势力也频频动作。6月6日，一派群众组织拿着高帽和牌子冲进县委机关，要揪斗"以战备压革命、以战备压运动"的两位县委领导，并闯入其家中打砸。21日，县委组织各部门领导、社场书记在红星办学习班，又受造反派冲击。29日以后，县、社、场、组、局一些领导干部相继停职检查，一些在全面整顿中"三结合"进入领导班子的干部又被批斗、打倒。

县内的帮派分子，有的带领部分常委到漳州、福州汇报三线活动，目的是让地委、省委承认诏安"转弯"做法是正确的；有的几次组织人员"上访"，为其在整顿中被处理鸣冤叫屈；有的四处活动，为当年被周总理点名者翻案。

7月6日，朱德逝世。9月9日，毛泽东逝世。诏安人民怀着悲痛的心情，带黑纱、挂白花表示哀悼。县委将电影院布置为毛主席灵堂，供人们吊唁，18日，县委在人民体育场召开追悼毛主席的万人大会，各社场同时举行悼念活动。

几位伟人相继去世，党和国家的前途、命运成了广大干部、群众的重大忧虑，而“四人帮”则加紧夺取党和国家最高领导权的阴谋活动，诏安亦有人主动投靠“四人帮”在福建的亲信。

10月6日晚，华国锋、叶剑英等代表中央政治局，执行党和人民的意志，对江青、张春桥、王洪文、姚文元实行隔离审查。粉碎“四人帮”的胜利，标志着“文化大革命”的结束，从危难中挽救了中国的社会主义事业，为党和国家进入新的历史时期创造了前提。

10月下旬，诏安层层组织传达中央打招呼会议精神，通报中共中央政治局《关于王洪文、张春桥、江青、姚文元反党集团的通知》和《关于华国锋同志任中共中央主席、中央军委主席的决议》。县城举行盛况空前的集会游行活动，热烈庆祝粉碎“四人帮”反党集团的伟大胜利。

二、开展揭、批、查运动

为了从思想上、政治上、经济上、组织上肃清“四人帮”的流毒和影响，一场声势浩大的揭批查斗争在全国展开。

鉴于诏安县是“四人帮”及其帮派势力干扰破坏的“重灾区”，以及县领导班子存在的派性问题，1976年11月14日，由龙溪地委和军分区51名干部组成的地委工作组进驻诏安县委、县革委会机关。27日起，县直机关604名干部集中参加揭批查学习班，学习有关文件、社论，组织揭批有重点问题的37人，历时24天。

1976年12月中旬，中共诏安县委召开三级干部会议，传达中央下发的《关于印发王洪文、江青、张春桥、姚文元反党集团罪证》(材料之一)，动员部署第一阶段的揭批“四人帮”反革命罪行的群众运动。12月下旬开始，对诏安各级领导班子予以调整，由军分区副政委安静山出任县委书记，肖一湧任副书记。到1977年6月止，共调整37个部门、单位领导层65人。

中央于1977年3月下发《关于印发王洪文、张春桥、江青、姚文元反党集团罪证的通知》(材料之二)，群众性揭批查“四人帮”斗争转入第二阶段。4月，县委成立揭批“四人帮”办公室，开始组织清查与“四人帮”有牵连的人和事，以上一年“反击右倾翻案风”运动中围攻、冲击县委领导的案件为重点。6月，运动延伸至县直各单位，仍以集中办班的形式，分七个系统进行，建立领导小组，扩大清查范围和对象。参加人数4806人，共举办4期机关干部“三集中”学习班和重点人的小型学习班，至9月基本结束。

中央于9月23日下发《关于印发王洪文、张春桥、江青、姚文元反党集团罪证的通知》(材料之三)，县委进行了传达，揭批查工作由此进入第三阶段。1977年10月29日，在全县三级干部会议上，宣布对14名现行反革命、打砸抢、贪污盗窃、投机倒把人犯的组织和刑事处理决定。被清查的人员中，除14名人犯进入看守所外，11月县委还在万田糖厂、花墩良种场分别办了两个学习班。万田学习班主要是继续清查交代问题，当作半敌我矛盾处理的对象；花墩学习班主要是问题基本弄清，参加劳动等待处理的对象。参加学习班的人中，有少数人被拘留审查，个别的判刑劳改。1979年3月，两个学习班解散。

在农村，县委分4批派出工作队进驻各社场及各试点大队(作业区)，深入开展以“一批两打”(揭批“四人帮”，打击阶级敌人的破坏活动，打击贪污盗窃、投机倒把)为主的点上党的基本路线教育运动，至1978年末宣告结束。

在为期1年多的“揭批查”运动中，清查了一批实施打、砸、抢等违法乱纪行为的人员，分别予以刑事、纪律处分和组织处理，由于当时派性观念仍然存在，不可避免地又造成了一些新的冤假错案。之后，根据中央审理工作的指示精神，鉴于这些人的错误发生在“文革”的特殊历史条件下，故于1981年、1982年，分别给予不追究刑事责任、予以释放和恢复党籍、恢复公职或党内处分等处理，将原审查对象的检查材料大部分退还或烧毁。

三、“文化大革命”对诏安的损害

中共中央在1981年《关于建国以来党的若干历史问题的决议》中指出：“‘文化大革命’，是一场由领导者错误发动，被反革命集团利用，给党、国家和各族人民带来严重灾难的内乱。”这场1966年5

月至1976年10月持续10年的运动，给诏安造成的负面影响，也是显而易见的。

在“文化大革命”中，诏安党政机构和人大、政协组织，长期陷于瘫痪或不正常状态，公安、检察、司法等专政机关和维护社会秩序的机关被搞乱、“砸烂”。“四人帮”在诏安的追随者，散布“宁要社会主义的草，不要资本主义的苗”等奇谈怪论，动不动给人扣上“用生产压革命”的帽子，导致从事经济工作的干部难以抓生产、不敢抓生产。加之诏安作为以农为本的农业县，由于片面强调“以粮为纲”，一遇旱涝粮食必然减产，而自留地和家庭副业又被作为“资本主义尾巴”割除。因此导致经济发展迟缓、民众生活水平低下。1966年全县国民生产总值3719万元，人均产值117.67元。1976年5231万元，人均124.19元；1965年全县社会商品零售总额2596万元，人均84.96元。1975年3616万元，人均87.85元；公社社员年人均纯收入从1965年的48元减至1975年的44元；年人均口粮从1965年的242公斤减至1975年的196公斤。社员集体劳动所得大体只能买回口粮，生产条件差的生产队甚至连口粮都挣不到；人们要扯布买衣，亦非易事。

教育、文化、科学事业与诏安的文明建设息息相关，而这场由文化领域发端的“革命”，对其破坏尤其严重，影响深远。在教育领域，“四人帮”炮制的“两个估计”，即所谓“‘文化大革命’前17年，教育战线是资产阶级专了无产阶级的政，是‘黑线专政’；知识分子的大多数，世界观基本上是资产阶级的，是资产阶级知识分子”。教育工作者被视为“臭老九”，屡屡成为批判对象。“军宣队”“工宣队”“贫管组”先后进驻中小学领导“斗、批、改”，“教育革命”使教学质量下降。10年间，大部分青少年失去就学机会，造成文盲、半文盲人数增多。据1982年的人口普查统计，全县文盲、半文盲达156236人，占总人口33.91%；在文艺领域，“四人帮”则抛出“文艺黑线专政”论，长期禁锢优秀电影、戏曲和其他中外作品，群众见到的只是8个样板戏，群众性文艺创作受到种种限制，大量文物古迹被视为“三封四旧”而毁之、焚之、弃之；在科技领域，科学管理机构被撤销，科技工作者被当作体力劳动者使用，钻研技术被斥为“走白专道路”。

在这场动乱中，一些投机分子和打砸抢分子乘机窃取一部分权力；一些造反者公然践踏法纪，大搞逼、供、信、打、砸、抢的所谓“群众专政”；大批党政领导干部、各界知名人士受到诬陷、迫害。

“文革”还造成人们思想的混乱和社会风气的破坏。无政府主义、个人崇拜以及一些愚昧落后的思想行为泛滥开来。中华民族的传统道德被斥为封建主义糟粕，中华人民共和国成立后所提倡的爱国主义、集体主义和大公无私，先人后己的良风美德黯淡无光，打闹、争斗成为社会的常态。

第三节　社会政治关系的调整

1977 年以来，诏安县委按照中央、省委的部署及要求，成立落实政策领导小组等专门机构，对“四大运动”（“文化大革命”“中右不纯”“反右倾”“四清”）中受审查和处理的案件进行复查，平反冤假错案，解决老区遗留问题，落实党的政策。

一、平反“文化大革命”中的冤假错案

1978 年 4 月，福建省委批转省委落实政策领导小组《关于落实政策中继续解决若干具体问题的意见》，其中要求对“文化大革命”中受审查和处理的干部案件进行全面复查，“一切不符合事实的结论和材料，即使一个尾巴，也不能保留，尤其是在林彪、‘四人帮’另搞一套的影响下造成的冤案、假案、错案以及一切诬蔑不实之词，应当一律予以推倒”。县委认真贯彻落实，到 1981 年底，全县“文革”中被立案审查的 569 人全部复查处理完毕。其中：原被定为敌我矛盾的 26 人全部改变定性；原被“双开”的 4 人，恢复党籍、公职；原开除公职的 49 人，收回安排工作 48 人；以退职和其他形式被迫退出职工队伍的 213 人，收回安排工作 209 人；原开除党籍的 23 人有 19 人恢复党籍，劝退出党的 11 人有 9 人恢复党籍；原受党政纪处分的

53 人，给予撤销处分的 34 人，减轻处分的 4 人；原以各种罪名结论的 60 人，全部撤销结论，结论不当修改的 17 人；原受关押和长期审查没做出结论的 135 人，予以平反和做出正确结论，另对无立案但受各种冲击的 1101 人发给平反书。据统计，共给 133 人补发工资 68350 元；补助 55 人，款 21674 元。

按照案件处理权限及责任等级的划分，福建省委、福州军区党委等上级机关对“文革”期间针对“太平之风”“九五事件”“乌山事件”的冤假错案，也分别予以平反昭雪。

“太平之风”案。1966 年，原福建省委书记叶飞被划为“走资派”后，他所树立的“太平之风”成了“黑样板”。1969 年，按照省革委会主要负责人的指示，《福建日报》连续刊登大块批判文章，诏安亦按省里要求开展批判。1978 年，省、地、县联合调查组通过实地调查，于 6 月对“太平之风”重新肯定，为抵制批判“太平之风”而受迫害的干部平反，给新营大队平反恢复名誉。

“九五事件”案。1966 年 9 月，据中央文革小组组长陈伯达的指示，福州军区派支左部队进入诏安，强行取缔“新诏安公社”，县委、县人委、县人武部领导和“新诏”主要骨干共 49 人被集中在县看守所监督改造，案件牵连甚广。1979 年 7 月，中共福建省委、福州军区党委、福建军区党委联合发出《关于处理诏安“九五事件”遗留问题的批复》，撤销原军管会《关于处理诏安问题的措施》和有关传单、报告、通报、决定等，对强制取缔“新诏安公社”、改组诏安县人武部、打击一大批干部群众而造成的冤假错案予以平反。诏安县委及各社场、大队分别召开 316 场平反大会，会后对“九五”冤案中被打死、致残、重伤和长期受关押的 1520 人发补助款 16.5 万元。

“乌山事件”案。1970 年，福州军区派出部队围剿革命时期的根据地乌山。这次围剿涉及诏安、平和、云霄 3 个县，抓捕 230 余人，抄家 300 多户，致死 2 人，伤残多人，1000 多户群众被牵连。1981 年 7 月，在乌山老区群众的反映、老将军卢胜的重视下，省委组成调查组，深入乌山地区调查事实真相。1981 年 9 月，福建省委、福州军区党委作出《关于“乌山地区问题”的平反决定》。诏安县委于

11月召开平反大会，为事件涉及的干部、群众公开平反，并会同地委做好善后工作。

冤假错案的平反，不仅使一些干部重新走上工作岗位或担任新职务，使一些受到株连的干部和群众得到解脱，调整了一度错乱的社会政治关系，对于恢复党的实事求是的优良传统和作风、促进安定团结，起到积极作用。

二、解决老区遗留问题

鉴于"文化大革命"期间诏安革命老区一些老干部、老负责人、赤卫队员、地下党员被打成"叛徒""特务""现行反革命"，遭批斗、关押、游街、吊打等迫害，造成不少冤假错案，还有一些人受到株连。1978年，县委召开平反大会，予以平反改正。随着拨乱反正工作向纵深发展，一些"文革"待处案件和老区历史遗留问题也相继得到解决。

1981年7月，时任中共中央主席胡耀邦在一份要求落实革命时期福建地下党冤假错案的信件上批示："地下党问题要很好抓一下，公公正正地解决，请先从福建抓起。"时任福建省委书记项南充分重视，省、地、县成立"落实地下党政策领导小组"。翌年，项南在龙溪老区办呈送的《乌山问题平反后的调查报告》上作出批示："首先要复查'文革'中的案件，以平和县陈海澄和诏安县陈源的冤案为突破口，然后处理历史遗留问题。"

陈源是革命时期诏安县坚持地下斗争的老同志，"文革"开始就被打成"老区政治扒手"，1968年以"砸诏安革委会的幕后策划者"和"诏安3月30日打死县领导案件的幕后策划者"的罪名，判刑15年。据老区办调查，诏安类似案件有8起20多人。

陈文平在1959年被挂上龙溪地区"地方主义头子"后，受株连的老区群众很多，其中仅他的亲属被判刑和处理的就有7个。侄儿陈永亮在诏安县公安局工作，就被加上"依靠陈文平势力反对领导"的罪名遭批斗，后又被诬陷"强奸幼女"，开除公职判了刑。

是年底，专区调查组着手调查。诏安县地下党遗留问题较多，情况较复杂，调查组在县落实办配合下，采取分片包干、责任到人、一包到底的办法。通过艰苦的走访、查证、核实，到 1988 年底，老区 287 件冤假错案得到澄清，158 人得到平反昭雪。其中“二战”时期肃反中被错杀人员的历史遗留问题，摸底 243 人(3 人已评烈士)，复查 225 人，予以平反 132 人，维持的 88 人；遗属得到抚恤，给 15 人恢复党籍，1 人恢复团籍；核实承认为“五老”(指民主革命时期的老地下党员、老游击队员、老接头户、老交通员和老苏维埃区、乡干部)身份的 1076 人，由县政府发给荣誉证书，其中 285 人给予定期生活补贴。

原东江特委团委书记、潮澄饶揭中心县委书记刘胜信，于 1945 年 11 月间，被以参加“社会民主党”的罪名，活埋在诏安塔桥村甘蔗林里，留下一个儿子叫刘存养，于 1948 年参加革命，作战勇敢，屡立战功，但解放后因其父亲的问题被定为“反属”，开除出革命队伍，遣送回原籍海丰管制。当诏安县把恢复刘胜信党籍通知书和平反通知书寄给刘存养后，海丰县委重新安排刘存养工作，提升工资，还照顾他儿子招工。

三、落实各项政策

1979 年 2 月，县委成立了“摘掉右派帽子工作领导小组”，按照中央 55 号文件规定标准，组织开展对“右派分子”的复查、摘帽和改正工作。1980 年 9 月，领导小组宣布右派分子摘帽、改正工作全部结束。全县 55 名原划为右派分子全部摘掉帽子，其中 16 名撤销党纪、刑事处分，27 人重新安置工作。同时，县委还开展对“中右不纯”“反右倾”“四清”等运动的复查工作，为在运动中遭受错误打击、迫害的干部、群众平反昭雪，恢复名誉。至 1987 年，全县因纠正冤假错案恢复公职的 760 名干部中，复查“中右”“不纯”案件恢复公职 204 人；平反“反右倾”案件恢复公职 21 人；复查“四清”和农村整风整社案件恢复公职 7 人；复查“文革”中被立案审查案件恢复公职 272 人；复查历史老案恢复公职 224 人。

“文革”期间，对所谓“海外关系”无端上纲上线，并对 98 户 1955

年以前已经改变的华侨地主、富农成分，重新戴上帽子，视为“阶级敌人”予以专政，并有侨台房 38 户建筑面积 3525 平方米被挤占，在“三胞”中造成不良影响。中共十一届三中全会后，侨台事务机构会同有关部门，逐户逐件予以调查清理，落实政策。至 1985 年，平反冤假错案 24 宗；改变地主、富农成分 31 户，补发改变成分通知书 98 份；落实土地改革中被错没收的侨房 773 户，建筑面积 7.56 万平方米；落实“文革”期间被占用侨房 31 户，建筑面积 2987 平方米。原国民政府诏安县长、侨属林师珍，经落实起义投诚政策，安排为县政协副主席；政协原副主席许秀峰，政治上平反，工资如数补发；对侨属许木瓜、老同盟会员游子光等，也落实了相关政策。至 1994 年，对涉侨台港澳人员平反冤假错案 155 人件，归还房屋 782 户 7.66 万平方米。

1979 年 4 月，根据中共中央《关于地主、富农分子摘帽问题和地主、富农分子子女成分问题的决定》，经各基层治保会评定，全县除 35 个地主、富农分子因表现不好继续戴帽和部分死亡外，97％摘掉帽子成为公社社员。1983 年，根据中央指示，对余下的地主、富农分子予以摘帽。

第四节　实现历史性转折

一、真理标准问题讨论

粉碎“四人帮”之后，国家百废待举，诏安民众同其他地方一样，期盼国家兴利除弊，摆脱困境。然而 1977 年 2 月《人民日报》、《红旗》杂志、《解放军报》同时发表的社论却强调：“凡是毛主席作出的决策，我们都坚决维护，凡是毛主席的指示，我们都始终不渝地遵循。”这种观点，背离了我党实事求是的思想路线。在“两个凡是”的禁锢下，诏安“文革”结束后的拨乱反正步履维艰，不仅毛泽东批准的、定了的，不准触动，就是“四人帮”设置的条条框框、清规戒律，要想改动也是困难重重。

1978年5月,《光明日报》发表经中央党校副校长胡耀邦审定的《实践是检验真理的唯一标准》一文,鲜明地提出:社会实践不仅是检验真理的标准,而且是唯一的标准。马克思主义的理论宝库不是一堆僵死不变的教条,对“四人帮”设置的禁区要敢于触及、弄清是非。因而,引起了“两个凡是”同解放思想、实事求是两种观点的激烈争论。文章在诏安同样引起很大的反响,新华书店发行的《实践是检验真理的唯一标准》一书,被抢购一空。

1978年12月,党的十一届三中全会在北京召开。全会彻底否定了“两个凡是”的错误方针,重新确立解放思想、实事求是的指导思想,实现了思想路线的拨乱反正。诏安县委分层次组织学习讨论《中国共产党第十一届委员会第三次全体会议公报》,致力于把干部群众的思想认识、工作重点转移到社会主义现代化建设上来。

翌年9月,县分管理论工作的领导参加省委召开的理论讨论会,进一步深入开展真理标准问题的讨论。10月,县委通过扩大会议和理论讨论会或报告会等形式,传达贯彻省委理论讨论会精神。11月,诏安县委按照龙溪地委宣传部《关于深入开展真理标准问题讨论的通知》,要求各社场各部门,从领导机关到基层,普遍深入地开展关于真理标准问题的学习和讨论,进行辩证唯物主义思想路线的教育。就连中学政治课,也要求向学生讲解这场讨论的意义和坚持实践是检验真理唯一标准的重要性。

真理标准问题的讨论,打破了“两个凡是”的束缚,促进了思想解放,为重新确立实事求是的思想路线,纠正长期以来的“左”倾错误思想,实现历史性转折,奠定了思想理论基础。

二、工作重心的转移

适应新时期工作重心转移的需要,诏安县进行了领导机构的改组、恢复工作。1978年,恢复县人民代表大会制度。1980年11月,依照《地方组织法》,县革委会改为县人民政府。12月,重新恢复县人民政协机构。同年,城关人民公社改为城关镇,1984年10月,县属下建制实行政社分开，建立乡村政权。1983 年起，对干部的考核、选拔，以“四化”（革命化、年轻化、知识化、专业化）为重要条件。至 1984 年底，全县共改正、平反了各种冤假错案 4590 多件，落实了党的干部政策、知识分子政策和华侨政策、去台人员政策。从而调动了各方面的积极性，为新时期的经济工作和其他各项工作奠定了基础。

县委于 1979 年 2 月召开有 1829 人参加的四级干部会议，研究部署如何结合诏安实际，实现工作重点向经济建设转移。4 月，对真理标准讨论予以补课，进一步推动解放思想，破除僵化，保证十一届三中全会路线的正确贯彻。10 月，探讨如何运用中央赋予福建省的特殊政策、灵活措施，促进诏安改革开放起步，加快经济发展。之后，诏安由农村到城镇，逐步推行以生产责任制为主要特征的经济体制改革。

诏安通过工作重点的转移，狠抓改革开放，扭转经济长期徘徊的局面，人民生活水平有了提高。1984 年全县地区生产总值 1.74 亿元，是 1978 年的 2.18 倍；社员平均纯收入 286 元，是 1978 年的 5.61倍。

中篇参考书目

1.《中国共产党简史》,中共中央党史研究室著,中共党史出版社 2001 年 6 月出版。

2.《漳州市志》,漳州市地方志编纂委员会编,中国社会科学出版社 1999 年 11 月出版。

3.《中共漳州地方简史(1926—2009)》,中共漳州市委党史研究室著,中央文献出版社 2010 年 9 月出版。

4.《漳州革命老区史(下卷)》,漳州市老区建设促进会、中共漳州市委党史研究室、漳州市老区建设委员会办公室著,中央文献出版社 2010 年 10 月出版。

5.《漳州党史特色专题研究》,中共漳州市委党史研究室 2006 年 12 月编印。

6.《诏安县志》,福建省诏安县地方志编纂委员会编,方志出版社 1999 年 12 月出版。

7.《福建中央苏区纵横(诏安卷)》,中共诏安县委党史研究室、诏安县革命老根据地建设委员会办公室、诏安县老区建设促进会编,中共党史出版社 2009 年 11 月出版。

8.《中共诏安历史大事记(1949—2014 年)》,中共诏安县委党史研究室 2015 年 9 月编印。

9.《中国共产党诏安县历次代表大会资料汇编》,中共诏安县委党史研究室 2017 年 6 月编印。

10.《1949—1978 中共诏安历史专题研究(上册)》,中共诏安县委党史研究室 2018 年编印。

11.《诏安县国民经济统计资料(1949—1988 年)》,诏安县统计局 1999 年 7 月编印。

12.《中共诏安县组织史资料(1926—1987 年)》,中共诏安县委组织部、中共诏安县委党史研究室、诏安县档案局编,福建人民出版社 1990 年 9 月出版。

13.《诏安文史资料(1981—2018 年)》,政协诏安县委员会编印。

14.《江山如此多娇》,中共诏安县委办公室 1960 年 2 月印发。

下　篇

坚持改革开放　争创全面小康

党的十一届三中全会以来，诏安县委、县政府带领全县人民，以经济建设为中心，改革城乡经济体制，全县多种经济成分、多种经营方式、多种生产项目并举，农业领域从以粮为纲的田园耕作向着山、海开发延伸，非农领域乡镇企业、个私经济异军突起，人民生活水平日益提高，精神面貌焕然一新。20 世纪 90 年代，随着社会主义市场体制改革的推进，诏安立足本土资源，发展外引内联，加快了产业结构的调整，农业基地、工业园区由少到多、由小变大，国内商业和对外贸易欣欣向荣，实体经济渐趋产业化和外向型。同时，各级党政强化了对贫困老区的扶持。2000 年，全县地区生产总值 29.1 亿元，是 1978 年的 46 倍。

新世纪初期，诏安大力推进工业化，带动农业产业化和城市化，经济建设和各项事业进步明显。党的十八大以来，全县上下齐心协力，实施“工业强县、旅游兴县、文化名县、农业稳县、生态立县”战略，连续三年获得福建省“县域经济发展十佳县”称号，争创“森林县城”“生态乡镇”亦实至名归。2018 年，全县实现地区生产总值 283.7 亿元，正朝着全面小康社会的目标冲刺。

第十三章　改革体制　对应市场

第一节　城乡经济体制改革

党的十一届三中全会以来，诏安县委、县政府为实现工作重心转移，在城乡推行以承包责任制为主的经济体制，发展以公有制为主体、多种经济成分并存的所有制结构。同时，变革原先政社合一、政企不分的管理体制和高度集中的计划体制，从而使经济发展有了初步的体制保障。

一、以家庭联产承包为基础的双层经营改革

1980 年 9 月，中共中央在《关于进一步加强和完善农业生产责任制几个问题的通知》中，要求各级领导“支持群众的要求，可以包产到户，也可以包干到户”。于是，县开始在桥园大队搞定额管理、小段包干的试点。到 1981 年，农村各种形式的生产责任制逐步推开，到 1983 年，家庭联产承包责任制遍及全县 3242 个生产队。

工作中，根据责、权、利相结合的原则，将土地按人口或劳动力比例分给农户经营，由集体经济组织与承包户签订合同。具体形式：一是包干到户。各承包户向国家交纳农业税，交售合同定购产品以及向集体上交公积金、公益金等公共提留，其余产品归农民所有。二是包产到户。实行定产量、定投资、定工分，超产归自己，减产赔偿。耕地之外，一些宜于分散经管的果树、耕牛及小型农具，也折价分给农户。当时，以人口为主承包耕地的生产队占全县总数

96%;以人口结合劳动力承包耕地的生产队占 4%。承包期限 1 至 6 年不等。1984 年,贯彻《中央关于农村工作的通知》,对农户的大包干责任田进行适当调整,承包期延至 15 年以上。

同时,"两山"(自留山、责任山)、"两滩"(自留滩、责任滩)政策也得到落实。1982 年,林业完成 100.12 万亩"三定"(划定自留地、稳定山林权、稳定林业生产责任制)工作,按比例划分责任山 95.75 万亩、自留山 13.59 万亩。1984 年,水产业在可利用滩涂 3.86 万亩中,划分责任滩 3.59 万亩、自留滩 0.27 万亩。山地、滩涂实行以户承包经营为主,山地承包年限为 10~20 年,滩涂承包期限为 3~15 年。

由于承包年限延长,生产资料使用权、经营权明确,激发了农户的生产积极性,人们对耕地主攻"粮、油、糖",山上发展"林、果、茶、竹",海上发展"鱼、虾、贝、藻",投入大幅增加,也普遍取得效益。诏安县 1980 年农业总产值 7352 万元,粮豆总产量 136734 吨,水果产量 3005 吨,茶叶产量 3416 吨,水产品产量 3625 吨;到 2003 年,农业总产值 25.7 亿元,粮豆总产量 144217 吨,水果产量 129000 吨,茶叶产量 2814 吨,水产品产量 191780 吨。

联产承包责任制的实行,使农户拥有安排生产的自主权,大量剩余劳动力从农业生产中解脱出来,转而从事其他行业,创造出新的财富。1988 年,诏安单纯承包耕地的 6.7 万户,占总户数 67.9%;非纯耕地承包的有 3 万户,占总户数的 30.7%。

诏安县在乡(镇)和村建立独立自主的经济合作组织,许多村委会与村经济合作社"两个牌子一套人员"。1984 年,县内乡(镇)级经合组织 12 个、村级经合组织 215 个。1996 年,乡(镇)级 14 个、村级 217 个。

农村经济合作组织以服务"三农"为取向,对一些不适合农户承包经营或农户不愿承包经营的生产项目和经济活动,诸如某些大中型农机具的管理使用、较具规模的农田基本建设、水土流失治理和农业社会化服务等,由集体统一经营管理。在社会化服务体系中,以大田服务为基础,实行大田种苗、机耕、排灌、植保、农建"五统一"

服务的经合组织，长年在50%上下。其服务范围由单纯的产中服务逐步向生产资料供应、农副产品加工销售和技术传播、信息搜集等产前、产后服务延伸。

二、以国企经营承包为重点的两权分离改革

1979年12月，中央召开经济工作会议，提出用3年时间对国民经济“调整、改革、整顿、提高”。翌年起，全县以260家国营企业（其中工交企业58家、商饮企业202家）为主，贯彻“八字方针”。工业企业调整不合理的工业结构，关并了一些缺少原料、耗能高、长期亏损的企业，同时立足本地资源条件，投建县国营花墩糖厂、橡胶制品厂、罐头厂、机砖厂和第一食品厂等。对国家与企业、企业内部的分配制度开始初步改革，改变过去用行政手段直接管理企业为用经济手段间接管理企业，企业流动资金改为全额贷款，企业技术改造也由拨款改为贷款。1983年，国营企业实行第一步利改税，即把企业上缴利润改为所得税和调节税，征税以后的剩余利润，一部分上交国家承包费，一部分按国家核定的留利水平留给企业自行支配。

1984年10月，中共十二届三中全会通过《中共中央关于经济体制改革的决定》，决定明确国有企业的所有权和经营权相分离的改革思路，提出企业应有的多项自主权，使其能够自主经营、自负盈亏，成为具有一定权利和义务的法人。因此，县委、县政府做出了给企业“松绑”放权的16条决定，以及厂长（经理）奖惩办法。在此基础上，按所有权和经营权分离的原则，首先对18家国营工商企业实行利润基数包干。同时，企业职工的工资、奖金同企业效益挂钩。通过对企业人事权、财权和经营权“松绑”，实行奖勤罚懒的劳动分配制度，使企业增强动力、活力和压力。同年，国营企业实行第二步利改税，由税利并存过渡到完全以税代利。当年，全县工业总产值比上年同期增长16%，进入龙溪地区的牵头位置，而商业部门的增长速度、效益也在地区名列前茅。

1985年，县委、县政府进一步简政放权，重新核定企业利润包干基数，完善企业经济责任制。同时，开展财务、税务、物价、信贷、

外汇检查,收回偷漏的税款70多万元,以及应上缴财政的资金10多万元,对乱摊派、乱收费、乱罚款予以处理。是年,采取"全面铺开,分类指导,抓住重点,分批验收"的办法,对包括43个老企业和191个新成立的公司、中心等474个企业进行整顿。

1986年,厂长(经理)负责制在国营工商企业全面展开,人选面向社会,公开招标。1988年,县委、县政府制定搞活工业15条和搞活内贸14条的两个文件,从政策上对企业自主权予以保障。承包企业积极改革管理、经营机制,挖掘企业潜力,注重创新创优,生产适销对路产品。是年,全县完成工业总产值1.30亿元,比上年增长46.67%;实现社会商品零售总额1.84亿元,比上年增长32.33%。

1989年,诏安县委、县政府在工业系统实行扶优限劣政策,调整工业结构,确保重点企业和重点产品的生产,使工业生产保持了稳定发展的势头;商业系统检查承包租赁履约情况,兑现奖惩措施,组织职工集资,建立企业全员风险基金。

1990年,诏安县实行搞活工贸企业的两个文件,进一步落实《企业法》规定的企业自主权,全面推行厂长(经理)负责制,国营企业实行"工效挂钩"或"工资总额包干",初步进行企业人事、劳动、分配制度改革。为了做好新旧两轮承包衔接工作,县政府提出《关于进一步完善企业承包经营责任制的若干意见》,并抓紧组织力量开展调查研究,发动承包,测定基数工作。在1992年前后,相继完成国营企业第二轮承包任务。

三、供销、二轻集体企业改革

1980年,全县有集体企业878家(工业企业47家、商业企业831家)。其中,供销联社、二轻联社下属机构、人员较多。1996年,全县集体工业企业360家,工业产值4.8亿元;集体商业(含饮食、服务业)企业119个,社会消费品零售额1.16亿元。

供销联社:1980年,供销系统有基层社11个、专业公司5个、商业网点631个。商品纯购进970万元,纯销售3582万元。1983年,县供销联社由全民所有制回归集体所有制性质。开始实行利润包干、超额分成等形式的经营责任制，以及独立核算、自负盈亏、基金调剂、向国家缴纳所得税的财务管理体制。联社在兑现社员入股股金分红的同时，发动增股扩股。1988 年，全社总股数 57 万股，股金总额 171 万元。按照合作经济的特点，农民需要什么商品、服务就经营什么，同时还建立生产基地，开展社办工厂、社办运输，扩大了经营范围和服务领域。1991 年，全系统有基层社 11 个，专业公司 6 个、商业网点 617 个，商品纯购进 2103 万元，纯销售 3567 万元。

二轻联社：1981 年，二轻系统有厂（社）30 家、员工 1780 名。1983 年后，企业逐步推行多层次、多形式的经营承包责任制，实行企业自管、厂长自选、工人自招、工资自定、盈亏自负，增强了企业活力，税利稳步增长。在老企业挖潜、革新、改造的同时，通过外引内联，汽车配件、自行车配件、磁带、饮料等新兴工业快速发展，成为二轻工业的支柱行业。1985 年，企业普遍推行包括产值、品种、利润、销售、上缴两金和成本中工资含量等六大指标的承包。1989 年，二轻系统有厂（社）45 家、职工 2175 名，工业产值突破 3000 万元，超额完成市下达的生产经营计划。

四、乡镇企业异军突起

1978 年，全县社队企业 571 家，从业 11406 人，总收入 1257 万元。翌年，社办企业首先实行“五定”（定人员、产值、成本、利润、奖罚），以后又延及队办企业。以后逐步推行经营承包责任制。到 1983 年，大部分社办企业采取厂长（经理）承包责任制，大部分队办企业由个人承包，逐年定上缴基数，超减部分按合同规定奖赔；小部分社队企业则采取集体承包。

在诏安农村变革进程中，涌现出众多专业户和新的经济联合体。专业户包括经营种植业、养殖业、加工业和服务业等；联合体包括户与户之间，户与经济组织之间，农工、农商、农工商之间和县内城乡、本地外地之间等多种模式联合。1984 年，全县有专业户 129 户、联合体 512 个，县委、县政府召开专业户、联合体代表座谈会予以表彰。1988 年，县内农村专业户 1000 户、联合体 1300 个，乡办企业219家，成为农村发展的重要力量和乡镇企业重要组成部分。

1984年，县人民公社企业管理局改为乡镇企业管理局，社队企业改称乡镇企业。龙溪地委、行署联合发布《关于加快乡镇企业发展的若干规定》，要求继续整顿、改革既有乡镇企业，发展多形式多层次的乡镇企业。接着，县委、县人民政府联合发出《关于乡镇企业减免税范围和审批问题的通知》，对农民参与多种经营、办厂经商予以税费优惠，并简化企业登记审批手续。

这一年，县内红星、金星、建设3家国营农场改为乡的建制，下设农场，为企业性质的经济实体。改建制后，将"统收统支"的财务制度也改为财务包干制，将平均主义的分配制度改为各种形式的联产计酬责任制，将单一的全民所有制形式改为多种经济成分，将单一的农业经营方式改为农工商综合经营。同时，开展企业整顿，进行政治、经济体制改革，兴办职工家庭农场和实行场长、经理责任制，扩大企业的自主权。

之后，乡镇企业由于社队企业和场区企业共同纳入，实力为之壮大。乡镇企业种植、养殖、加工、制造、运输、商业、饮食业、服务业一齐上，乡镇办、村街办、联户办、个体办"四个轮子"一齐转，以其自主灵活的优势，开展外引内联，创办与外商合资、合作企业，走上快速发展之路。1986年，漳州市制定了《关于进一步放宽乡镇企业政策的若干规定》，全县乡镇企业9041家，从业4.7万人，总收入1.05亿元。1987年，在国家扶贫政策和省、市扶贫工作队的帮助下，乡镇企业加速向第二、第三产业发展。1988年后，乡镇企业通过调整，结构逐步趋向合理，门类齐全，形成工业企业新兴群体和农业企业开发基地。1991年，开展"质量、品种、效益年"活动，加强计量、质量、安全管理。

1992年初，邓小平的"南巡讲话"，指出乡镇企业是中国特色社会主义的三大优势之一，漳州市委、市政府发布《关于加快发展乡镇企业若干问题的意见》，乡镇企业兴起新一轮创业潮。1993年，全县1.1万家乡镇企业的总产值达13.5亿元，是1990年的4.09倍。

五、流通体制、价格体系的变革

流通体制改变。改革开放前我国商品分为3类，一类商品由国家直接管理，二类商品由有关部委管理，三类商品由地方有关部门管理，诏安民众生产生活用品基本上都是计划供应，工业消费品是通过一级站、二级站、三级站(县公司)，再到零售店。而地方的农副产品及加工产品，由国家、部委与地方协商达成一定的调拨任务，由诏安国合商业负责收购，逐级上调。改革开放以后，随着"紧缺经济"变成"充裕经济"，"卖方市场"转向"买方市场"，越来越多的商品取消票证、放开经营。商品由国合商业垄断经营的局面被打破，出现众多厂商、农商和农工商联合体。

价格体系调整。改革开放以前，商品购销价格由政府各主管部门确定，且数十年不变。改革开放以后，逐步对商品价格进行调整。1979年，对部分小宗农副产品、工业小商品议购议销。1981年，允许完成国家统购之外的粮、油产品议价议购；允许竹木农具随行就市。之后，放开280种三类工业品、小商品和20种二类农副产品的价格。1985年，取消粮油统购，实行合同定购；取消生猪派购，实行议购议销；放开计划外工业生产资料价格；国产手表、缝纫机、收音机、电风扇、自行车实行企业定价。1988年起，对各类商品价格进行较大幅度调整，调高部分农产品、针棉织品等日用品价格。1992年，粮食购销价格全面放开。

第二节 以市场为取向的改革

党的十四届三中全会后，社会主义市场经济由理论探讨转向实际运作。由此，城乡经济体制改革与时俱进，进入农村以资源流转和结构调整为主、国企以资产重组和制度创新为主的新阶段。同时，为进一步优化资源配置，参与市场竞争，诏安加强了外引内联。

一、农村双层经营改革的推进

1993年党的十四届三中全会通过了《中共中央关于建立社会主义市场经济体制若干问题的决定》，决定明确指出："在坚持土地集体所有的前提下，延长耕地承包期，允许继承开发性生产项目的承包经营权，允许土地使用权依法有偿转让。……本着群众自愿原则，可以采取转包、入股等多种形式发展适度规模经营。"

1994年后，农村第一轮土地承包陆续到期，1998年，诏安开始第二轮土地延包。依据《中华人民共和国农村土地承包法》，在坚持土地集体所有、生产责任不变的前提下，延长耕地承包期为30年。延包以"大稳定、小调整"和"动账不动地"为原则，至2002年底，全县216个村完成耕地延包，涉及农户10.7万户，耕地22.5万亩，签订耕地承包合同10.67万份。行政村集体预留机动地5.1万亩，占全县延包耕地总面积的1.5%。

在我国实行社会主义市场经济以后，农业适度规模经营势在必行。第二轮土地延包后，县内以转包、出租、互换、转让、股份合作等形式，流转耕地承包经营权，数量逐步增加。2000年起，开始出现较大面积的土地流转，如福州超大农业集团承租梅洲乡、西潭乡5500亩耕地办蔬菜基地，又如种粮大户黄小明在诏安承租1.5万亩耕地种植马铃薯。至2007年底，全县土地承包经营权流转面积4.5万亩。

参与流转的耕地，有的是个体家庭承包地，有的是集体预留机动地，还有的出自村掌握的"双田制"耕地。作为农村双层经营机制的一种体现形式，双田制是在一个行政村内将所有农民承包的责任田按人口分为口粮田和流动责任田两部分的制度。口粮田分给各家各户耕种，改业的农民也可转让承包；责任田则规定任务指标，把包括定购粮、农业税和集体提留等落实到田。通过双田制经营权的转移、集中，各家各户口粮有保证，国家集体的税收提留也有保证，有利于提高农业生产的规模效益。

耕地之外，一些用以积累集体资金的队办、村办企业和林、果、茶、渔场，以及分给农户经营的滩涂、山地，也大量参与经营权流转。

2002—2003年，诏安开始实行海域有偿使用制度和集体林权制度改革，至2006年，集体林权制度改革工作通过省市验收，明晰产权面积55.28万亩；至2007年，全县海域使用确权办证累计370宗、总面积4.88万亩。

二、企业两权分离改革的深化

《中共中央关于建立社会主义市场经济体制若干问题的决定》明确提出："继续深化企业改革，必须解决深层次的矛盾，着力进行企业制度的创新。……一般小型国有企业，有的可以实行承包经营、租赁经营，有的可以改组为股份合作制，也可以出售给集体或个人。出售企业和股权的收入，由国家转投于急需发展的产业。"

1993年，诏安县落实《企业法》，分类指导、分步推进，努力转换经营机制。在国有工业企业实行全员劳动合同制、企业干部聘任制和岗位技能工资制，对3家经济效益较差的企业，分别以联营、股份合作、嫁接外资形式予以改制。同时，改革内贸企业管理体制，推行经营、价格、分配、用工"四放开"。尽管如此，国有工商企业由于存在包袱沉重、机制不灵、冗员过多等问题，在向市场迈进中举步维艰。

1995年，县委、县政府召开国有企业工作会议，提出进一步转换经营机制、逐步建立适应市场要求的"产权清晰、权责明确、政企分开、管理科学"的现代企业制度。抓好政企分开、建立社会保障体系，把改组、改制、改造和加强企业管理结合起来。稍后，诏安通过兼并、嫁接、租赁、拍卖等形式，对18家国有企业实施改制。

1997年，全县尚存的21家国有工业企业，有6家亏损；国有商业企业48家，有9家资产负债。国有企业改制工作领导小组决定以资产重组、减员增效、盘活资产为切入点，走"卖、租、并、股"路子。之后，县物资公司、印刷厂、橡胶制品厂、第一食品厂、罐头厂、农械厂、蜜饯厂、南诏油厂、食品公司的资产全部拍卖；制药厂收购同仁堂药酒诏安分装厂；负债2.23亿元的中型企业花墩糖厂实施破产处置；五交化公司、燃料公司部分资产拍卖；此外，信托公司大楼租赁经营、县农机公司场地转让、石油公司则改制为股份制企业。至2001年末，21家国有工业企业完成改制。至2003年末，48家国有商业企业大多完成改制，尚有百货公司、糖烟酒公司、五交化公司、饮服公司、华友公司靠盘存资产维持。

1992年，全县集体工业企业360家、集体商业企业85家，之后，多数通过明晰产权、改制转产获得转机。到2003年，只有少数集体企业（改称"内资企业"）延续下来；1992年，诏安登记个体工商户6330户，到2003年，有个体工商户4156户、私营企业212家。

三、营造环境扩大外引内联

1993年以来，诏安因地制宜，审时度势，将"敞开大门，对接特区；开发一线，带动两边；突出两区，建设两城"作为经济发展战略，力求外引内联有大的突破。

县委、县政府千方百计营造投资软硬环境。一方面加快县内交通、通讯、供水、供电等基础设施建设，实现由"瓶颈型"向基本适应型转变；另一方面融汇沿海经济开放县、革命老区县、重点贫困县、省际边界县的优惠政策，结合县情实际，出台对粤对外经济合作的一系列优惠措施。到2003年，投资厂商在其他县享受到的投资软硬环境，诏安基本具备。

1992年，经过4年创业的闽粤边界贸易加工区被省政府确认为省级开发区，以其相对完备的设施、管理、服务延揽海内外厂商。在外引内联工作中，县国营、集体企业和乡镇、个私企业以其厂房、商铺同外地厂商合资合作，而到世纪之交，诏安不可多得的农业资源条件，也引来一些开发现代种植业、养殖业的投资者。

1993—2003年，全县累计引进外商投资企业192家，合同外资额4.6亿美元；内联项目604个，实际到资5.8亿元。

第三节　构筑现代市场体系

一、劳动力市场

随着体制改革的进行，诏安劳动力的使用从国家、集体选择转变为招聘者与应聘者的双向选择。于是，为雇佣劳动力与出卖劳动力而设的劳动力市场便应运而生。

1996年，毕业生分配制度从国家包分配转由毕业生面向社会自主择业，加之企业改制后闲置技术人员需要再就业，而这两类人才也适应一些企事业单位的需求。为便于供需双方见面，县人事局从1999年起，常设闽粤边界人才市场，并于每年春夏两季举行就业招聘会。至2003年，有约4000人次的求职者与用人单位达成意向协议。通过市场配置、双向选择，不少毕业生找到适合自己的岗位，也为外来企业提供了用人的便利。

为适应调节县内劳动就业及向县外输出劳工的需要，县劳动部门于1997年建立实体、网上劳动力市场。翌年，建立职业介绍所。其直属单位及乡镇劳动保障事务所、社区劳动保障工作站亦积极拓展就业渠道。至2003年，劳动部门通过职业介绍所介绍2.4万人次劳动就业。

诏安农村的大量剩余劳动力，以自主择业为主到本县劳动用人单位或外地打工，历年在外人数达9万人左右。

二、房地产市场

1988年，县成立房地产交易管理所，负责房地产价格评估、交易鉴证及交易市场的管理。1991年，开始实行房地产抵押制度。随后，全县实施公有住房提高租金、鼓励居民购买自住公房、新建住房商品化的三项改革。

1995年，诏安建立住房公积金，成立县住房资金管理中心。翌年，住房改革工作基本完成，参与房改的房屋2389套，终止了公有住房的无偿分配，普遍实行单位职工集资建房和个人购买商品房的制度。从而，使房屋生产、分配、交换、消费4个环节实现了商品化、市场化。

1997年，县启动“安居工程”项目，至2003年，完成全部投资建设任务，共征地136亩，建成商品楼宅23幢746套，总建筑面积68049平方米，从而为房地产业拓开了门路。

之后，县房地产综合开发总公司和友恒、坤旺、人和兴等外商投资房地产企业，开发友恒花园、良峰花园、美食街、闽粤综合批发大市场等项目，至2004年，完成建筑面积7.6万平方米。

三、金融市场

1979年前，诏安只有中国人民银行一家金融机构，包揽全县信贷、结算、汇兑、储蓄等业务。之后，新生一些不同职能的金融机构。至1988年，全县有中国建设银行、中国农业银行、中国工商银行、中国银行在诏安设立的支行；有中国人民保险公司诏安支公司；有县农村信用合作联社、丹诏城市信用合作社。中国人民银行诏安支行作为中央银行的分支机构，依据《中华人民共和国中国人民银行法》履行职责，开展业务。

1994年后，国有专业银行改组为商业银行，成为自负盈亏的金融企业，经营存款贷款、转账结算、票据贴现、信托投资、租赁代理等业务。1996年，县邮电局成立储汇股。翌年，设立中国农业发展银行诏安县支行，为国有的农业政策性银行。同时，设立农村信用合作联社。2000年，丹诏城市信用合作社因经营管理不善，被责令停业整顿。

2003年，诏安县金融机构人民币存款余额合计154395万元，为1979年的81倍；贷款余额合计97002万元，为1979年的341倍。

四、企业产权市场

1982年前，诏安国有、集体企业的新建、扩建、改建、增资、减资、合并、分立、撤销等连带的资产变动，系由政府部门按计划无偿调拨、配置、转让，不涉及产权问题。当时，集体企业的财产也被当作国有财产自由调拨搭配，没有明晰的产权关系。

1982年以后，由于个体企业和私营企业的大量出现，公有企业承包制、租赁制、股份制的实行，企业债券和股票的发行，企业横向联合和互相兼并，以至后来的企业资产拍卖、破产清算等，才有了企业产权市场的观念、实务。

1992年后，在社会主义市场经济体制下，企业产权市场逐渐成长，投资活动的市场化程度大大提高。企业实施项目所需资金，可通过自筹资金、利用外资、联合投资等形式进行投资，股份制上市公司还可通过二级市场直接融资，减少了对银行和政府资金的依赖。

五、商品市场

改革开放后，诏安商品市场既有恢复、亦有新建。1994年，全县有集贸市场30个。到世纪之交，11个农村传统集(圩)市已演变成日日市，10个农副产品批发市场在主产区形成，如红星、太平的青梅市场，桥东、梅岭的水产品市场，官陂、霞葛的荔枝市场，西潭、桥东的蔬菜市场，四都的灰鹅、水果市场以及桥东的建材市场等；县城有超市4家、营业网点8个，集贸市场8个，以及小商品一条街、美食一条街等。生产、生活资料经销点遍布城乡，商品流通活跃。

随着商品经济的发展，诏安与广东潮汕等地的生意往来渐增，据统计，1994年，县委、县政府提出“以贸促农、以贸促工、以贸兴县”的思路，经与省有关部门协商，裁撤闽粤边界6个检查站，分水关一带相继建起边贸市场、闽粤万商城、德兴工贸城和边贸旅游区，一些闽粤商企来诏设立分支机构，发展省际业务。是年，闽粤边界贸易总额达10亿元。福建省烟草公司1988年开设在闽粤边界贸易加工区的闽诏贸易中心，1997—1999年，销售额达34.71亿元。

第四节　经济调控体制改革

改革开放以来，诏安县政府逐步转变职能、推进行政体制改革，增强了对地方经济建设、社会事业的管理服务能力。

1997年，诏安县政府进行机构改革，保留21个机构。2001年，诏安县对行政审批制度进行第一批改革，取消125个审批项目、55个核准项目、2个备案项目；保留49个审批项目、134个核准项目、173个转报项目、86个备案项目。2002年，第二次机构改革，政府下设机构29个。同年，行政审批制度改革进一步深化，全县纳入改革的34个部门各类事项共740项，确定保留事项333项、减少事项407项。

新时期政府管理经济的职能，主要是制订和执行宏观调控政策，搞好基础设施建设，创造良好的经济发展环境。同时，培育市场体系、监督市场运行和维护平等竞争，调节社会分配和组织社会保障，保护自然资源和生态环境，管理国有资产和监督国有资产经营，实现国家的经济和社会发展目标。政府运用经济手段、法律手段和必要的行政手段管理国民经济，不直接干预企业的生产经营活动。

一、财政收支体制由包干制转向分税制

诏安财政从1980年开始实行划分收支，分级包干体制，地方自求平衡；财政分配由“条条”为主改为以“块块”为主。1982年，“划分收支，核定基数，定额缴补，增收分成，分级包干，一定三年”。到1988年改为一定五年不变。

包干制实行以来，诏安县财政收入分预算内、预算外两块。预算内收入大致包括：工商税收、农业税收及国营企业所得税、调节税和上缴利润，以及专款等其他收入；预算外收入大致包括：工商税、农业税、特产税等附加，房地产管理、公产租金、中小学杂费等特种

资金，服务企业费、特产税提成、渔盐税分成收入等企业和杂项收入。财政支出也分预算内、预算外两块。预算内支出包括：经济建设类、社会文教科学类、行政管理费类、专款支出及其他；预算外支出包括：基本建设类、更新改造类、事业类、城市维护费、行政类、社会文教科学类、上交国家能源基金及其他。

诏安经济基础薄弱，县财政自给能力低。1979 年，全县预算内收入 817.94 万元、预算外收入 72.15 万元；预算内支出 888.81 万元、预算外支出 52.46 万元。到 1990 年累计滚存赤字达 1326.70 万元。翌年，省对诏安签订 4 年内扭转赤字协议。通过调减财政收入基数 400 万元、每年借 150 万元扶贫开发基金和 250 万元无息 1 年期流动资金，加之本县努力增收节支，到 1994 年，滚存赤字剩 407 万元。

1994 年起，诏安财政管理改行分税制，按税种划分中央与地方的收入，以 1993 年净上划数额作为地方税收返还基数。在中央与地方政府对税收收入作明确划分后，省、市财政对诏安进一步划分。由于诏安财政收不敷支，继续享受上级财政的定额补助。

2002 年，诏安县财政总收入 9748 万元、财政总支出 19116 万元。是年起，省政府调整财政体制，明确划分地方财政收入的省级收入和市、县级收入，对收入划转基数作具体核定。同时，合理划分中央与地方政府事权，进行县级财政支出划分。

诏安县级财政收入为扣除中央、省级收入后的增值税、企业所得税、个人所得税、营业税、资源税、固定资产投资方向调节税、城市维护建设税、房产税、印花税、城镇土地使用税、土地增值税、车船使用和牌照税、屠宰税、筵席税、农业税、农业特产税、牧业税、耕地占用税、契税收入，以及国有资产收益、行政性收费、罚没等收入。县级收入划转基数的核定，企业所得税按 2000 年地方企业所得税收入和 2001 年 1—9 月增长率计算，其他划转收入的基数按 2001 年实际数计算。

县级财政支出主要承担县级机关运转以及本地区经济社会事业所需，分基本建设支出、企业挖潜改造资金、简易建筑费、科技三项费用、支援农村生产支出、农林水利气象等部门事业费、工业交通等部门的事业费、城市维护费、文教卫生事业费、科学事业费、其他部门事业费、抚恤和社会福利救济费、行政管理费、公检法支出、支援不发达地区支出、专项支出、农业综合开发支出等。

二、经济计划体制由指令性转为指导性

1980年以前，诏安县国民经济和社会发展年度计划和五年计划的指标都是指令性的。到制定第六个五年计划时改为指令性为主，指导性为辅，其中工业生产计划除食糖、酒精、烟、胶等产品属指令性指标，实行直接管理外，其他工业产品均为指导性指标，实行间接管理；农业生产计划除粮食、甘蔗等属直接计划管理外，其余均改为指导性计划。1984年，固定资产投资由计划拨款改为从银行贷款。生产资料如钢材、有色金属、水泥、木材、化肥等开始列入商品，由计划调拨改为市场流通。

1985年，贯彻国务院批转国家计委《关于改进计划体制的若干暂行规定》，缩小指令性计划的范围，扩大指导性计划和市场调节的范围。计划管理职能也从安排生产计划、投资、分配物资和产品转移到注重中长期发展计划上来，对各行业的计划管理制度也相应改革。工业方面：对国家统一调拨分配的重要产品实行指令性计划，部分主要产品下达指导性计划，其余无计划产品，均实行市场调节；农业方面：粮食生产仍视同指令性计划，其他列入指导性计划；商业方面：对民众生活所需的重要商品的收购、调拨实行指令性计划，对社会商品零售额实行指导性计划；基建方面：重新制定控制基建投资规模计划，对原先“五不纳入规模”资金重新纳入计划。1990年，主要商品购、销、调、存实行计划管理的只剩11种。

1992年，根据国家建立社会主义市场经济的要求，计划突出宏观性、战略性、政策性和导向性，充分发挥市场对资源配置的基础性作用。县五年计划和当年计划都改为指导性计划。与此相适应，县计委的计划工作也由过去制定指标、下达指令、发布指示、分配资金、调拨物资、直接管理，转变为收集信息、研究政策、协调关系、指

导方向、宏观引导、间接控制。

1997年,实行以指导性计划、政策性计划、预测性划的间接调控。之后,随着市场经济逐步成熟,县计划部门将年度计划指标改为预测性指标,并编制经济社会发展中长期计(规)划。2002年,诏安加强项目策划、筛选和申报工作,争取项目进国家、省、市计划盘子。

三、市场管理体制由封闭式转为开放式

改革开放前,诏安为保证计划内的收购、供应,对民间交易视为投机倒把予以打击,不准私营企业存在,商品定价多年未变,也没有专门的财务审计、技术监督。作为福建的边界县,设有多个检查站,行使省赋予的缉查跨省走私、违规贩运等职能。随着改革开放和商品经济的发展,市场管理体制大变。

工商行政管理:在对各类市场和各种经济成分进行管理、协调的同时,加强经济合同和商标、广告管理、服务,支持工商企业发展生产、搞活流通,制止、查处违法行为,保护合法经营,开展工商企业"重合同、守信用"活动,参与文明市场的兴创,为繁荣城乡经济发挥作用。

物价管理:1979年以来,以提高农副产品收购、销售价格为重点。1984年后,逐步放开耐用消费品和生产资料的价格管制。1989年起,零售物价总水平逐年递增。1996年,执行社会商品零售价格涨幅控制在9%以内的省定目标。到2001年,国家管理的零售物价由1979年占销售总额的95%下降到不足5%,指令性价格集中在垄断行业和城市公用事业。

审计管理:1984年起,重点审计行政事业单位乱收费、乱摊派、乱集资和截留、挤占和挪用财政资金。1995年《审计法》颁行后,既有审计局的国家审计,包括工商企业财务收支审计、行政事业单位财务收支审计、厂长经理经济责任审计、领导干部离任审计等;也有事务所的社会审计,包括受社会单位委托,进行验资、查证、签证、咨询、评价等审计;以及单位内部自行审计。

技术监督:1980 年,成立县计量所,负责全县标准计量管理工作。1985 年《中华人民共和国计量法》发布,计量管理进入规范化、法制化轨道。1997 年,县质量技术监督局负责地方标准化实施、计量管理和产(商)品质量监督、特种设备安全监督等。

第十四章　经济建设　跨越发展

第一节　国民经济五年计划执行情况

一、“六五”计划

“六五”(1981—1985 年)期间,全县经济体制改革深入开展,企业“松绑”放权增强活力;农村全面推行家庭联产承包责任制,农民拥有更多的自主权;引进、消化、吸收、创新,发展外向型经济迈开步伐;计划工作以提高效益为中心,注重经济效益指标考核,发挥市场调节作用。国民经济持续快速发展,社会面貌发生深刻变化。1985 年比 1980 年,全县国民生产总值增长 44.4%,工农业总产值增长 34.5%,其中工业总产值增长 29.2%,粮食总产量因受“六二五”台风和特大洪水影响,减产 28.6%,甘蔗总产量增长 98.8%(为确保花墩糖厂原料,扩大种植面积),油料总产量增长 6.6%,茶叶总产量增加 1.1 倍,果品总产量增加 2.37 倍,水产品总产量增加 1.37 倍,年末生猪存栏数增长 19%。

二、“七五”计划

“七五”(1986—1990 年)期间,国家对诏安实行“开放县、贫困县、老区县、边缘县、海建县(沿海突出部建设)”一系列特殊政策和灵活措施。计划工作以“脱贫、致富、奔小康”为目标,实行“短、中、长”计划相结合,运用各项优惠政策,开放开发、外引内联有较大突破，基础设施明显改善，国民经济持续、协调、快速发展。1990年比1985年，全县国民生产总值增长69.2%，工农业总产值增长98.4%，粮食总产量增长44.4%，甘蔗、油料作物因受灾害影响均减产，茶叶总产量增长37.3%，果品总产量增加1.36倍，水产品总产量增加1.43倍，年末生猪存栏数增长6.5%。计划生育成绩显著，年末总人口只增长8.2%，是历史最好的时期之一。

三、“八五”计划

“八五”（1991—1995年）期间，贯彻“抓住机遇、深化改革、促进发展、保持稳定”的工作方针，计划的制定围绕县“敞开大门，对接特区；开发一线，带动两边；突出两区，建设两城”的经济发展战略，开拓国内外市场，利用国内外资金，加快产业结构和产品结构调整，国民经济保持“稳定、协调、快速、健康”发展。1995年比1990年，全县国民生产总值增加1.51倍，工农业总产值增加1.98倍，其中工业总产值增加3.52倍，大大超过农业总产值；粮食总产量增长19.8%，甘蔗因种植业结构调整减产34.9%，油料总产量增长6%，茶叶总产量增加1.14倍，果品总产量增加2.03倍，水产品总产量增加2.12倍，年末生猪存栏数下降3.9%。人口生育继续得到有效控制，年末总人口只增长2.7%。

四、“九五”计划

“九五”（1996—2000年）期间，拓展外引内联，加强基础产业，培育支柱产业，重视科技进步，发展教育事业，加快小康步伐。2000年，实现地区生产总值29.14亿元，比1995年增长51.22%，年均增长8.62%；第一、二、三产业比例由1995年的57.3∶20.8∶21.9调整为55∶16.5∶28.5；全社会固定资产投资7.61亿元；地方级财政收入1.47亿元，比1995年1.08亿元增长36.11%；城乡居民储蓄存款余额11.43亿元；社会商品零售总额13.05亿元；年末总人口56.74万人。

五、“十五”计划

“十五”(2001—2005年)期间，发展现代农业、个私经济和边贸协作，非公有制经济较快发展，道路交通和水利设施改善，产业优化升级，经济社会持续健康发展。2005年，实现地区生产总值44.23亿元，比2000年增长51.78%，年均增长8.7%；全社会固定资产投资12.36亿元，年均增长10.19%；第一、二、三产业比例由2000年的55∶16.5∶28.5调整为41.3∶25.1∶33.6；实际利用外资4950万美元，年均增长2.4%，出口总额4442万美元；年末总人口57.19万人。

六、“十一五”规划

“十一五”(2006—2010年)期间，2006年，受3次超强台风和特大洪涝灾害袭击，工农业生产、基础设施、村庄房屋遭重创。灾后迅速投入抗灾自救，恢复生产，重建家园。2010年，全县地区生产总值完成99.1亿元，年均增长13.6%；财政总收入完成4.07亿元，年均增长24.9%；三大产业比例由2005年的41.3∶25.1∶33.6调整为2010年的30.3∶38.0∶31.7；实际利用外资累计完成8865万美元，年均增长3.3%。出口总值累计完成5.1亿美元，年均增长35.8%。工业成为国民经济的主导，优势特色农业集聚明显，旅游商贸业发展迅速，经济结构持续优化。城区规划面积由33平方公里扩大到100平方公里，县城建成区面积达17.5平方公里，基本形成“一城四区”发展格局。

第二节　产业结构

一、三大产业结构

地区生产总值第一产业以农业为主，第二产业包括工业和建筑业，第三产业则除第一、二产业以外的其他产业。改革开放以来，诏安县三次产业结构变动的趋势是第一产业比重逐步减少,二、三产业比重有所增加。

1978 年,全县在国内生产总值中,第一产业仍占 68.7%,而第二、第三产业合计只占 31.3%。中共十一届三中全会后,实行多种所有制经济并存,大力创办“三资”企业,引进国外和港、澳、台资金、设备和技术,鼓励支持发展个私经济,全县国民经济三大产业全面发展,特别是第二、第三产业发展较快,经济总量增加,经济效益提高,产业结构逐步趋向协调、合理。1994 年,在国内生产总值中,第一产业占 41.6%,第二、第三产业均占 29.2%,第二、第三产业合计所占的比重首次超过第一产业。

2001—2005 年,执行“十五”计划,产业结构逐步优化升级,经济社会持续健康发展。2005 年,实现地区生产总值 44.23 亿元,比 2000 年增长 51.78%;第一、二、三产业比例由 2000 年的 55∶16.5∶28.5 调整为 41.3∶25.1∶33.6。

2011 年,全县生产总值(GDP)117.9 亿元,三大产业比例调整为 25.6∶40.9∶33.5。

诏安先后被授予福建省“经济发展十佳县”、“小康建设先进县”、“渔业十强县”和“全国科技先进县”等称号。

二、农轻重比例

1978 年,农业产值仍占全县工农业总产值的 65.3%,轻工业占 31.5%,而重工业只占 3.2%。1981 年后,轻、重工业发展较快,通过外引内联,新兴饮料、罐头工业,电力、机械、建材、家具、饲料、化工塑料工业也快速发展。农、轻、重比例发生较大变化,轻、重工业比重迅速上升,农业比重则相应下降。1996 年,轻工业产值占全县工农业总值的比重由 1990 年的 46.6%上升到 57.6%,大大超过农业产值所占的比重;重工业产值占全县工农业总产值的比重由 1990 年的 6.3%上升到 17%;农业产值的比重则由 1990 年的 47.1%下降到 25.4%。

第三节　农业生产

一、农业发展概况

1980—2011年，诏安县推行农村家庭联产承包责任制，加强农田基本建设，大力兴修水利，推广良种良法，农业生产水平不断提高，成为“中国青梅之乡”和福建省的“粮食生产先进县”“渔业十强县”，以及漳州市的“蔬菜生产大县”。2011年，全县农林牧渔业总产值50.5亿元，其中农业产值16.9亿元，林业产值0.9亿元，牧业产值3.2亿元，渔业产值26.8亿元。

20世纪90年代，诏安传统农业开始向规模化、商品化转型。粮食作物面积逐步减少，菜、果、茶种植面积迅速增加。禽畜养殖推广立体生态模式，有规模化养殖户5000户。2000年，实现种植业、畜牧业产值12.7亿元。

进入21世纪，加快转变农业发展方式，开发特色农业，实施规模化经营和标准化生产。引进福州超大、厦门夏商公司等现代农业集团公司，建立新型蔬菜基地，推动诏安蔬菜上档次，成为漳州市蔬菜生产大县。《诏安红星青梅》质量标准上升为省级地方标准，2001年8月，国家林业局授予诏安“中国青梅之乡”称号。2007年，灰鹅养殖被列为国家级农业标准化示范项目，为农业发展注入新的动力。

2011年末，全县耕地面积27.9万亩，全年粮食总产量11万吨，主种稻谷、甘薯及花生；蔬菜21.9万吨，种植的露地蔬菜和大棚蔬菜共8大类近百个品种；水果种植面积36.6万亩，产量14万吨，主种青梅、荔枝、龙眼、香蕉；茶叶种植面积3.7万亩，产量0.5万吨，主种八仙茶。

2011年末，全县林地总面积128.1万亩，有林地面积113.3万亩。全部林地中，以用材林、经济林、生态公益林为主，活立木蓄积量123.1万立方米。古树名木162株，官陂马坑有福建省最大的国家一级保护植物野生闽粤苏铁群。

2011 年，生猪饲养量 30.6 万头，牛饲养量 2 万头。家禽饲养量 221.7 万羽。生产肉类 2 万吨、禽蛋 555 吨。

2011 年，水产品总产量 25.1 万吨。捕捞渔船 1196 艘，海洋捕捞产量 7.5 万吨；海水养殖面积 6.6 万亩，产量 15.8 万吨，淡水养殖面积 2 万亩，产量 1.8 万吨。诏安是福建省最大的海水鱼苗基地和育苗科研基地。全县海水工厂化育苗场 66 家，育苗水体 12.6 万立方米，海水池塘培育鱼苗 1 万亩。

梅岭镇腊洲海上养殖基地（许少球 摄）

名优特农产品有青梅、八仙茶、乌叶荔枝、灰鹅、对虾、鳗鱼、牡蛎等，绿色环保农产品有红星青梅、桥东蔬菜、月之港八仙茶、绿缘铁观音和超大基地的蔬菜以及诏安农垦场、建设种植场的荔枝、龙眼产品等。

二、创建“中国青梅之乡”

诏安为全国最大的青梅生产、加工基地和出口基地。1982 年，诏安开始大面积种植青梅，生产基地从平原深桥发展到山区红星和太平等地。1997 年，全县青梅面积 6.1 万亩，采摘面积 2776.5 亩，新植 5254.5 亩，产量 1.2 万吨。2004 年，青梅种植面积 12.1 万亩，产量 5 万吨。2011 年，全县青梅种植面积 12.6 万亩，产量 5.4 万吨，主要分布于红星、太平、建设等乡镇。同年，全县青梅加工企业 130 多家，其中 80％企业生产干湿梅半成品出口日本、韩国等国家和中国台湾地区。

三、创建“省级茶叶示范县”

1982 年，诏安茶叶种植八仙茶、小叶乌龙、梅占和毛蟹等品种。其中八仙茶系诏安茶叶专家郑兆钦经过多年无性繁育获得的优良单株。1994 年被确定为国家级茶树新品种。曾被农业部茶叶质量鉴测中心鉴定为名优茶。1997 年，全县茶树面积 2.5 万亩，采摘面积 2.3 万亩，总产 2188 吨，主栽八仙茶。

2002 年，成立诏安县八仙茶产业化服务中心，修订《八仙茶综合标准化条款》，巩固八仙茶当家品种，并引进铁观音、金观音、丹桂、台湾金楦、白芽奇兰和凤凰茶等新品种。

2002—2004 年，诏安八仙茶连续 3 届包揽市茶王赛“茶王”、金奖、银奖、铜奖等前六名。县茶叶技术研究会制作的八仙珠茶在 2003 年上海国际茶文化节、中国精品名茶博览会上获金奖。2008 年，全县茶叶面积 2.8 万亩，采摘面积 2.6 万亩，总产 4921 吨。全县有茶叶初制厂 200 多家，茶叶营销店 100 多家，在北京、广州、深圳、汕头、厦门等大、中城市也有多家茶叶营销店。2012 年，经国家工商总局商标局认定，“诏安八仙茶”获中国国家地理标志证明商标，诏安县成为福建省省级茶叶示范县。

四、建设国家级人工渔港

2001 年 1 月，诏安获“全省渔业十强县”称号，2005 年入选“全国海域使用管理百强示范县”。2007 年，全县拥有赤石湾一级渔港、田厝二级渔港、寮雅三级渔港、林头三级渔港和西张三级渔港等 5 个渔港。

赤石湾渔港的港区南北长 8 公里，东西宽 6 公里，港池水深 8～14 米，底质沙泥，沿岸沙滩弧形，长 1750 米。2002 年，农业部批准第一期工程建设。2011 年，赤石湾一级渔港工程验收，并申报升为中心渔港规划。

田厝渔港批准海域使用面积 439.1 亩，一期工程建设于 2007 年底基本竣工，建成防浪堤长 831 米，泊位 3 个总长 97 米，疏浚航道、港池6万平方米。2011年，实施田厝二级渔港升一级规划申报工作。

诏安南门湾（陈婕 摄）

五、国家级青梅种植示范小区

1996年，红星乡被确定为“国家级外向型农业示范区农业产业化‘815’工程青梅示范小区”。1997年，全乡种植青梅3.1万亩，产量6560吨。此后，成立6家青梅加工企业，鲜果加工成干湿梅外销日本，亦生产话梅、梅酒、黄蜜梅等系列产品。

2000年，该乡制订的青梅综合标准升级为福建省地方标准。翌年，“红星青梅”被授予“福建省名牌农产品”称号，并被省政府授予“名牌农产品”称号。2002年，获国家质量监督检验检疫总局“原产地标记产品”注册认证。是年，全乡种植青梅12万亩，产梅果1.2万吨。2004年5月，国家商标局批准《诏安红星青梅质量证明商标》。

六、国家级灰鹅养殖示范项目

1983年，诏安灰鹅养殖分布于西潭、白洋、深桥、桥东和四都等地，全县存栏数6.72万羽。1997年，成立福建省灰鹅良种繁殖研究中心和诏安梅洲种鹅场。1998年，突破孵化关和育雏关，增加鹅农收入。2002 年,县成立诏安灰鹅产业化服务中心,开展灰鹅品牌认定和标准化无公害认证申报工作。

2005 年,饲养灰鹅 161.44 万羽,诏安成为省内最大的县级灰鹅养殖基地,出栏 500 羽以上重点户 1500 多户,年出栏 5000 羽以上的规模养殖大户 50 多户。

2010 年,全县灰鹅养殖业产值 1.4 亿元。是年,诏安县灰鹅养殖国家级标准化示范区通过国家标准委考核组验收。

七、省级蔬菜栽培示范园区

2000 年,国家级农业产业化重点龙头企业福建超大集团有限公司承租梅洲乡大坝坪园田 2500 亩,2003 年又承租西潭乡美营村耕地 3000 亩,形成较具规模的蔬菜基地。基地采取生产、加工、销售一体化模式,大田耕翻、大棚中耕以及排灌、植保、运输等全程机械化、电气化耕作;投建果蔬保鲜、速冻、冷藏设施,年加工能力 1.5 万吨,生产的果蔬产品质量符合绿色无公害安全食品标准,输往国内外城市。2011 年,基地种植各种果蔬近 60 个品种,产品总量近 2 万吨,总收入 3200 万元。

第四节　工业生产

一、工业发展概况

1980 年以来,县委、县政府扶持乡镇企业和个私经济发展,出台《关于加快工业化进程的若干意见》,在工业园区实行"无费区"和省级边界县优惠政策,吸引海内外客商前来投资兴业。2007 年,全县工业总产值 57.7 亿元,比 1978 年增长 177 倍,其中规模工业 124 家,实现产值 39.3 亿元。工业产品主要有矿泉水、蜜饯、罐头、果蔬速冻、水产品加工、农用机械、汽车配件和组装、针织服装、陶瓷工艺品、红木家具等 140 多种。至 2007 年,有 QS 认证企业 24 家,烤鳗、蜜饯、服装、花岗岩石板材、工艺品等10多种产品远销美国、德国、韩国、日本和中东等10多个国家以及中国港澳地区。

至2011年,全县工业总产值从1978年3233万元增加到154.7亿元。规模以上工业产值136亿元,规模工业增加值42亿元,产品销售收入133.8亿元;年产品销售收入500万元以上的180家,其中上亿元的28家。建成省级诏安工业园区和金都工业集中区、梅岭临港工业区、四都林头水产品加工区。

2011年末,全县工业企业累计获“QS”认证企业61家73张。国家级名牌产品(商标)2个;省级名牌企业8家、名牌产品10个。红星乡青梅技术研究会生产的“诏安红星青梅”、四海食品公司的麦士牌蜜饯、鑫展旺公司的汽车漆、海利水产公司的冻虾、冻面包虾、安邦水产公司的水产干制品、邦领乳业公司的植脂末(奶精)、燕锋水产公司的冻虾、东欣水产公司的冻烤鳗、冻鲍鱼等10个产品获“福建名牌产品”称号。

二、食品工业和纺织服装工业

1980—2011年,食品工业是诏安县工业主导产业之一。全县有青梅加工、水产、医药、酒类、茶叶等工业行业,至2008年,全县食品加工规模以上企业50家,年产值18.23亿元,上缴税收1879.26万元。其中,青梅加工规模企业20家,龙头企业有四海、荣华、新富士等。已开发产品有干湿梅、咸水梅、话梅、脆梅、梅脯、梅饼、梅汁、梅茶、梅酒等10多个品种,年产值5.46亿元,产品以外销为主;水产加工规模企业15家,龙头企业有安邦、燕锋、海利食品、东翰等。产品有烤鳗、对虾、鱿鱼、巴浪鱼、贝类等品种,年产值9.61亿元,产品以外销为主;医药生产类规模企业4家,龙头企业有乐尔康药业等,年产值1.13亿元;酒类生产规模企业3家,龙头企业有天源酒业等,年产值1864万元;茶叶生产规模企业2家,龙头企业有绿香园茶业、月之港茶叶等,年产值5075万元;其他食品类规模企业6家,龙头企业有鸿满食品、和平罐头等,年产值1.33亿元。2007年,饮料“活力宝”商标再次获省著名商标称号;2008年,“诏安红星青梅”获省地理标志称号;2008 年,四海食品的“麦士”商标和“麦士”品牌分别获省著名商标和省名牌产品称号。

纺织服装工业有纺织服装、鞋帽雨具、玩具生产类等,是诏安县工业主导产业之一。至 2008 年,全县纺织服装规模以上企业 45 家,年产值 17.65 亿元,上缴税收 1764.74 万元。其中,纺织服装规模企业 30 家,年产值 14.37 亿元,产品以外销为主。龙头企业有华伦、永君、集讯、振英、港安、攀鸿等;鞋帽雨具类规模企业 7 家,年产值 2.68 亿元,龙头企业有迈克、恒利达、三通等;玩具生产类规模企业 8 家,年产值 2.42 亿元,龙头企业有新明星、双象等。

三、建设承载工业项目平台

1988 年 1 月,国务院批准诏安县为经济开放县。7 月,创建诏安闽粤边界贸易加工区,首期规划开发 503 亩。1992 年,该区被省政府确认为省级开发区,享受相应优惠政策,规划范围扩大至 2465 亩。发展外向型工业为主,边界贸易为辅。至 1996 年,该区开发土地 1000 亩,完成供电、供水、通讯等基础设施建设,建有通用专用厂房、中小学校、卫生院、宾馆、写字楼、商住楼、公寓等,总建筑面积 18 万平方米。全县省级开发区及乡镇小区累计平整小区用地 1160 亩,建筑面积 28 万平方米,投入开发建设资金逾亿元,引入项目 114 个,其中兴办“三资”企业 48 家。

1999 年 9 月,在分水关设立旅游区工业园,首期规划开发面积 8 平方公里。2002 年,全县工业园区实行“无费区”等优惠政策。9 月,县政府批准梅岭、四都、桥东、南诏、深桥、边贸旅游区 6 个镇(区)开发工业园区。

2003 年,市政府授予贸易加工区管委会市级 57 项行政管理权限,该区和边贸旅游区及深桥镇沿国道两侧整合为闽粤边界开发区。整合后开发区总面积 15 平方公里。

2007 年,初步完成全县乡镇工业园区规划整合。8 月,四都工业园区与金星工业园区合并成金都工业集中区,规划面积 11 平方公里。至年底,全县工业园区规划面积由 15 平方公里扩大到 96.7

平方公里，初步形成“一城四园”即诏安中心县城、诏安工业园区、金都工业园、梅岭临港工业园、边贸粮食物流园发展格局。

第五节　内外商贸

一、县内、省际商贸

1978年后，诏安县城区商贸业进入一个新时期。集市交易品种繁多，并突破数量、地区的限制。1988年，市场交易额达6084万元，比1978年增长18.6倍。1997年，城区商品销售网点主要分布在中山路、环城路、玉良路、梅园路、小商品市场、南诏商场等；农副产品销售网点主要分布在南诏大市场、人民市场、林厝市、沈厝市和西郊、澹园、九户、北门市场。伴随经济体制改革，国有、集体商业网点逐步减少，而个体、私营商业网点逐步增加。2007年，全县贸易市场48个，境内零售商业网点均为个体、私营。县城中山西路、文化古街、五厂区、商业城、美食街成为新的商贸集中区。

1979年，诏安农村圩场恢复三日一圩，农商赶圩者日众。1983年，国务院颁布《城乡集市贸易管理办法》，集市管理进一步放宽。1985年，全县农村有四都圩、林头圩、太平圩、金溪圩、霞葛圩、上官圩、下官圩、牛角圩和梅洲市场等集贸市场，占地面积41879平方米，农村集市贸易成交额2954万元，是1978年的9.5倍。1984—1987年，新建桥园市场和下河市场。1990年后，太平水果市场、四都综合市场投入使用。至1996年，全县农村集市贸易成交额5980万元，市场占地面积60734平方米，建筑面积25104平方米。1997—2007年，农村圩市大多改为日日市，农产品主产区陆续建成一些专业市场，乡镇政府所在地多是商品集散中心。

诏安与广东饶平边界线长60多公里，两县经济往来历史悠久。1978年后，诏安与广东的贸易日趋活跃。经诏安流入广东有粮食、水产品、水果、茶叶、家禽、钢材、水泥、煤炭、竹木等；从广东流经诏安有日用工业品、食品、香烟、柴油、汽油及国家限制的24种进口商品。福建省烟草公司等5家大企业也在诏安设立分支机构拓展省际贸易。县糖烟酒、五交化、百货等公司与省内外30多家厂商建立联购分销关系，拓展边贸。

1994年裁撤分水关6个检查站后，省际经济交叉辐射，商品互相流通，在国道上每天经过的车辆达七八千辆。诏安的流通企业，纷纷派出人员到广东了解信息、购销商品；广东的一些厂商也不断派人到诏安采购农副产品或设工厂、办基地。至1998年，国道的拓宽改建和高速公路的投入使用，使得诏安与广东的联系更加便捷。边界协作向着多层次、宽领域迈进。进入新世纪，诏安与广东的贸易额每年在10亿元上下。

2011年，批发额2000万元以上和零售额500万元以上的批发零售企业54家，年营业额200万元以上的住宿和餐饮业19家。2011年，全县社会消费品零售总额47.9亿元，增长21%。

二、对港台、对外贸易

1981年，县蚊香厂与香港顺昌贸易公司达成生产出口雄鸡牌蚊香协议，开了诏安企业与引进香港来料加工、来样生产、来件装配的先河。1984年，梅岭活海鲜出口公司以海产品换取香港发来佳公司一艘价值20万美元的鲜活水箱船，首次进行补偿贸易。

1987年，诏安县开始对台贸易。由县诏发贸易公司经营，经营方式系采取海上小额直接贸易，台商以美元、台币换取大陆商品。至1996年，台船与诏方贸易共208艘次，贸易总额264万美元。

1988年起，外贸体制改革，除15种省统一经营、5种省统一成交的商品外，允许县外贸公司自营出口。经省政府批准，诏安获直接贸易出口经营权(部分商品须申领许可证)。当年出口的大宗商品有盐渍姜、蜜饯、布胶鞋、机绣产品、保鲜芦柑、芦笋罐头等，总额377万元。之后，外贸市场逐步放开，经营主体多元化，外贸公司自营出口锐减，国有、民营、集体、三资企业加入并逐步增加出口。诏安成为全国最大的干湿梅出口基地，烤鳗出口居全省前列，食品和服装是全县两大出口商品。

20世纪90年代，诏安有60%以上的农副产品销往广东，其中一部分再经广东加工包装销往东南亚等国家、地区。至1998年，全县建立10个出口基地，主要出口柑橘、对虾、鳗鱼、猪肉、禽蛋、茶叶、蘑菇罐头、蜡烛、蜜饯、瓷器、抽纱等。2007年，全县出口贸易额7176万美元，是1978年的1195倍。

1997—2007年，全县共批准“三资”企业263家，实际到资45543万美元；批准加工贸易合同158份，进口料件2803.59万美元，出口成品12185.7万美元；外贸出口23528万美元，对台贸易156万美元。

至2011年，商品进出口总值46943万美元，其中进口1090万美元，出口45853万美元；加工贸易出口1668万美元，一般贸易出口44185万美元。主要出口水产品、青梅制品、服装鞋类、电子产品、健身器材、工艺品等6类30多个品种。

第六节　财政和金融

一、财政

改革开放以来，诏安县域经济稳步发展，上级税收返还、转移支付和专项资金补助额度逐步加大，对增加县财政收入、减少赤字予有力支持，财政综合实力持续增强。

1997—2007年，县努力培植地方财源，强化税收征管，减轻农民负担，既保工资又保重点建设，并加大对农业和科技、教育、卫生事业的投入。县财政总收入156377万元，其中，地方级财政收入120617万元，上划中央收入35760万元。财政总支出266841万元，其中，一般预算支出213200万元，基金预算支出12420万元，预算外资金支出41221万元。

2011年，全县财政总收入5.2亿元。其中，国税收入1.5亿元，地税收入 1.6 亿元;财政总支出 12.7 亿元。

二、金融

改革开放以来,一些金融机构相继设立。2007 年,全县金融机构各项存款余额 26.9 亿元,各项贷款余额 14.5 亿元。全银行业金融系统盈利 2915 万元。

2011 年末,有中国人民银行、银监会漳州监管分局、中国农业发展银行、中国工商银行、中国农业银行、中国建设银行、中国银行等 7 家银行和金融机构在诏开设分行或设立办事处,金融机构存款余额 56.7 亿元,贷款余额 27.6 亿元,居民储蓄存款余额 56.2 亿元。全县保险业实现保费收入 10357.38 万元,其中财产险保费收入 3337.63 万元、人身险保费收入 7019.75 万元。

第七节　基础设施建设

改革开放以来,诏安县把加强基础设施建设作为改善投资环境、拉动经济增长的重要工作,争取上级的扶持和社会的支持,发挥市场机制作用,建设取得显著成效,逐步解除了阻碍经济发展的交通不便、信息不灵、电力不足的"瓶颈"制约。

一、交通运输

1978 年后,全县公路里程快速增长,公路等级有较大提高。1997 年,推进"交通先行工程"建设,全县公路通车里程 568.14 公里。国道 324 线诏安段水泥路面改造工程竣工交付使用,县城至 14 个乡镇驻所公路实现水泥路面硬化,217 个建制村、25 个作业区全部通公路。至 1998 年,全县有各种公路 76 条,通车里程达 580.69 公里,其中等级公路达 50%。2002 年 12 月,漳诏高速公路竣工通车。2003—2007 年,新建、改建县、乡、村水泥路 200 多条,总长 600 多公里,实现建制村、作业区全部通水泥路。

漳诏高速公路闽粤站(许少球 摄)

经济的发展和交通设施的完善,促进了运输业发展。2007年,全县有各类营运货车2138辆,总吨位545.6吨;营运客车94辆,1633个客位。年客运周转量1943.27万人公里,货运周转量1113.10万吨公里。

之后,投建过境厦深高速铁路、沈海高速公路,改造国道324线、省道309线的诏安段,续建乡村水泥路。2011年,全县公路总里程980.313公里,国道境内长38.213公里,省道境内长64.3公里,四级以上县道178.3公里、乡道242.9公里、村道396.2公里。公路旅客运量406万人次,客运周转量2.2亿人公里;货运量478万吨,货物周转量2.8亿吨公里。运输企业拥有客车129辆,省际、市(县)际客运班线24条;货车1376辆。

诏安港区为漳州市七大港区之一,其中的宫口港区是漳州外贸起运点和台湾渔船开放停泊点。宫口作业区已有生产性岸线86.6米,泊位2个计300吨级,年货物吞吐能力6万吨;还有规划中的梅岭作业区。

二、邮政电信

改革开放后,诏安邮政通信逐步从手工操作向机械化、自动化、电子化方向过渡，业务量逐年增长。1990年，开通移动电话、无线寻呼。1995年，实现电话程控化、传输数字化。至1998年，县内又建成2个模拟直放站、11个数字移动电话基地站，数字移动网已覆盖全县14个乡镇。移动电话用户8328户，无线寻呼用户18587户。全县城乡电话交换机总容量为57344门，电话用户达到30921户，电话普及率为每百人7.3部。全县邮电固定资产总值1.81亿元，全县4个“绿卡”邮储网点与除广东省外的全国所有城市联网，实现了异地存取，邮政除函、包、汇发、集邮、储蓄等业务外，又开发了特快专递商函、邮递广告等新业务。

1997年，诏安邮政、电信机构合一，邮政电信业务总收入4957.2万元。之后，信息产业进入重大变革时期。1998年9月，邮政、电信分营，机构分立重组，实行现代化、规范化、企业化运作。1999年7月，移动通信又从电信剥离。2000年1月，产生国信通信。诏安信息产业由于技术、设备的更新换代，出现质的飞跃和量的扩张。2007年，全县邮政电信业务总收入8311.92万元。

2011年末，邮政网点14个，投递路线单程总长1221公里，投递点22749个，乡村通邮率100%；全年投递国内函件149.46万件，国内汇票3.8万笔，国内异地特快专递信件1.53万件，征订报纸778.95万份、杂志18.44万册，邮政业务收入527.1万元。全县电信企业3家，年末固定电话13.92万部，固定电话普及率91%；移动电话32.28万部，平均每百人53.2部。电信光缆线路3898公里，互联网端口7.6万个，宽带接入用户2.43万户。全年电信业务总收入23510万元。

三、电力设施

1980年，全县水电站装机容量3000多千瓦，年发电量600多万千瓦时。1994年末，全县水电站115座135台13630千瓦，其中县办6座16台9750千瓦、乡镇办5座9台1655千瓦、村及村以下办104座110台2225千瓦；水力发电量4139.42万千瓦时；农村供电量由1985年的3354.4万千瓦时增至5718万千瓦时。是年，大部分水电站并入县电网，向全县用户输电，没有并入的则向其所在乡（镇）、村等用电户供电；梅洲华侨农场、四都镇的13个行政村，由常山变电站供电。至1996年底，全县水电站总装机容量14530千瓦。

1997年，县内供电企业1家，为县电力公司，公司在城关设东、南、西、北、工业、开发区供电所和下寮、马头供电所，并管理凤寮和下寮变电站。龙潭水电股份有限公司管理岭下溪一、二、三级水电站供电及秀篆、官陂、霞葛镇用电。全县枯水期供电不足时，由县网向省大电网购电，丰水期和用电低谷时，县网售给省大电网。

龙潭水电站(萧兴配 摄)

1999年，县电力公司由省电业局委托漳州电业局代管，体制不变。2005年，县政府与省电力公司正式签订诏安县电力公司股份制改革协议，县供电有限公司正式挂牌成立。2007年，县供电有限公司下辖12家供电所、7座变电站、2座水电站及电力建材厂、线检公司、变检公司等24个基层所、站，并设立13个服务窗口。

2011年末，全县装机100千瓦及以上水电站40座，总装机45780千瓦，年发电量9762万千瓦时；35千伏及以上变电站7座，主变压器9台，总容量165.15兆伏安；年售电量3.99亿千瓦时。

四、水利设施

1960年，全县水利工程7515处，受益面积12.82万亩，1996年底，全县各类水利设施4568处，形成引水、蓄水、提水、排涝和堤防综合水利工程网络，有效灌溉面积24.46万亩，占耕地总面积91.5％。

1998—2007年，新建龙潭水利枢纽工程、东溪橡胶坝工程；实施海堤、水闸、水库除险加固和东西溪堤防加固、三姑娘灌区节水配套改造工程建设；建成亚湖水库供水工程、大埕湾（梅岭半岛）供水工程及农村饮水工程；开展大规模农田水利建设，采取疏渠引水、打井取水、围溪抽水和人工增雨作业等措施，提高抗旱能力。健全各级防汛抗旱指挥机构，建立基层巡查抢险队伍，完善群专结合防汛机制，建立水文自动测报系统，完善水情预测报和防汛指挥调度系统，有力抗御自然灾害。

至2011年，全县有水库48座，总库容15283万立方米，灌溉面积近20万亩。最大水库龙潭水库库容5360万立方米；引水工程8处，干渠总长152公里，受益农田10多万亩；排涝工程5处，装机977.5千瓦，排涝面积1.1万亩；围垦及护地千亩以上的海堤工程14处，堤长32.19公里；东西溪防洪堤长68公里，发挥了水利工程防洪、防涝、防潮、防旱效益。

第十五章　社会事业　渐臻善境

第一节　教育事业与卫生事业

一、教育事业

“文化大革命”结束后，诏安贯彻《中共中央关于教育体制改革的决定》《中华人民共和国教育法》，教育事业步入正轨。

1980年，诏安复办学前教育，全县有幼儿园(班)79班3086人，教养员125人。1983年，228个行政村普及小学教育，城关中学开设职业高中班。1986年，撤销2所完中的高中部，新办4所初中校，提高了高中教学质量。数年间，改造了危房，扩建了校舍。1986年7月，实施《义务教育法》，全县小学“四率”(入学率、巩固率、普及率、毕业率)明显提升，1988年进入一类县行列。1990年，作为全省22个文盲大县之一，诏安加大了扫盲力度。

1996年，全县有幼儿园21所，在园幼儿9691人；小学225所，在校生7万人，教职工3011人；中学28所，在校学生2.4万人，教职工1549人。此外，还有技工学校、职业中学各1所，成人技术培训学校257所，成人初等学校224所，广播电视大学工作站4班。形成多规格、多层次的办学网络。从1977年恢复高考到1996年，全县向全日制大中专院校输送合格新生7002人。

经过3年的“两基”(基本扫除青壮年文盲和基本普及九年制义务教育)达标建设，1998年，诏安通过省政府组织的“两基”达标验收。不久,又通过国家教育“两基”督导验收。

由于计划生育导致人口出生率下降,加之山区居民大量外流,学校生源减少。因此,跨入新世纪后,诏安扩大高中阶段办学规模,撤并部分小学。全县学校数量减少,但教学质量得到提升。诏安一中通过省一级达标校验收,霞葛中学、梅岭中学被确认为省级初中示范校。

2007 年,普通中学在校学生 3.5 万人,高中阶段入学率达 70%;小学在校学生 4.7 万人,毛入学率达到 99%。是年,省政府对诏安进行 6 项指标(领导职责、经费投入和管理、办学条件、师资队伍建设、学校管理、教育改革与发展)督导评估,认定为二级地区合格县。2008 年,“诏安农村中小学现代远程教育工程”通过省级验收,初步形成一个覆盖全县中小学的教育局域网,全县 8 万多名农村师生受益。

2011 年,诏安有幼儿园(所)178 所,在园幼儿 1.5 万人,专任教师 554 人;小学 129 所、教学点 37 个,在校生 3.8 万人,专任教师 2224 人,小学适龄儿童入学率 100%;中学 22 所(其中初中校 15 所,完中校 7 所),初中在校生 2.2 万人,专任教师 1316 人,九年义务教育覆盖率 100%,高中在校生 8789 人,专任教师 557 人;中等职业学校 3 所,成人中等专业学校 1 所,在校生 3982 人;特殊教育学校 1 所;还有福建广播电视大学诏安县工作站、教师进修学校等教育机构。46 所小学、10 所中学获“义务教育标准化学校”称号,4 所完中校获“省级达标校”称号(1 所省一级达标校、1 所省二级达标校、2 所省三级达标校),还有 2 所省级文明学校。1997—2011 年,高考本科上线人数 18095 人,高考各项指标增幅居全市前列。

改革开放以来,财政投入的教育经费逐年递增。1996 年投入 3477 万元,全县学生人均公用经费 369.4 元。2006 年起,落实农村义务教育阶段“免除学杂费、减免教科书款及补助寄宿生生活费”政策,当年支持 2400 万元。之后,全面实现城乡免费义务教育。2011 年,教育经费 3.67 亿元,国家财政性教育经费 3.66 亿元,财政预算内教育经费 3.50 亿元、教育事业费 2.82 亿元。2009—2011 年,全县实施校安工程项目155个,总面积23万平方米。为增加教育经费投入,诏安采取公办、民办、民办公助、公办民助等多种办学形式。

社会捐资助学蔚然成风,"三胞"及地方民众捐资建设校舍、增添设备者比比皆是。1980—1996年,全县侨港台胞捐资832万元,群众捐资8093万元。1997—2011年,社会团体、各界人士亦热忱资助教育,闽粤第一城董事长陈金财捐资200多万元,黄仲咸助学基金、科华老区育才奖学金多年来皆有惠及诏安学子。

二、卫生事业

改革开放后,诏安医疗卫生事业得到重视。1983年,诏安县医院迁入条件更好的新院址,在旧址上兴办县中医院。之后,新设县药品检验所、妇幼保健院。1993年,霞葛分院从县医院析出,成立县第二医院。1996年,全县有6个县级医疗卫生机构、9个乡(镇)卫生院、200个村卫生所;有1家药品生产企业、1家药品批发企业、42家药品零售企业。2000年,诏安初级卫生保健工作通过省级验收合格。翌年,创建初级卫生城市也通过省级验收。

1985年起,诏安逐步推进医疗卫生机构改革,开展职称套改和评定工作。2001年,县医院与省立医院、福建医科大学建立合作关系,实行网络信息化管理及诊疗"一卡通"。

2002年,诏安贯彻中共中央、国务院作出《关于进一步加强农村卫生工作的决定》,以建立基本设施齐全的农村卫生服务网络和以大病统筹为主的农村合作医疗制度为主攻方向。县财政投入经费从2002年403万元到2007年1033万元,6年共投入4337万元。2007年,启动新型农村合作医疗。2006—2010年,诏安实施乡镇卫生院改造提升工程,到2010年,乡镇卫生院全面实现"三有"目标:即有一所符合标准的业务用房,有X光机、心电图、B超、检验及呼吸抢救设备,有一支合格的卫生人才队伍。

2008年,全县卫生机构15个,医院病床623张,卫生技术人员648人。2009年起,诏安用3年时间进行医药卫生体制改革。健全城乡居民的公共卫生服务、医疗服务、基本医疗保障和药品供应监管体系，深化县医院、中医院管理改革，提升乡镇卫生院，并在全省率先实行医院“药房托管”模式。2011 年末，全县各级各类医疗卫生机构 24 个，病床 761 张，专业卫生人员 689 人，完成诊疗 39.7 万人次，住院手术 5547 台次，出院病人 3.5 万人次。

1982 年，计划生育上升为国策，诏安执行计生政策、法规，各级部门、单位齐抓共管，计生工作从无类县到省级二类先进县、一类先进县，一路晋升。2007 年，计生工作荣获省级“计划生育优质服务先进县”称号。

1980—2011 年，加强传染病、地方病的防治。2003 年“非典”流行期间，全县无一病例发生。2011 年，法定报告传染病发病率 456.01/10 万。结合卫生县城、乡（镇）、村（社区）创建，开展群众性爱国卫生运动；注重劳动、饮水、食品等公共卫生的改善；推广住院分娩、新法接生，强化妇女、儿童保健，实施“123”健康工程。

2005 年，被授予“省级卫生县城”称号。翌年，农村卫生保健通过省“初级保健”验收。2011 年，农村安全饮用水普及率 82%，农村卫生厕所普及率 80.6%，新型农村合作医疗参保 48.21 万人，参保率 99.63%；居民人口平均期望寿命 75 岁，其中男性 74 岁，女性 76 岁。

第二节　文艺事业与科技事业

一、文艺事业

“文革”结束后，诏安各种文艺活动相继举办，各种文艺设施次第整修、建设，呈现欣欣向荣景象。

诏安作为原中央苏区县、革命老区县，蕴含着弥足珍贵的革命精神和文化内涵。进入新时期，红色文化建设成就斐然。乌山革命遗址被列入全国红色经典景区，一些遗址被列入省、市爱国主义教育基地；出版《诏安人民革命史》和一些革命回忆录，建置诏安革命历史纪念馆。2009 年前后，伴随着诏安“原中央苏区县”的申报与批准，地方红色文化的宣传、教育达到新的高度。

诏安作为文化部命名的“中国民间文化艺术之乡”，不仅对书画、诗词、灯谜等国粹有所弘扬，而且于潮剧、铁枝木偶戏、古乐、歌册、剪瓷雕、木雕、刺绣、彩扎等地方特色文艺亦加以传承。

书画、诗词为乡人所喜闻乐见，古往今来不乏名家杰作。县内的书画艺术可溯至唐代，于明季渐趋兴盛，清中叶兼工带写、清丽雅逸的“诏安画派”脱颖而出，当代书坛画苑异彩纷呈，不仅能书善画者遍及城乡，而且有众多作品参加全国性赛事获奖。县城除县美术馆、书画院、丹诏书画社外，还有沈耀初美术馆、沈柔坚书画收藏馆等设施、场所。1993 年，诏安被文化部群众文化司命名为“中国书画艺术之乡”。之后，县内书画创作、展览、培训、收藏活动更加活跃。2000 年起，书画艺术节年年举办。诗词创作自宋代以来代有佳作，有不少诗词集册问世。1994 年县诗词学会成立，诗词的研究、创作、吟唱活动经常举行，有 30 多人次的作品在全国性征评中获得殊荣。至 2011 年，诏籍人士加入中国美术家协会、中国书法家协会 24 人，其中任中国书协副主席 1 人、中国美协常务理事 2 人、中国书协理事 2 人；加入中华诗词学会 20 人；全县出版书画集 70 多种、赏评著作 8 种；出版《诏安诗词》13 集、《芝兰集》4 集，共选刊诗词 8700 多首、诗钟 1000 多题、对联 1300 余副；出版个人诗词专著 32 部。

诏地的灯谜活动由来亦久，20 世纪 80 年代地方谜社、谜协和灯谜研究会成立。每值年节、庆典，往往举办谜猜活动，县里还主办过全国灯谜函寄展猜、诏安灯谜大赛。1992 年以来，编印了 3 期《怀恩谜苑》，收集 6000 多条谜语。全国灯谜协会主席郑育斌等 200 余人，在各种大型谜会上获得过猜射、竞制、论文、谜评等名次与奖励。

潮剧系从明代至当今长期流行的剧种，县潮剧团曾走出国门，到泰国、新加坡等东南亚国家演出，获得好评。黄金兴咸金枣等凉果传统制作技艺、庆源号彩扎传统制作工艺、怡梨香木偶铁枝戏传统表演技艺、沈氏艺圃家族剪瓷雕传统制作工艺入列省级非物质文

海峡两岸(诏安)首届青梅节暨书画艺术节开幕式

化遗产项目名录。2007 年，国务院下发《关于开展第三次全国文物普查的通知》，全县共登记文物点 328 处。至 2011 年，乌山闽南革命根据地旧址和南诏镇明代石牌坊群和文昌宫、城隍庙及悬钟守御所城、五通宫、七贤庵等入选省级文物保护单位。

改革开放以来，新的县图书馆、文化馆、美术馆和文化体育中心投入使用，各乡镇文化站配备阅览室、活动室、录像播放室、图书室，一些学校、机关、企事业单位亦添置了文体设备、器材。进入新世纪，互联网设备逐步扩容更新，广播电视实现县乡光纤联网、数字电视转换，增加接收频道，丰富了民众的文体生活。

2011 年末，全县有文化艺术团体 20 个，个人会员逾千人。创作完成的文化艺术作品主要有《诏安县民间文学集成》、《漳南第一关》摄影画册、“诏安风光”百米画卷、潮剧《一门忠义》等。潮剧团 32 个，演职人员约 260 人；县城影剧院、图书馆、档案馆、文化馆、书画院、博物馆各 1 个，乡镇文化站 15 个，还有书店、画廊、音像店和歌舞娱乐场所、网吧等。

主要文化艺术团体有县文化艺术界联合会、县对外文化交流协会、摄影协会、音乐舞蹈协会、民间文学工作者协会、美术工作者协会、书法工作者协会、诏安书画院、硬笔书法协会、诗词学会、作家协会、灯谜协会、指墨研究会、书画收藏学会等。

二、科技事业

1977年，诏安重新设置县科学技术委员会。1978年，县委、县政府召开全县科学技术大会，贯彻全国第一次科技大会精神，诏安科技工作新局面由此开创。

1979年起，各种县级学会、协会与研究会相继成立，之后，各乡镇先后成立科学技术协会。1980年，科委牵头评定科技人员职称。到1984年底，全县评定各类专业科技人员共2705人。1988年起，实行技术职称、职务评定与工资级别挂钩，科技人员的经济待遇得到提高。

全县原有农业科技网点662个，1988年后又有种植大户、养殖大户、科技示范户、专业户加入其中，充实县、乡、村、户四级农科网络。诏安的科技工作者积极开展实用技术的引进、推广、研究。通过大面积推广杂交水稻良种、加强中低产田改造，粮食作物取得较大幅度增产。同时，在经济作物、土壤普查、畜禽饲养、水产养殖、植树造林、水利水电、农业气象、农业区划、工业生产、工程建筑、医药卫生和土地资源普查等项目，也获得了科研成果。至1995年底，全县有24个县级学会、协会与研究会，13个乡镇科协，27个专业研究会；还建立100个科技示范村、1000多个科技示范户。

1996年，县委、县政府作出“科教兴县”重要决策。不久，出台《关于全面实施科教兴县战略的若干意见》，编制、实施科技发展中长期规划及行业计划。

全县构建多层次多行业的科技管理服务体系、示范推广网络和研究创新机制，承担12项部、省级科研项目，数家民营企业协同院校建立茶叶、水产、药品等产学研基地，一些外引内联高新技术产业入驻工业园区、农业基地，起到良好的科技示范作用，对职工的在职培训和对农民的科普宣传制度化、经常化，提高了生产经营者的业务素质。1991—1997年，诏安农业、科技等部门培训农民技术员3418名、农民2.36万人次。

1997—2007年，县财政共投入科技普及、推广、研究、开发经费1.36亿元。涉农科技研究、引进、推广成效斐然，如水产的鱼虾苗种人工繁育、渔船动力、渔网纤维化和灯光围捕、铁笼诱捕；禽畜的人工授精、电脑孵化、保温育雏、杂交圈养、灰鹅复壮；蔬菜的良种引进、薄膜遮阴、地膜覆盖、大棚种植、反季节栽培；水果的无性高压繁育、保花保果保鲜、合理施肥、病虫害防治、抗霜冻等；茶叶方面的新茶种培育、新设备应用、去茶叶苦涩、茶树间作等。1998年，诏安进入"全国科技工作先进县"行列。

其间，诏安共承担科研课题、推广项目200多个，包括稻菇畜结合可持续发展创汇农业技术示范及推广、赤石湾一级渔港建设等部级科技课题、项目；还包括扩建建筑铝塑型材、管材生产线、八仙乌龙茶综合技术标准制定、八仙茶产业化综合技术示范、名优特稀果树种苗基地建设、灰鹅提纯复壮、刺参人工养殖技术及BFA在水产养殖中的应用研究、引进优良晚熟荔枝"双肩玉荷包"品种繁殖、红星青梅标准化生产与加工科技产业化示范、户用分离式浮罩生态沼气池设计和应用推广、生物腐殖酸在蘑菇生产中的应用与推广等省级课题、项目。加快了水产、青梅、八仙茶、蔬菜、灰鹅等重点产业向优质高效发展，科技进步对经济增长的贡献率提升到47%。全县科技研究取得专利65件，有120篇专业论文、学术文章登载于省部级专业学术刊物。先后有10名科技人员受省、市科技部门表彰，并被列入国家、省、市科技拔尖人才名录。

同期，诏安举办各种实用技术培训班4571期，受训3.5万人次；一批外引内联高新技术产业相继落户诏安，培育一批科技示范基地、示范户，促进新技术、新工艺、新机具、新品种、新农药、新肥料的推广应用。

2008—2010年，诏安申报实施省级、市级科技项目34项，其中，"乌龙茶品质改良技术集成及产业化"成为漳州市唯一获省科技厅支持的"一县一业"重大科技项目；海洋生物DHA、生物腐殖酸的研究与产品开发居全国领先地位。同期，新增省高新技术企业3家。诏安以国家级海洋生物医药高科技产业基地为重点，加快金都工业集中区科技产业体系的建设。

2011年,申报市以上科技项目11项,获准立项6项;申请专利35件,授权专利19件。申报引进国外智力项目2个,获批市以上智力项目2个。年末,有独立科研与技术开发机构6个,各类科技人才2.5万人。

第三节 传媒事业与体育事业

一、传媒事业

1982年,诏安沿设广播电台,新建电视差转台,1991年开通有线电视,1996年开通调频电台。1997年起,县广播电台除转播节目外,还自办一些节目。1998年,成立诏安县广播电视台。当时,有线电视《诏安新闻》每周三档,电视专题节目每周一档。1999年,在良峰山建广播电视中心发射塔,增加发射转播中央1套、中央7套、省综合频道3套电视节目,以及3套调频广播节目。2003年,广播电台建立数字音频工作站,实现自动化播出。2007年,《诏安新闻》开播普通话、闽南话、客家话3种语言。2011年,县广播电视台开通1个自有电视频道,还有中央电视台、福建电视台等130个电视频道落户,有线电视用户6.2万户;有9个自办广播节目,并转播中央人民广播电台、福建人民广播电台4个广播节目,全年公共广播节目播出时间7300多小时。

1988年《丹诏乡讯》创刊,2001年增办《丹诏报》。2006年,《丹诏报》停刊,保留《丹诏乡讯》报纸,每周出版4开型4版一期,全年总印数30万份;出版物发行机构29个;印刷复制企业14家。出版物发行网点销售收入2277万元;出版物印刷企业业务收入41万元。

2001年,城区开通ADSL宽带业务,用户数31户。之后,从提供512K速率接入,逐步提升到提供1M、2M、4M的宽带速率接入。

2007年，全县宽带用户7154户，实现村村通宽带。互联星空、远程教育、互动电视、视频监控、全球眼、网上商城、自助建站等基于宽带的增值业务，丰富了宽带业务的应用。1999年有了QQ，2011年有了微信，聊天软件逐渐成为人际沟通基本工具。2011年末，诏安安装互联网端口7.6万个，宽带接入用户2.43万户。

二、体育事业

1989年，中小学开始实施《国家体育锻炼标准》，至1996年全县中小学校达标率93.25%。之后，倡导全民健身，省政府分3次发送全民健身路径配套，全县共26套路径安装点。2005年，县举办第一届全民健身节。2007年，县举办“迎奥运千人健步走”，县领导和1000多名干部职工绕行县城。通过民间体育社团的纽带作用，以及辅导站的热心辅导，社区体育、农村体育得到较快发展。全民健身项目不少于30种，城乡参加健身活动近12万人。

竞技体育也有不俗的成绩，至2007年，县内运动员获国家一、二级裁判员职称21人，国家二级运动员职称19人。诏安籍运动员参加国际体育竞赛获前3名15人次，参加全国比赛获前3名15人次，参加省级比赛获前3名24人次。

随着室内体育场、文体中心体育馆投入使用，县内体育设施及其配套器械日趋完善。2008年，全县体育运动场地面积近50万平方米，其中中小学体育场50个，面积34.9万平方米。

2008—2010年，诏安向体校、运动队输送运动员10人，28人次参加国际体育竞赛，60人次在全国竞赛中获得名次。吴燕聪在第十一届、第十二届残奥会上连获跳高金牌，并打破该项目的世界纪录；沈静思任八一女子排球队队长期间，该队分别获得第十六届亚洲运动会、第五届世界军人运动会女排比赛冠、亚军。

2011年，全县体育场地41.53万平方米，县级文体中心、体育场、体育馆、青少年活动中心、老干部活动中心各1个；省级农民体育园2个；乡（镇）建青少年校外体育活动场所11个，村建农民体育健身场所136个。有县体育总会及8个单项体育协会，举办较多的体育活动有龙舟、篮球、乒乓球、羽毛球、门球、游泳等。

第四节　文明建设与平安建设

一、文明建设

经历十年动乱，一些民众对是非美丑的认识模糊，有的甚至怀疑党的领导和社会主义制度。县委根据中央的指示，在城乡广泛开展“四坚持、三热爱和二个反对”的教育活动。1982 年，针对“自由化”影响，开展反对资产阶级思想腐蚀、清除精神污染的宣传教育活动。

党的十二大以后，开展讲文明、讲道德、讲礼貌、讲卫生、讲秩序教育，组织“岗位学雷锋、行业树新风”活动，提倡“婚事新办、丧事简办、乔迁省办、神事不办”，全县涌现出一批文明村镇和文明单位。1994 年，诏安成功承办“全省第五届精神文明建设暨边界县城联谊交流会”。

1997—2003 年，制定《文明市民公约》，倡导做有理想、有道德、有文化、有纪律的公民，开展“五好文明家庭”创建；弘扬漳州“五种精神”（红军的革命精神、谷文昌的创业精神、龙江的协作精神、女排的拼搏精神、110 的服务精神）。2005 年，实施“公民道德教育千百十工程”，乡镇组织 17 支公民道德建设演讲团进村入户，开展“百城万店无假货”“最佳信用企业”“信用村镇”“信用个人”诚信教育活动。

2006 年起，贯彻落实《公民道德建设实施纲要》；加强爱国主义基地建设；在农村开展“十星级文明户”评选活动，2009 年以来，着力推进社会主义核心价值体系建设，以及“八荣八耻”社会主义荣辱观教育；持续开展“加快诏安崛起，文明服务争先”的主题活动。2011 年，以社会主义核心价值体系为根本，加强形势、政策和公民道德教育，开展各类文明创建活动。

二、平安建设

党的十二大以后，发动群众参与治安综合治理，制定平安建设乡规民约。在1983—1985年的“严打”斗争中，诏安连续组织几次大的战役，荣获省“社会治安综合治理达标县”。1992年，县公安局被评为“全国优秀公安局”和“全国学雷锋先进单位”。

之后，开展普法教育，建立“110”社会联动机制。1995年，整顿农村社会治安工作通过省验收。1997年，全县规划85个安全文明片区(小区)，形成一批省、市级安全文明片区示范点。2000年，成立县公安局110指挥中心。2002年以来，整顿市场经济秩序，开展产品质量、食品安全专项整治。

2004年起，成立县平安建设领导小组，编制《诏安县治安防控体系三年规划》，同年，诏安与饶平、东山、平和、云霄签订治安联防协议。2005年，出台《诏安县公共突发事件总体应急预案》、配套20个专项应急预案和59个部门应急预案。翌年年底，各乡镇(区)均达“平安乡镇(区)”标准。2007年，诏安荣获省级“平安县”称号。

1997—2007年，开展安全生产进学校、企业、社区、农村活动，全县事故起数、死亡人数、受伤人数、经济损失呈下降趋势。同期，加强食品卫生监督和药品质量安全监督。

2008—2011年，全面推进“平安诏安”建设，严格落实综治一票审核关；加强治安防控体系建设，完善突发公共事件应急管理机制；构建县、乡、村三级调解网络。同时，强化安全生产“一岗双责”和企业主体责任。2011年，通过省级首批“平安先行县”验收。

诏安从1986年第一个五年规划的制定，到2011年第六个五年规划的实施，普法教育坚持不懈，对民众的法律知识的提高和法制观念的增强，发挥了积极作用。

第十六章　民生工程　助力圆梦

第一节　劳动就业

一、就业

1979年，采取面向社会择优录取的办法，招收160名全民工人。之后两年，县劳动部门安置城镇7201名失业人员（含845名下乡返城知识青年）就业。至1983年，城镇新就业人数达8805人，其中招工就业5836人。是年全县全民所有制工人17796人、县属集体所有制工人6141人、其他所有制工人1019人。

1984年起，实行劳动部门介绍就业、自愿组织起来就业和自谋职业结合的方针。10月，花墩糖厂试行通过考试招收劳动合同制工人。1996年底，全县有全民工19745人、集体工7360人，其他所有制工人3004人。

1997年，诏安县兼行劳动者自主择业，市场调节就业和政府指导就业。县劳动部门建立实体、网上劳动力市场，为供需双方提供信息平台，其直属单位及乡镇的劳动保障事务所、社区劳动保障工作站亦积极拓展就业渠道。是年，漳州市诏安技工学校采取定向设专业、定向安置的方式，开设电子技术专业（学制3年）和烹饪专业（学制2年），并与诏安城关中学联办幼托专业（学制3年）。翌年，又与诏安金龙文武学校联办保安、文秘两个专业（学制2年）。此后，这几种专业年年开班招生。

随着县内“三资”企业和私营企业逐步增加，以及闽粤地区对适龄员工的大量需求，缓解了新兴人口的就业压力，职业介绍所面向城镇、乡村承接求职登记和企业用工要求，每年介绍数千人就业。2004年，新成立的县劳务派遣有限公司与邮政、移动、联通等用人单位签订协议，向其派遣符合条件的员工。至2007年，全县城乡新增就业人口9.3万人。县职业介绍所介绍就业4.2万人次:劳务派遣有限公司派遣用工2.4万人次，县技工学校毕业生918人亦得到妥善安置。

2011年，帮助686户零就业家庭实现每户至少1人就业，组织616名高校毕业生从事农村基层“三支一扶”工作。2008—2011年，新增城镇就业岗位3.1万个，转移输出就业4.9万人。历年的诏籍大中专毕业生，大部分在外地城市自谋职业。

二、再就业

1997年，安置下岗职工就业248人。1998年，县成立国有企业下岗职工基本生活保障和再就业工作领导小组，建立再就业基金，采取“三三制”的方法，即财政预算安排、企业负担、社会筹集(包括从失业保险基金中调剂)各占1/3，共落实基金80万元，当年发放困难职工补助费28万元。同时，指定县劳动就业管理中心负责全县失业保险基金的征缴发放，将国有企业下岗职工生活保障和再就业管理服务并轨进行。是年，中心登记国企下岗职工3170人。

1999年，县政府出台《关于国有工商企业改革中分流安置的暂行规定》《关于进一步做好下岗失业人员再就业工作实施意见》等文件，从税费减免、资金信贷、社保补贴、财政投入、社会保障、企业裁员等方面采取优惠措施。是年，全县安置职工2034人。随着改革的深入，进入中心登记不仅有托管的国有、集体企业下岗职工，也有农村要求向外转移就业的劳动力。2003年，劳动就业管理中心安置再就业人数2018人，发放下岗职工基本生活保障金79万元。

2006年，县“幸福工程”项目办拨出100万元，扶持232户返乡农民工再就业，种植芥菜1860亩，免费举办种植芥菜科普知识培训班，免租金拨给种植户种芥菜土地，每户平均纯收入8491元。翌年，72名零就业家庭人员参加由政府提供的免费技能培训，培训服装生产加工和毛织等技能。12月，县劳动保障部门及下属单位举办“再就业援助月”活动，参加此次活动的28家企业共提供就业岗位2398个，现场登记失业人员366人。1997—2007年，县劳动就业管理中心介绍就业9.2万人次。

2006—2008年，开展农村劳动力转移“阳光工程”培训工作，共培训农村劳动力2.96万人，农村富余劳动力有序转移。2008—2011年，推荐下岗失业人员再就业3960人。至2011年底，城镇登记失业782人，城镇登记失业率2.95%。

三、就业、再就业技能培训

《中华人民共和国劳动法》《中华人民共和国职业教育法》于1994年、1996年相继颁布，为贯彻两法规定的劳动预备、就业准入制度和持证就业、持证上岗制度，诏安从两个方面进行就业培训工作。

一方面是就业前培训。按劳动预备制度和就业准入制度的规定，凡未能升入高一级学校就读的应、往届初中毕业生和高考落榜的高中毕业生，须经各级、各类职业技能培训机构培训后，方可进入劳动力市场竞争就业。诏安就业前培训单位主要有技工学校、职业中学、劳动就业培训中心等。1998年后，政府免费对国有、集体企业下岗职工进行转岗转业培训。2005年，县劳动部门牵头协调乡镇、部门，实施“农村劳动力培训就业工程”，利用企业及太平职专、北苑职专的师资、场地、设备，设立工农业技术培训基地。2006年，县劳动部门与计生协会配合开展“生育关怀行动”，举办多项目转业转岗培训班20期3216人次。2007—2011年，配合县就业中心，为诏安城乡劳动力转移就业举办各类培训2600人次。通过专业技能培训，既为谋职者创造了条件，也为企业提供所需的岗位人才。

另一方面是就业后培训。县劳动部门执行国家职业技能鉴定制度，以及落实国家规定的职业技术工种持证就业、持证上岗制度。

加强同经贸、质监、建设、生产安全等职能部门及相关企业的协调配合，开展职工的职业技能培训与鉴定工作。1998 年，在水电系统开展 7 项技术工种的职业技能鉴定。2003 年，县质监局对经营液化气行业职工进行培训、考核。2005 年，劳务派遣有限公司为企业代培 3809 人。2006 年，诏安技工学校培训基地对 262 名农民工进行用电操作技能培训。2007—2011 年，县劳动等部门开展 6 个工种 1213 人次的技术工人技能鉴定。

第二节　城乡居民收入与支出

一、农村居民收入状况

中共十一届三中全会后，随着家庭联产承包责任制的推行，加之国家多次提高农产品收购价格，农民收入大幅增加。1985 年，农民人均纯收入 284 元，但发展不平衡，5 个贫困乡人均不足 200 元。1986 年后，通过扶贫综合开发，面貌发生改变。1990 年，全县农民人均纯收入 539 元。

诏安县农村住户抽样调查结果显示：1997 年，农村居民人均总收入 4058.6 元，以家庭经营收入为主，工资性收入为次。家庭经营收入主要有种植业、饲养业、渔业和手工业收入，工资性收入主要从事非农就业所得。是年，人均家庭经营收入 3305.2 元，工资性收入 713 元，财产性收入 40.4 元。扣除经营费用支出、生产性固定资产折旧、税金和上交承包费用，人均纯收入 2835.8 元。2002 年，农村居民人均总收入 4077.8 元，其中家庭经营收入 2094.6 元，工资性收入 1030.9 元，其他收入 952.3 元，是年人均纯收入 3473 元。

2007 年，全县农村居民人均总收入 6031.8 元，其中家庭经营收入 3096.5 元(第一产业收入 1913.8 元、第三产业收入 1182.7 元)，工资性收入 2510.6 元，转移性收入 424.7 元，是年人均纯收入 5227 元。2009 年，农民人均纯收入 6554 元。2011 年，农村居民人均纯收入 8575.4 元，家庭恩格尔系数为 48%，达小康水平。

二、城镇居民收入状况

中共十一届三中全会后，国家数度调高职工工资，恢复奖金制度，增加粮食、副食品等价格补贴，提高职工的劳保福利。1990 年，全县职工年平均工资 1984 元，为 1978 年的 3.9 倍。同时，由于城镇新增大批个体劳动者，不少家庭因而增加了经济收入。1997 年，全县职工年平均工资 5393 元，下岗职工年平均生活费 1151 元。

县统计局城镇住户调查结果显示：2005 年，在职职工平均工资 10124 元，离开本单位仍保留劳动关系的职工平均生活费 2894 元。城镇居民人均可支配收入 6912 元，处于小康水平。2007 年，在职职工平均工资 13551 元，其他从业人员平均劳动报酬 7870 元。是年，城镇居民人均可支配收入 8633 元。2011 年，城镇居民人均可支配收入 14918.9 元，居民家庭的恩格尔系数为 44.2%，达小康水平。

三、农村居民支出结构

改革开放后，诏安农村居民的食品、衣着、住房、日用品等项消费与以前相比，发生很大的变化。食品的品种、数量增加，甘薯已非农民的主粮，主副配搭，荤素调节，食品消费逐渐转向讲究饮食质量，改变了偏主食的传统习惯，肉、禽、鱼、蛋等副食品的需求量上升。主副食品比例由 1984 年的 1∶0.76 转变为 1996 年的 1∶1.94；衣着的样式、数量也在增加，逐渐趋向城市化。由以棉布为主转向以化纤为主，的确良成为农民普遍的衣料，呢绒、毛料、毛线、毛针织品以及各式皮鞋、旅游鞋、长短丝袜等消费增加；在解决温饱后，人们追求住房条件的改善，许多农户旧房变新房、平房改楼房，逐步淘汰传统低矮农舍。新建设房屋普遍为石木、砖木、钢筋混凝土结构，室内装配卫生间、浴室等；农民购买中高档日用品、收录机、电风扇、电视机、摩托车等增多，许多专业户农家女带上金戒指、金项链；1980 年后，农村普及烧煤炭。1990 年后，许多农户用上石油液化气和电气化炉灶；多个乡镇创办影剧院及集体、个体的电影队，广播、电视、电影、书刊、卡拉 OK 逐渐普及。

1997 年，农村居民人均生活消费支出中，食品消费 1198.3 元，衣着消费 100.1 元，居住消费 293.4 元，家庭设备消费 123.1 元，医疗保健消费 23.1 元，交通和通信消费 144 元，文教娱乐用品及服务消费 182.1 元，其他商品和服务消费 57 元。是年，农村居民人均总支出 3460.8 元，其中家庭经营费用支出 1044.8 元、生产性固定资产支出 78.1 元、缴纳税金 14 元、上交承包费 55.5 元、集体提留和摊派 45 元、生活费用支出 2121.1 元、其他非借贷性支出102.3元。

2007 年，人均生活消费支出中，食品类 1939.4 元，衣着类 118.5 元，居住类 1176.8 元，家庭设备用品及服务类 267.8 元，医疗保健类 43.6 元，交通和通信类 336.6 元，文化娱乐用品及服务类 179.3 元，其他 53.8 元。是年，农村居民人均居住面积 30.7 平方米，其中钢筋混凝土与砖木结构住房面积 18 平方米，每 70 户拥有摩托车 51 辆、空调器 7 台、电冰箱 20 台、洗衣机 17 台、微波炉 30 台、热水器 39 台、彩色电视机 73 台、移动电话 56 部、固定电话 76 部。是年，农村居民人均总支出 4959.2 元，其中家庭经营费用支出 375.5 元、生产性固定资产支出 371 元、税费支出 0.2 元、生活费用支出 4110.2 元、转移性支出 102.3 元。2011 年，农村居民人均生活费支出5846.3元。

四、城镇居民支出结构

改革开放后，诏安城镇居民的食品、衣着、住房、日用品等项消费与以前相比，同样发生了很大的变化。食品消费普遍由温饱型趋向小康型，主食消费减少，副食品消费增加，丰富多样，档次提高；穿着哔叽、呢绒、乔其纱、羽绒、皮革制品增多，款式男子有夹克、风雪衣、羽绒衫、西装等，妇女讲究时髦雅致的连衣裙、旗袍、高跟鞋等。成衣销量日增，有补丁的衣服少见；用于住房消费增加，人们自建新房或购买商品房，多为钢筋混凝土结构套间、多层，中西样式结合，配置阳台、走廊、卫生间，适应小家庭居住。注重装修，嵌彩釉瓷砖、贴壁纸，磨光花岗岩地板；电风扇、电视机、洗衣机、收录机等大量进入普通家庭。20 世纪 90 年代，使用组合音响、录像机、照相机、游戏机以及摩托车的不断增加，个别专业户购置小轿车；烧煤逐渐减少，用石油液化气和电气化炉灶的渐增；参加成人中、高等教育的人数逐步增加，地方兴起“文凭热”，健康、健美、旅游、社交、信息沟通成为现代生活的重要内容。

1997 年，城镇居民人均生活消费 4504.6 元，其中商品性消费 3468.6 元、文化生活服务性消费 630.5 元、住房及水电消费 405.5 元。据 2005 年对南诏镇居民生活消费结构的问卷调查，在收集的 100 份有效卷中，各类消费比例为食品占 43.2%，人情消费占7.8%，房屋居住占 11%，娱乐、教育、文化、旅游占 12.7%，交通、通信占 11.5%，医疗保健占 3%，家庭服务占 2.3%，衣着占 5.5%，储蓄或投资彩、股票占 3%。

2007 年，城镇居民人均生活消费 8105 元，其中食品类 3757 元、衣着类 603 元、居住类 1531 元、家庭设备用品及服务类 416 元、医疗保健类 118 元、交通通信类 975 元、文化娱乐用品及服务类 512 元、其他 193 元。是年，城镇居民每 100 户拥有摩托车 100 辆、助力车 10 辆、空调器 36 台、电冰箱 70 台、洗衣机 100 台、彩色电视机 142 台、电脑 20 台、微波炉 54 台、淋浴热水器 94 台、组合音响 44 套、移动电话 166 部、固定电话 102 部。2011 年，城镇居民人均生活消费支出 12837.9 元。

第三节　居民最低生活保障

一、城镇居民最低生活保障

1997 年，县召开建立城镇居民最低生活保障制度工作会议，完成对贫困对象的户数、人数的调查摸底，确定最低生活保障标准为单人户每人月 130 元、多人户每人月 120 元。翌年 1 月，县政府颁布实行《诏安县城镇居民最低生活保障暂行规定》，将 65 户 130 人纳为低保对象，年发放保障金 4 万元，列入财政预算。2000 年，城镇居民最低生活保障标准调整为单人户每人月145元,多人户每人月135元。

2002年,扩大城镇居民最低生活保障范围,将无生活来源、无劳动能力、无法定赡养人或抚养人的居民和无业特困居民、下岗特困职工纳入,享受低保的增至490户1648人,年发放保障金80.8万元。2005年起,对城镇最低生活保障户实施资金总量控制范围内的调整,优先将残疾人纳入最低生活保障范围,同时保障金做到按月足额实行社会化发放。年末,全县城镇低保户773户1710人,发放保障金75.1万元。

2006年7月起,城镇居民最低生活保障标准由上年的每人月160元提高至170元,人均月补差由39元提高至55元。10月,根据民政部、财政部《关于切实做好适当提高最低生活保障补助水平工作有关问题的通知》,最低生活保障标准调整为每人月200元,月补差调整为人均70元。2007年,城镇低保人员增扩至891户1710人,基本做到"应保尽保",按时发放保障金168.02万元,列入县财政预算。

2011年,城镇最低生活保障1208户1980人,支出488.6万元,月人均175元。同时,开展城市医疗救助232人次,民政部门资助参加合作医疗154人次,共支出75.2万元;城市生活无着人员救助938人次,支出37.9万元。

二、农村居民最低生活保障

1997年底,县召开建立农村居民最低生活保障制度工作会议,布置调查绝对对象的户数、人数。翌年8月,县政府颁布《诏安县农村居民最低生活保障暂行规定》。列入范围的农村最低生活保障人员为上年度人均收入低于800元的农村贫困人口,最低生活保障金标准为单人户每人月110元、多人户每人月100元。全县农村低保226户723人,年发放保障金15.2万元,由县、镇、村三级按4∶3∶3分担,所需资金纳入财政预算。2000年,农村低保人员284户919人,发放保障金29.61万元。

2004年，根据省政府《关于全面建立和实施农村居民最低生活保障制度的通知》，县民政部门将上年度人均收入低于1000元的农村贫困人口予以核实公示，有8956户23052人被纳入农村低保范围。年发放保障金1039.9万元，其中省级补助312万元，其余资金由县、乡镇财政按7：3分担，并按月实行社会化发放。2005年，对农村最低生活保障人员实施资金总量控制范围内的调整，全县农村最低生活保障人员基本做到“应保尽保”，并优先将残疾人纳入保障范围。

2007年1月起，根据省民政厅《关于做好农村居民最低生活保障工作的补充通知》，调整农村居民最低生活保障范围，由原来的家庭年人均收入1000元提高至1200元。经调查、公示、核准，年末全县农村低保10586户17653人，月补差由原人均33.29元提高至51.67元。全年发放保障金1036.7万元。

2011年，农村最低生活保障10497户18094人，支出1896.5万元，月补差人均68元。同时，农村医疗救助1110人次，民政部门资助参加合作医疗17996人次，支出409.5万；农村五保集中供养21人，支出5.6万元；农村五保分散供养885人，支出194万元；农村临时救济25人次，支出3.4万元。

第四节　社会养老保险

一、机关事业单位养老保险

1995年1月，诏安县正式启动机关事业单位工作人员退休养老保险。1997年，全县参保单位累计95个，参保人数1196人，参保对象有县直机关、事业单位（不包括教育系统）的招聘录用干部、合同制职工、集体工等。养老保险的缴费比例根据“以支定筹，略有结余”原则，全民所有制单位为工资额的25％，非全民所有制单位为28％；个人缴费均为工资额的2％。缴费基数为单位在职人员工资总额与离退休费总和。实行退休费社会统筹的机关事业单位工作人员按国家有关规定办理离退休(职)手续,经县机关事业单位社会保险机构审核后,支付养老金(项目有基本离退休费、退休补助费、副食品价格补贴、粮油价格补贴)。当年基金征收 237 万元,发放 125 万元。

1998 年 12 月,机关事业单位退休养老保险基金纳入县财政专户,实行收支两条线管理。1999 年 1 月,使用福建省机关社保业务软件,开始计算机管理。6 月,推行养老金社会化发放。2003 年,教育系统工作人员纳入统筹,全县参保单位增至 228 个,参保人数 7201 人,基金征收 1172 万元,支出 977 万元。

2005 年 1 月 1 日起,取消参保单位自行负担养老金的过渡,单位和个人缴纳养老保险费的基数以工资总额为准,工资总额低于《工资基金手册》所核定标准的,按核定的标准作为缴费基数。参加养老保险的人员,其单位缴费部分的养老保险费纳入县财政预算的,缴费部分的比例调整为 19%;不列入县财政预算的,原缴费比例不变;非全民所有制事业单位缴费比例调整为 25%。参保人员个人缴费部分由 2%调整为 4%。规定机关事业单位非在编人员的养老保险,执行企业职工基本养老保险制度。

2006 年 7 月起,增加离退休费,2007 年 1 月起,恢复部分地区补贴,单位缴纳养老保险费基金,统一按在职人员工资总额的 30%,个人缴费比例由 4%调整为 6%。2007 年末,参保单位 228 个,参保人数 7715 人,参保率达 100%;基金征收 5730 万元,支付 5710 万元。

1997—2007 年,全县征收养老保险基金 20483 万元,支付 18733 万元,累计滚存结余基金 1750 万元。2012 年,在职干部职工参保人数 6996 人,征收基金 9663.18 万元;离退休人员 3522 人,基金支出 9271.45 万元;基金累计结余 3919.04 万元。

二、企业养老保险

1978 年,企业职工养老待遇由各单位解决。1985 年 1 月起,11

户国营企业在职工人1483人,由国营企业退休基金管理所统筹管理。1987年,每月收缴养老基金23119.99万元,每月下拨退休费22190.29万元。

1987年12月,新成立的县社会劳动保险公司接管退管所11户实行社会养老保险省级统筹企业,纳入社会养老保险在职工人1462人,离退休人员248人,月人均领到离退休费73.51元。1989年,商业经营性企业按全部职工工资总额25%缴纳职工退休养老保险金,工业、交通及其他行业为17%,职工个人皆按本人工资总额的2%缴纳。后逐年有所调整,1994年比例调为商业29%、工业等21%、职工个人皆为4%。是年底,纳入统筹单位185个,在职职工5640人,离退休人员1527人,月人均领到离退休费218.69元。

1996年,企业按缴费基数的21%缴纳,两年降低一个百分点,直至18%为止;个人按其工资总额4%缴纳,以后每两年提高一个百分点,直至7%为止。城镇个体工商户、私营企业主、自由职业者等非工薪收入者,按其缴费基数的25%缴纳。同年1月,集体所有制企业职工养老保险,由县人民保险公司移交给社会劳动保险公司经办,共有15个单位、职工1275人(其中退休人员339人)。9月,县社保公司将114个机关、事业单位的社会养老保险业务移交县机关、事业单位社会保险公司。

至1996年底,全县纳入省级统筹社保企业112个,在职职工5309人,离退休、退职人员1878人。是年收缴养老金487.91万元,实际支付581.58万元,不足部分由市社保公司拨补及扩大城镇集体企业等养老金收缴面解决。保证1984名离退休、退职人员按时足额领到离退休金、生活补助费,每月人均284元。

1997年,根据《福建省城镇企业职工养老保险条例》和《福建省社会劳动保险费征缴办法》,调整社会养老保险基金征缴比例。企业在职职工养老保险基金按工资额的26%征收(其中企业单位18%,个人8%)。企业职工养老保险扩大至城镇各类企业职工和个体劳动者。是年,全县参保单位128个,参保职工5459人,征收养老保险基金473.76万元,离退休1952人,发放养老基金647.33万元,不足部分,通过由市社会劳动保险公司拨补和扩大城镇集体企业等养老金收缴面解决,保证离退休、退职人员按时足额领到离退休金、生活补助费。

1998年,企业和职工缴纳养老保险费列入厂长(经理)年度考核目标。对欠交养老保险费者下发《催讨通知书》;对特困企业严格办理缓交审批手续;逾期不缴纳又不办理缓交手续,按《福建省城镇企业职工养老保险条例》规定给予处罚。社会养老保险基金纳入县财政专户,实行收支两条线管理。同时,实行养老金社会化发放,离退休人员可凭个人账户到开户银行支取。

1999年,规定所有参加社会保险的企业(单位)一律实行全额申报、全额缴费;对破产、拍卖或解散的国有企业,从其资产变现和转让的收入中预提养老保险金,用于补充养老保险基金;对解除劳动关系的下岗职工采取"协议保留社会保险关系"的办法(即经济补偿金用于缴纳养老保险,以接续社会保险关系);对关闭、破产企业及新参保企业的退休人员,其离退休费先实行社会化发放,逐步推行企业退休人员社会化管理,与企业分离,以减轻企业负担。2000年,农垦企业参保职工按规定补交养老金,当年征收养老基金1343.03万元。

2001年起,社会养老保险基金改由县地方税务局征收,县社会养老保险机构建立企业职工、离退休人员的数据库及个人账户信息系统,完善各统筹单位养老保险基金征收台账和下岗职工解除劳动关系后的养老保险缴费接续工作机制。翌年,调整养老保险征缴比例及离退休费。全县参保单位累计794个,参保职工6452人,征收养老保险基金1142万元;离退休人数3922人,发放养老基金1880.62万元。

2005年,强化为企业离退休人员提供社区化管理服务的功能。从是年开始,凡改革前参加工作、改革后退休的人员,原来的连续工龄视同缴费年限,计算过渡性养老金。标准为每年工龄计算指数为月平均工资的1%至1.4%;缴费不足15年的,退休后一次性支付其个人账户的全部储存额。同时,养老保险个人缴费由原11%调整为

8%,并按规定调整离退休费。2007年,全县退休人员调整基本养老金,调整水平为人均68.32元,月增17.67万元,一次性补发基本养老金53万元。至年末,全县参保单位1287个,参保职工11256人,征收养老保险基金2206万元,离退休5115人,发放养老基金4120万元。

1997—2007年,全县共征收城镇企业职工养老保险基金12625.29万元,发放离退休职工养老金21712.05万元,其不足部分由省政府统筹。2010年,企业职工养老保险纳入城镇基本养老保险。2011年末参加城镇基本养老保险18709人,其中参保职工6988人,参保离退休人员3459人。319家企业建立企业年金,参加职工13562人,年末企业年金累计结存245万元。

三、农村养老保险

1995年,县、乡镇采取政府组织引导与农民自愿相结合的办法,推行农村社会养老保险,以55周岁以下的农村居民为动员参保对象,要求村干部带头参保。至1997年,全县参加农村养老保险247人,征收农村养老保险基金17.38万元,发放农村养老保险1人92元。农保基金实行"省级代管,地市监督指导,县级平衡核算"的管理模式。资金的筹集、发放,采取建立个人账户,实行储蓄式积累,月最低金额2元,按积累总额确定发放标准的方式。

2001年,当年投保人数151人,征收农村养老保险基金9.0万元。发放农村养老保险人数3人。2004年,严格实行农保基金收支两条线管理制度。之后,在广泛宣传参加农村养老保险意义的同时,将工作对象重点放在吸收富裕村村民、种养大户和进城务工经商者,以及土地被征用的农民、农村籍义务兵等。以点促面。依托乡镇劳动保障事务所,建立县、镇、村三级农保网络。2007年,争取新投保人数114人,征收基金102万元。发放保险金47人、2.2万元。同时,做好进城灵活就业农民、村主干、农村计生对象、农村义务兵和普通村民的续保工作。

1997—2007年,全县参加农村养老保险人数1352人,共征收农村养老保险基金444.32万元,发放养老保险金57415元。2010年,诏安被定为国家级新型农村社会养老保险试点县,试点工作于11月启动。12月,县长吴文团、市劳动局局长刘育萍共同主持首批新农保养老金发放仪式。至2011年,全县新农保参保人数达到20.7万人,参保率达93.72%。

第五节　社会医疗保险

一、城镇职工医疗保险

1978年后,诏安县机关、事业单位仍实行公费医疗制度。1997—2000年,医疗费用收入1201.23万元、支出1355.54万元。2001年,随着医疗保险制度的建立,公费医疗管理办公室撤销。县财政拨款单位的离休人员、二等乙级以上伤残革命军人的医疗费用,改由县医疗保险管理中心单列管理。2001—2007年,县财政拨入用于离休人员、二等乙级以上伤残革命军人的医疗费用821.33万元。

2001年1月,诏安县开始实行的医疗保险制度,参保范围为全县行政事业单位和中央、省、市管理的单位,以及有缴费能力的国有企业。医疗保险费的缴费标准:单位按月工资总额的7%,个人按月工资总额的2%,退休人员不缴费。职工个人缴纳的保险费全部划入个人账户(个人手册),单位缴纳的划出30%计入个人账户,其余部分作为统筹基金使用。职工个人账户用于支付个人门诊或小额医疗费用,统筹基金只支付住院等大额医疗费用。参保职工医疗费报销,根据省、市制定的基本医疗保险药品目录、治疗项目和医疗服务设施标准执行。是年,参保单位195个,参保人数13350人。

2003年,全额缴费参保单位实行商业补充医疗保险和公务员医疗补助。2005年,建立乡镇公务员用于门诊费报销的医保个人账户。参保人员缴费在职人员按月工资总额的2%,退休人员不缴纳医疗保险费。用人单位按参保人员的不同年龄段的比例缴费,40

周岁以下按月工资总额的 0.8%，40 周岁以上按月工资总额的 1.5%，退休人员按月退休工资总额的 4.5%。个人缴费和用人单位缴费均计入个人账户，其管理和使用按城镇职工医疗保险制度执行。

2006 年，以非公有制企业为重点，扩大医疗保险覆盖面。同时调整参保单位缴费基数（确定新年度平均缴费基数为 11000 元/人）。医疗保险管理人员加强定点医院、药店协议服务管理，每季度对全县 5 家定点药店进行检查，并随机抽取 100 种药品，进行价格对比和分析。至 2007 年，全县参保单位 224 个，参保人数 17002 人。

2001—2007 年，医疗保险基金总收入 4712.65 万元，医疗费用总支出为 3725.14 万元。至 2011 年末，全县参加城镇基本医疗保险 46078 人，比上年末增长 8343 人，城镇居民医保参保率达 98%。

二、新型农村合作医疗保险

2007 年 5 月，召开全县新型农村合作医疗工作动员大会，成立县、乡镇新型农村合作医疗管理委员会、监督领导小组，新农合工作进入实施阶段。新型农村合作医疗按照“政府组织、群众自愿、科学务实、积极稳妥、公开、公正、公平”的原则，实行个人缴费，集体扶持，政府补助相结合的筹资机制。确定 6 月为缴纳参合金时间。农村以户为单位，按每人年 15 元的标准，一次性缴纳一年半的参合金，由各乡镇组织设立村一级办事机构负责收取。至 6 月 30 日，全县共收缴参合金 783.17 万元，参合人数 348076 人，参合率为 71.04%。农村低保户（含五保户）、镇重点优抚对象参保金个人缴费部分，由县民政局在医疗救助款中代缴。

新型农村合作医疗采取“统一政策、分级管理、全县统筹、合理调剂”的做法，基金的管理和使用严格实行收支两条线，封闭式运作，专款专用。县财政局设基金收缴专户，将农户的参合金和各级政府对参加合作医疗农民的资金补助（省级财政每人年补助 30 元，县补助 10 元）纳入其中，而在县管理中心和 13 个报账中心设基金支出专户。合作医疗基金的使用分为住院医疗基金和风险基金。

基金总额中3％为风险基金，用于在合作医疗基金出险无法调节的情况下弥补；住院医疗基金用于农民住院医药费用补助。

为了改善农民就医条件，采取财政资助、单位自筹相结合的办法，对县医院、中医院、妇幼所及乡镇卫生院进行不同程度的设施、设备改造更新，并开展县内外医疗机构的合作。同时，加强对报账中心的督导，简化报销材料的领取和盖章程序，力求当天现场兑现医疗补偿。参加合作医疗的农民本人持《新型农村合作医疗证》，到县内定点医疗机构及按规定在县级以上或县外医疗机构住院治疗，可享受符合规定的住院医药费用补助。

合作医疗费用补助设立起付线和封顶线。住院医药费用的起付线，乡镇定点医疗机构100元，县级定点医疗机构300元，县级以上或县外医疗机构800元。住院医药费用封顶线，各级定点医疗机构均为3万元。在起付线以上、封顶线以下，报销补助比例为乡镇卫生院75％；县医院、妇幼所为60％；县中医院为65％；县外及以上医疗机构为40％。至2007年，全县参合农民348310人，参合率为76.4％，共收缴参合金783.7万元，兑现医疗费补助742.31万元。

2008年，重新修改出台《诏安县开展新型农村合作医疗制度实施方案》，新增农民住院费用报销多项优惠政策，开通6种特殊病种的门诊报销制度，最大限度扩大参合农民的享受面，进一步降低农民的医疗费用。是年基金总额提高到100元时，及时调整降低起付线，提高补偿标准，即乡镇卫生院起付线从100元调低到50元，补偿比例则从75％提高到85％；县级起付线从300元调低200元，补偿比例60％～65％提高到70％～75％；县外非营利性医疗机构住院的不变，封顶线统一从3万元提高到4万元。

至2011年末，全县新型农村合作医疗参保48.21万人，参保率99.63％。几年的新农合运行，达到“政府得民心、农民得实惠、卫生得发展”的预期效果。

第六节　住房保障

一、城镇住房保障

1995年起，诏安建立住房公积金，将公房出售给住房户，到2001年，出售公房总面积14.5万平方米，解决2389户的住房需要。

1996年，县政府制定《诏安县安居工程实施方案》，按政府扶持、单位支持、个人负担的原则，统一规划、设计，统一征地、施工，统一出售、管理。1997年初，利用房改资金作启动金，开始“安居工程”项目建设。县政府出台对购买安居房的干部职工予以补贴、由财政承担部分安居工程建设配套资金等优惠措施，至2003年，完成全部投资建设任务，建成楼宅23幢746套，总建筑面积6.8万平方米，并配套市政设施，项目总投资4.6亿元。

1997—2011年，为了解决城镇双特困家庭和中低收入家庭的住房困难，以政府为主导开发8.7万平方米的保障型住房，包括廉租住房、经济适用房、公共租赁住房，套型建筑面积控制在60平方米左右。政府通过限户型、限房价、限销售对象和划拨土地等措施，对保障型商品住房市场进行调控，廉租住房保障双特困家庭住房需求；经济适用房供应对象为中低收入户籍居民中的住房困难户；公共租赁住房主要用于政策性安置。这对于缓解县城居民的住房困难，抑制过热的房价，起了一定的作用。

二、农村住房保障

诏安有一些自然村居住条件较差，不适宜开发。改革开放以来，分期分批搬迁到生产生活条件较好的地方。到2001年，搬迁山区43个自然村220户，省、市共补助61.72万元，搬迁户基建项目收费、子女就读费用实行免费优惠。

2006年，诏安先是5月遇台风“珍珠”袭击，复于7月连遭强热带风暴“碧利斯”“格美”重创，为近200年罕见。全县冲毁、倒塌房屋30655间，基础设施遭重创。灾后，全县8259户房屋重建，其中新村点45个3330户，分散重建4929户。政府发放救灾补助款5300万元，其中民房重建补助款4228万元，生活补助款427万元。各类损毁的1000多处基础设施亦得到修复，群众生产生活秩序快速恢复。

2004—2009年，组织秀篆镇彩堂村、彩山村和官陂镇马坑村等地质灾害点群众475户2240人，实施整体搬迁安置，省、市、县共投入资金4700万元。

2009—2011年，在秀篆、官陂、霞葛、太平、建设、四都等乡镇实施省级“造福工程”，搬迁处于恶劣的生存环境抑或地质灾害点的449户1960人，予以集中安置。同期，8所农村敬老院、11所幸福园落成。

第十七章　综合实力　显著增强

第一节　产业经济增量提质

2012—2018年，诏安县一、二、三产业齐发力，经济总量、均量和质量实现新提升。县域经济综合实力不断增强。2016年、2017年、2018年蝉联福建省“经济发展十佳县”。至2018年，全县地区生产总值278.58亿元，其中，第一产业增加值47.93亿元；第二产业增加值120.34亿元；第三产业增加值110.31亿元。三大产业的比重由2012年25.8∶41.5∶32.7调整为17.2∶43.2∶39.6。固定资产投资（不含农户）完成142.97亿元；一般公共预算总收入完成11.13亿元；实际利用外资（验资）完成2.07亿元。

一、第一产业

2012年，重点建设青梅、荔枝、蔬菜、食用菌、水产等5个万亩农业基地；推广高优果蔬农业和绿色生态农业，水果、蔬菜种植面积合计58.5万亩。拥有海水育苗场72家，繁育鲍鱼、对虾等优势苗种。新增钢质渔船30艘，深海捕捞能力增强。全县拥有农业产业化省级重点龙头企业1家、市级重点龙头企业12家。整理土地5077.95亩，改造标准化池塘469.95亩。是年，全县农林牧渔业总产值57.21亿元。全年粮食播种面积29.1万亩，总产量达11.12万吨，被国家农业部列为粮食高产创建县。2013年，成立富硒产业领导小组和富硒产业协会，制订富硒产业发展总体规划，利用富硒资源优势，发展富硒农产品。11月，中国营养学会、福建省地质矿产勘查开发局正式授予诏安县“中国海峡硒都”称号，并现场签约7个涉硒项目，总投资62.1亿元。

2014年，高标准建设富硒蔬菜、富硒水果、富硒中草药等特色产业基地。成功创建全省唯一国家级出口对虾质量安全示范区。2015年，围绕“太平—红星—官陂公田”富硒产业示范核心带，建立富硒农业示范基地，开发出20多种富硒农产品，国家工商总局批复诏安县“福硒”商标申报。建成西潭2个水稻高产万亩片，新增蔬菜大棚4000亩，建成一批茶叶、水果标准化种植基地，林下经济总面积15.15万亩，西山农场南美白对虾健康养殖示范基地获得农业部无公害产地认证，“诏安八仙茶”入选全国名特优新农产品名录。

西埔梅园

2016年，全县土地流转9.65万亩，占全县家庭承包经营耕地面积的42.8%，涉及农户4.79万户，建成各类蔬菜大棚4.01万亩，基本形成“公司+农户”、农民合作社和专业协会等新型组织模式，初步形成茶叶、水果、蔬菜、水品产等特色种养殖板块。当年全县农业总产值79.78亿元，蔬菜产量32.14万吨，水果产量22.48万吨，茶叶产量1.06万吨，水产品产量32.83万吨。2017年，县财政安排3000万元，扶持富硒青梅、八仙茶、蛋鸡三个特色主导产业和富美乡村建设。“诏安八仙茶”行业标准通过全国茶叶标准化技术委员会审定；发起编制福建省《富硒农产品硒含量分类要求》并获批发布，建成富硒农产品检测中心，进一步促进富硒产业发展。

公田茶园(许少球 摄)

2018年，扶持发展粮食、蔬菜、水产、水果、青梅、八仙茶、畜牧、中药材等八大产业。青梅总产值38亿元，八仙茶总产值10亿元，富硒蛋鸡总产值1亿元。太平镇入选全国农业产业强镇，红星乡、太平镇、官陂镇、霞葛镇等乡镇入选诏安青梅福建特色农产品优势区。“诏安八仙茶”供销合作行业标准获得中华全国供销合作总社批准发布。

二、第二产业

2012年，诏安县统筹资源优势和现有基础，规划总面积56.6平方公里的海洋生物、水产品加工、婴童用品等特色专业园区，进一步完善“飞地工业”(坐落于甲地而产值、税收归属乙地的工业集中区或工业项目)激励机制。是年，全县工业总产值168.83亿元，其中规模以上工业产值141.2亿元。全县规模工业企业数138家，其中产值上亿元工业企业数43家，纳税上千万元工业企业数5家。完成全部工业税收2.17亿元。2013年，抓金都海洋生物产业园、诏安水产专业加工区、婴童用品产业园和梅岭临港工业园等四大特色园区的开发建设，促进产业项目集聚。

2014年，重点抓好招商引资、项目建设，园区发展凸显聚集效应。县工业园区入驻企业160家，完成税收1.2亿元；金都工业集中区入驻企业32家，完成税收4386万元。2015年，按照“一区两园”的模式完善全县工业区建设和管理体系。“一区”即把全县园区整合成诏安工业园区，“两园”即诏安工业园区和金都工业集中区。同时，在“两园”中各确定一个5000亩左右的核心区，重点打造海洋生物、新能源汽车、婴童文化产业。11月，福建麦凯智造婴童文化股份有限公司全面完成挂牌，实现诏安县“新三板”挂牌企业零的突破。

福建麦凯智造婴童文化股份有限公司厂区

2016年，按照“两区多园”的模式，将全县各工业小区整合并入诏安工业园区或金都工业集中区，其他乡镇不再布局新的工业项目。全县新增规模工业企业14家，总数165家，实现规模工业总产值324.84亿元。海洋生物、水产品加工、婴童用品和青梅制品等“四大主导产业”合计实现工业产值119.57亿元，其中，水产品加工类、青梅制品类、婴童用品类和海洋生物医药类分别实现工业产值59.4亿元、33.01亿元、17.45亿元和9.71亿元。全县产值超亿元企业117家，实现产值296.37亿元，对规模工业产值增长的贡献率达94.4%。

2017年，基本完成工业园区整合工作，白洋、深桥、西潭54家企业整合归并到诏安工业园区，林头、东湖39家企业整合归并到金都工业集中区，加快转型升级，工业园区产业发展迈上新台阶。总投资30亿元的猛狮锂电池一期项目于3月正式量产，年产值可达15亿元。

2018年，收集省市有关惠企政策，制成《2015年以来各级扶持企业发展政策汇编》，帮助符合条件的企业及时申报和兑现增产增效奖励。水产品加工、青梅加工、婴童用品和海洋生物四大传统主导产业全年实现产值170.25亿元，占全县规模工业产值比重的42.98%；集中力量建设标准化工业园区，提升园区供水、供电、道路、污水处理设施和生产生活配套水平。

三、第三产业

2012年，全县第三产业增加值43.22亿元。2014年，借助“富硒养生，健康长寿”品牌，推进大乌山、城洲岛等旅游开发项目。海峡两岸（诏安）文化创意书画产业园入选省文化产业园区名单。限额以上消费品零售总额25.82亿元。金融市场稳健运行，汇通村镇银行开业，全县本外币各项存款余额和贷款余额分别为93.84亿元、45.25亿元。

2015年，第三产业增加值增幅首次超过工业。商贸、旅游拉动有力，成功创建“省级农村电子商务示范县”和全省第10个“农村淘宝试点县”，“双十一”期间全县村淘订单总量和村均订单量均排名全省第一。房地产项目完成投资14.05亿元，商品房销售面积13.37万平方米，销售金额6.59亿元。新增限额以上商贸企业15家，限额以上消费品零售总额34.7亿元。新增2家规模以上服务业文化企业，打破县域无规模以上服务业文化企业历史。

2016年，积极发展“青山”“滨海”“文化”“温泉”等特色旅游，打造“九侯—乌山—南门”山海健康养生旅游带；完善县、乡、村三级物流配送体系，电子商务服务中心入驻企业22家。全县规模以上营利性服务业营业收入同比增长129.1%，其中，租赁和商务服务、居民服务和文化、体育和娱乐业增速均超过100%。全县商品房销售面积26.88万平方米，增长101.1%。金融存贷同步增加，金融机构本外币存款余额121.36亿元，贷款余额57.44亿元。

2017年起，全县加快旅游、文化、电子商务等新兴产业发展，不断培育县域经济新增长点。同时，打造“长寿富硒之乡、生态颐养之城”，引进恒大康养小镇等一批项目。加强与阿里巴巴（农村淘宝）合作，引进苏宁云商、京东商城、易田网购、国盾互联商城等平台，2018年，全县电商企业170多家，电商网商总数近2400家，农村淘宝村级电商服务网点79个，电商从业人员1.5万余人，拥有配套服务“诏安品牌”产业链上下游企业40多家。全年实现电子商务交易额10.52亿元，网络零售额8.26亿元。成功入选“全国电子商务进农村综合示范县”，获专项资金2000万元。

第二节　基础设施日新月异

一、交通设施

2012年，全长1.83公里的漳州沿海大通道（诏安段）林头至大山产桥路段正式通车；新建和续建农村公路里程27.9公里，建设通自然村公路44.19公里，完成潭光桥等6座危桥改造，建立健全分级养护管理办法。

2013年，厦深高铁、沈海高速复线顺利通车，结束了“诏安无铁路、山区无高速”的历史；编制完成全县乡村道路路网规划；5个“镇镇有干线”项目顺利推进，实施农村道路安保工程26.1公里。2015年，推进国道改线、沿海大通道、九侯大道、白洋至纵二等重大交通道路建设，累计完成投资5.76亿元；改造危桥8座，完成农村公路安保设施里程351.2公里；“镇镇有干线”建设乡至红星乡、纵二线梅东村至梅州华侨农场建成通车。

2016年，按照市委建设环东山岛经济区的路网规划，投资56亿元，重点打造沿海大通道诏安段、九侯大道、白洋至纵二线、江滨大道，及实施国道324线诏安城关段改线。翌年，完成国道改线项目

诏安动车站(许少球 摄)

和九侯大道一期、白洋至纵二线公路建设;续建沿海大通道诏安段、九侯大道及国道324线诏安城关段改线;投建金洋大道、江滨大道。至2018年,国道324线"白改黑"路面工程稳步实施,梅园路、玉峰路、玉良路等市政道路"白改黑"和立面改造工程基本完成。

二、通信设施

2012年,城乡信息基础设施进一步对接,发展第三代移动通信网络,完成涉及95个村、3727户的广播电视"村村通"提升工程建设。中国电信诏安分公司建立集语音、数据、视频等业务为一体,以电话、网络视讯、电脑、3G为终端的多功能、全覆盖立体化通信服务网络;中国移动诏安分公司加快发展移动互联网,全县基站总数超过300个,2G网络覆盖率达99%以上,3G网络县城覆盖率达90%以上,所有基站都开通EGDE信道,提高了通信网络整体的带宽和质量;中国联通诏安分公司建成移动通信2G基站184个、3G基站98个,光缆线路总长1038千米,各类用户超过6万户。

2015年,电信公司争取资金投入光网络基础建设,新增光网络覆盖用户约1万多户。搭建电信百兆天翼4G移动互联网,全年新建及升级4G基站226个站点;移动公司建成2G基站344个;3G基站190个;4G基站340个,逐步推进交通、医疗、城市管理、民生、旅游、校园等行业领域的信息化应用;联通公司全面启动宽带光纤化改造工程,新建4G基站56个、3G基站93个。

2017年,电信公司建成高低频协同的高品质的4G网、端到端高品质的光宽网;移动公司完成高速高铁、重要国道的连续覆盖以及景区的有效覆盖;联通公司3G、4G建制村覆盖率分别为96%、82%。至2018年,中国移动诏安分公司推进山区4G精品网络项目,实现镇(乡)区100%连续覆盖,高流量、低驻留建制村100%有效覆盖的目标。完成高速高铁、重要国道的连续覆盖以及景区的有效覆盖。同时推进宽带建设。当年全县小区宽带总端口102738个,建制村实现光纤全覆盖。

三、水利设施

2012年,修复病险水库13座,完成6条海堤除险加固9.1公里,清淤整修亚湖等中小型灌区渠道50.5公里;推进农村安全饮水工程建设,解决秀篆、太平等4个乡镇(场)5.63万人的安全饮水问题,投入1677万元完成城区防洪堤及护岸工程。2013年,水土流失综合治理投入8420万元,面积68.32平方公里;强化饮用水源保护区及其上游地区污染源监管,集中式饮用水源水质达标率100%;启动污水处理厂及污水管网BT项目建设,东溪截污干管工程接通运行,城区污水负荷率提高一倍以上。2014年,实施水库除险加固工程14座、东西溪河道清淤疏浚2公里;实施节水工程3处、农村安全饮水工程1处,解决饮水不安全人口2万人;开展农田水利基本建设,新增灌溉面积2500.05亩,改善灌溉面积1.20万亩;治理水土流失6.02万亩。

2015—2017年,全县水利工程建设完成总投资6.85亿元,实施水库除险加固、东溪城区防洪排涝工程、灌区节水改造、中小流域治理、水土流失综合治理、海堤强化加固、山洪灾害治理、农村安全饮水、农田水利基本建设等,新增改善灌溉面积1.95万亩。

至2018年,县内各类水利设施4607处,基本形成引水、蓄水、提水、排涝和堤防水利网络;有效灌溉面积 27.75 万亩,保灌面积 22.20 万亩,分别占耕地总面积的 84.1%和 68.6%。

四、电力设施

2012 年,全县共有 220 千伏变电站 1 座、110 千伏变电站 4 座,电量增长率 12.33%,居全市第 2 位。建设与改造新农村电气化乡镇 6 个、村 79 个。2013 年,扩容改造水电站 7 座,完成宫口输变电工程、秀篆镇 35 千伏变电站输变线路建设。2015 年,35 千伏秀篆输变电工程、35 千伏宫口变升压 110 千伏输变电工程投入运营;解决秀篆镇长期低电压问题和梅岭镇及临海工业园区负荷需求。新建、改造农配网进一步改善了配电网网架结构,提高了配电网电能质量与可靠性。

2016 年,新扩建主变总容量 27.15 万千伏安,线路总长度 56.75 公里;新建及改造 10 千伏线路 295.56 公里,0.4 千伏线路 391.05 公里;新增及改造配变容量 12.23 万千伏安;110 千伏桥东变二期扩建顺利投产,解决 110 千伏桥东变单线单变及 110 千伏凤寮变重载问题;110 千伏金都输变电工程竣工投产。2017 年,新扩建主变总容量 274.65 兆伏安,35 千伏及以上线路总长度 193.6 公里;新增及改造配变 186 台,容量 6.964 万千伏安;新建及改造 10 千伏线路 157.906公里、0.4 千伏线路 156.66 公里;110 千伏林头输变电工程、35 千伏官陂输变电工程竣工投产。

至 2018 年,全县有 220 千伏变电站 2 座、110 千伏变电站 7 座、35 千伏变电站 5 座;35 千伏及以上输电线路 19 条,线路总长268.67 公里;10 千伏配网线路 87 条、线路总长 1413.64 公里。境内 10 千伏及以上并网电源总装机容量为 14.04 万千瓦,电源结构主要为小水电、风电及光伏发电,其中,水电装机容量 5.44 万千瓦,风电装机容量 5 万千瓦,光伏 3.6 万千瓦。

第三节　民生福祉不断改善

一、教育、医疗

2012—2015年，新增中小学校舍203幢，面积31.1万平方米，新增考聘录用教师648名，顺利通过省级“双高普九”验收和国家“义务教育发展基本均衡县”督导检查。2012年，投入1803万元采购教育教学设备。2014年，首次荣获“漳州市高中教育教学质量先进县”称号。2015年，通过市级“义务教育发展基本均衡县”验收，获市“高中教育教学质量达标县”称号，全县高考本科上线1838人，上线率达74.8%。同期，医药卫生改革全面铺开，实施县医院和四都中心卫生院、中医院和南诏社区卫生服务中心等医联体项目，建立健全分级诊疗制度；实施县中医院搬迁工程，建成县卫生监督所和深桥、西潭、四都、建设等卫生院门诊综合楼，完成90个行政村卫生所(室)标准化建设。2015年新农合参合率保持100%，全年共补偿住院农民40778人次，人均补偿8890元。落实单独二孩、全面二孩计划生育政策。全县97周岁及以上老人222名，其中百岁老人有117名。

2016年，通过“义务教育发展基本均衡县”国家级验收。11个校安工程竣工，总面积1.12万平方米；投入5713.9万元补充教学设备。实施公立医院改革，实行城乡居民基本医疗保险一体化，将城镇居民医保纳入新农合，全县住院报销补偿4.73万人次，报销金额2.25亿元；门诊补偿17.69万人次，报销金额4436万元；招聘卫技人员104名。2017年，获“漳州市高考教育教学质量先进县”，江滨教育配套工程、第二实验小学、南诏中心小学等项目开工建设；建成四都中心卫生院公共卫生大楼、西潭中心卫生院门诊综合楼；城乡居民医保参合率保持100%。

2018年，诏安职校新校区基本完工，桥东镇、霞葛镇、秀篆镇等9个乡镇公办中心幼儿园投入使用；蝉联“漳州市高中教育教学质量先进县”，获“漳州市初中教育教学质量达标县”。加快整合优化县医院、县中医院及基层医疗机构，成立县总医院；建成四都镇、西潭镇、太平镇等乡镇卫生院门诊综合楼；新建公办标准化村卫生所109家，实现行政村全覆盖。

二、文化、体育

2012年，推进文化馆一级达标、青少年校外体育活动中心等项目建设，建成诏安书画展示交易中心和数字3D影院；完成文化惠民工程“农家书屋”工程建设，并通过省、市验收；完成28个村级农民体育健身活动工程场地建设；完成第三次全国文物普查工作；县博物馆获省文化厅批准为三级国有博物馆。2013年，在市第十二届运动会中获3金2银7铜成绩；完成第六次全国体育场地普查工作。8个单位被评为省级文物保护单位，43个单位被评为县级文物保护单位；完成博物馆维修工作及诏安县文物地图集编写工作；出版《书画艺术之乡20周年书画精品集》。

2014年，成功举办县第五届运动会，完成省运动会柔道比赛项目承办工作，组织参加第七届市农民运动会；成功举办“台湾、香港、印尼、大陆两岸四地书画展”。2015年，“一村一书屋”建设全面完成；新建文体中心、综合档案馆、乡镇体育健身中心；举办全民健身运动会、当代台缘书画家作品展。完成2014—2015年新建体育场地普查登记工作；图书馆完成旧书古籍搬迁和安置。

2016年，出台《诏安县竞技体育奖励办法》，举办全民健身日、“海丝遗韵”诏安青年书画作品展；开展文化“三下乡”、文艺比赛、书画展、全民阅读活动和非遗文博宣传；13项全民健身体育项目参加人数约2600人次。诏安籍运动员参加世界级大赛和国家、省、市体育竞赛表现优良。2017年，设立“翰墨薪传”专项基金扶持书画艺术人才，复办丹诏书院，成立诏安书法研究院，建立5个书画写生基地；在漳州市第十三届运动会中荣获22枚金牌，创历届最佳成绩。

2018年，举办“墨香诏安·中国画作品展”等30多场书画作品展，62名书画类考生被本科院校录取。推进总投资6.5亿元的县美术馆、博物馆建设进度，启动实施牌坊街、文昌宫等文化遗址修复工作；诏籍运动员在第十六届省运会上取得“一金七银四铜”良好成绩，成功举办诏安县第六届运动会和20多场全民健身运动会。

三、民生事业、社会保障

2012—2015年，实施97个为民办实事项目，完成投资31.77亿元。新增城镇就业人数1.89万人，转移农村富余劳动力4.9万人；建设各类保障性住房4482套，建成3367套，完成配租2569套；城乡居民社会养老保险整体参保率达到95%，基础养老金由每月每人60元提高到105元；新农合基金各级政府补助由每年人均240元增加到420元。城乡低保标准逐步增长，累计发放城乡低保金18437.4万元，发放农村五保金1868.8万元；城镇居民人均可支配收入年均增长9.8%，农村居民人均可支配收入年均增长10.6%。

2016年，组织实施南环城路改造、江滨新区教育配套工程、造福工程等18个为民办实事项目，完成投资9.28亿元；新增城镇就业人数3621人，转移农村富余劳动力10402人；实施保障性安居工程，完成528套保障性住房配租入住工作；累计发放城乡低保金4172.12万元，农村低保标准由人均补助154元/月提高到196元/月，发放农村五保金480.26万元；实施造福工程6400人，全部完成搬迁入住，投入资金3.85亿元；建成5个省市级集中安置区，完成114户贫困无房户安居工程。2017年，落实363个涉及教育、卫生、养老、城乡基础设施四大方面的补短板项目，投资1.4亿元于15项为民办实事项目。城乡养老保险参保对象续保缴费达96%以上，全民参保登记完成100%。

2018年，持续推进223个民生补短板项目，完成投资40.3亿元；组织实施20个为民办实事项目，完成投资6.4亿元；全面完成农村饮水安全工程，亚湖供水第二管线工程顺利通水，多年来城乡供水紧张问题得到有效缓解；农村低保标准每人每年从3930元提高到6960元；农村居民人均可支配收入16194元，城镇居民人均可支配收入29773元。

第十八章　党的建设　与时俱进

第一节　党的政治、思想建设

一、政治建设

“文化大革命”结束后，诏安县各级党组织和广大党员在揭批“四人帮”的政治斗争中经受了锻炼和考验。1979 年 2 月，县委召开四级干部会议，传达中共十一届三中全会精神，部署党的工作重点转移。之后，举办党员训练班、干部读书班，学习领会中共中央《关于建国以来党的若干历史问题的决议》《关于党内政治生活的若干准则》，在大是大非问题上与党中央保持一致。

1983 年，党员领导干部 533 人参加《邓小平文选》读书班。1985 年，组织 10046 名党员分批轮训，学习讨论《中共中央关于经济体制改革的决定》《中共中央整党的决定》。1986 年，全县初步形成党员电化教育网络，实行播放点“一月一片”播放制。翌年，各乡镇场均开办有党校。1989 年，全县党员、干部学习党中央、国务院关于平息北京政治风波的学习材料。1991 年，143 个电教播放点播放《东欧巨变》等 16 部党课电教片，受教育 13 万人次。6 月，县直系统 6 个党委开展马克思主义基本原则、党的基本路线、党的基本知识竞赛，从中选拔组建诏安代表队，参加漳州市竞赛，获第一名。

1995 年，党员 1.5 万人次参加中国特色社会主义理论学习。1997 年，全县党组织开展学习贯彻十五大精神活动。1998 年，县委中心组及全县科级干部学习邓小平理论。2003 年，举办党的十六大精神培训班，参研 1195 人。翌年，县委中心组学习《中共中央关于加强党的执政能力建设的决定》，结合领导调研活动。

2005 年，县委出台《关于深入开展理论学习，争当学习型领导干部活动的意见》，巩固和规范中心组理论学习。2006 年，县领导带头作辅导报告，撰写调研文章，发表学习心得。2009 年，各级党组织及党务工作者分 3 批开展科学发展观学习实践活动。2012 年，市委宣讲团到诏安宣讲党的十八大精神。翌年，对 620 名科级干部进行党性、信念教育轮训。2016 年，中共中央《关于新形势下党内政治生活的若干准则》和《中国共产党党内监督条例》发布，同时发表习近平总书记关于《准则》《条例》的说明，县委组织学习、贯彻活动。

2017 年，围绕习近平新时代中国特色社会主义思想和党的十九大精神，县委理论中心组分 12 场次、多个理论专题学习领会，带动各级党委（党组）学习。同时，宣传部门向各支部发放《党章》《全面从严治党面对面》《十九大报告辅导读物》系列读本。2018 年，县委召开政治建设推进会，各个党委开展"不忘初心、牢记使命"主题教育，引导广大党员树立"四个意识"、做到"四个服从"，在政治上同以习近平同志为核心的党中央保持一致。

二、思想建设

1978 年 12 月召开的中共十一届三中全会，否定了"两个凡是"的错误方针，重新确立解放思想、实事求是的指导思想，县委组织党员、干部认真领会。1986 年，县委贯彻全国党员教育工作座谈会精神，把提高党员素质、搞好思想建设摆在首位，对党员进行理想、纪律、法制、文化知识教育，并开始对入党积极分子进行入党前教育。

1988 年，全县订阅《支部生活》8968 册，之后连续多年保持逾万份的订数。1990 年，以县、乡（镇）党校为阵地，开展"发扬党联系群众的优良传统，全心全意为人民服务""新时期如何发挥党员的先锋模范作用"等 5 个专题教育，受训党员 1.3 万名。

1991年起，诏安用3年的时间，先农村、后城乡接合部展开社会主义思想教育运动。县党校举办4期副科级以上干部培训班，学习邓小平的“南巡讲话”和建设有中国特色社会主义理论，进一步增强改革开放意识。1993年，举办“颂党恩，记党情”“七一”歌舞晚会。翌年，县委组织部被中共中央组织部授予“全国党员电化教育先进单位”称号。1996年，全县党员开展“在社会主义市场经济中如何坚持党员标准，发挥党员先锋模范作用”大讨论。至是年，全县共有党校18所(县1所，乡镇场15所，机关系统党委1所，企业1所)。

1998年，对全县基层党支部的“三会一课”(支部党员大会、支部委员会、党小组会和党课)情况，县委组织部予以定期检查和随机抽查。1999年，贯彻中共中央《关于加强和改进思想政治工作的若干意见》。翌年，在全县党员中开展“三讲”(讲学习、讲政治、讲正气)，通过学习党章，对照党员标准查看自己是否合格，对照“三个有利于”标准查看自己所起的作用。

2001年，开展“三个代表”重要思想学习教育活动。乡镇、县直机关和行政村(社区)党员干部共6923名参加，查摆出问题4382个，制定整改方案322份，到第二年全县完成整改项目3413个。2005年1月至2006年4月，全县分3批开展保持共产党员先进性教育活动，涉及27个党委、51个党总支、688个党支部、18232名党员。活动经调查摸底、组织整顿、制定方案等预备工作后，再通过思想发动、学习培训，党性分析、民主评议，抓好整改、巩固提高等阶段循序渐进。

2006年，组织党员干部学习《胡锦涛同志在庆祝中国共产党成立85周年暨总结保持共产党员先进性教育活动大会上的重要讲话》《中共中央关于构建社会主义和谐社会若干重大问题的决定》。2008年，全面开展“解放思想、创新工作”专题思想教育。2009年6月，县委召开纪念中国共产党成立88周年庆典暨诏安被确认为“原中央苏区县”大会。

2010年，在全县推进学习型党组织建设，以党员、干部的思想教育为重点，宣讲小分队分赴各地专题辅导，利用视频资源开设“讲坛”。2012 年,通过举办理论骨干培训班、请专家学者专题辅导、召开经验交流会,带动各级各部门集中学习 2326 场次。翌年,231 名村(社区)党组织书记参加十八大精神轮训。2014 年,在 9 月 30 日全国性的烈士纪念日,县四套班子领导和各乡镇、机关、团体、企事业单位、驻诏部队及各界代表,到县烈士陵园缅怀革命先烈。

2015 年,按《2014—2018 年全国党员教育培训规划》及党员教育培训“十百千万”工程安排,县指导党员创业就业培训中心和乡镇党员轮训课堂,开展党务知识、政策法规、文件精神解读及实用农业技术等各类培训。全年办班 82 期,参训党员 9090 人次。2017 年,全县共创建“乡村党校”214 个,依托乡村党校,结合十九大精神宣讲,上党课 379 期,培训党员 2.4 万人次。2018 年,组织实践贯彻习近平新时代中国特色社会主义思想和党的十九大精神。

第二节　党的组织、作风建设

一、组织建设

党的十一届三中全会后,党的组织生活得到恢复。根据中央“积极慎重,重在培养,成熟一个,发展一个”的精神,党委、支部有计划、有重点地进行入党对象的考察,着重从工农业、财贸、科研、文教、卫生第一线吸收新党员。同时,诏安遵循中央“有反必肃、有错必究”的原则,全面细致地复查历史遗留案件,平反大量冤假错案、落实干部和知识分子政策。

中共十二大以后,县一、二级机构改革,以“革命化、年轻化、知识化、专业化”为干部考核的重要条件。至 1984 年底,全县各基层党组织共发展新党员 635 名;县委常委和社、场党委书记做了较多调整。是年,重新开始评先选优活动,评选出先进党支部 26 个、优秀共产党员 94 名。

1985 年初,全县开始分期分批整党,清理“三种人”,在运动后期进行党员登记，到1987年6月结束，全县有293名党员受党纪处分或暂缓登记。之后，干部考核以“德、能、勤、绩”为主要标准，党员的发展则将优秀知识分子和先进青年列为重点。1986年，县委要求每个乡镇党委培养考察非党积极分子100至200名、县直党委50至100名。1987年，全县各乡镇党委完成农民党员建档7765份。

1989年，县内党员80名以上的村党支部和乡（镇）直机关党支部建立党总支，下设分支部，以解决“开会难集中、党员难管理、任务难完成”的实际问题。同时，确定“一类支部七项标准”（即支部班子建设、发展党员、党员教育管理、精神文明建设、制度建设、党员先锋模范作用和各项任务完成情况）。1991年，全县有216个村党支部通过竞赛一类达标。

1991年，第一轮村级组织建设三年规划开始实施，至1993年全县共评出106个达标村，四都镇、桥园村、五通村为省“村级组织建设先进镇（村）”。1994年，县委组织部制定《诏安县农村发展党员工作三年规划》，遵循“坚持标准，保证质量，改善结构，慎重发展”方针，要求每个村年发展1～3名党员，保持5～10名入党积极分子常数。

1996年，县委结合乡镇换届，将一部分德才兼备的年轻干部选拔到领导岗位；又在八届八次全会上通过党的建设五年规划。1997年起，县委开展评选“党建工作百颗星”活动。把全县党建工作所涉及的乡（镇）党委、村（居）党支部的班子建设、制度建设、党员队伍建设、集体经济发展、“奔小康、建新村”等工作进行细化和量化，分为12项具体指标（乡镇、村居各6项）。分3年进行评选授匾，以“摘星”数目的多少来评定基层党建工作的好坏。

1999年，撤销县直机关7个系统党委，成立县直机关党工委，下设15个机关党委，同时调整部分党组。金融系统的党员转回条条部门单列管理，县国税、地税、工商等条块管理的党员，转移到乡镇基层所站，进行属地管理。建立20个亿元村，35个农村党建工作联系点。是年起，凡经支部通过报批的预备党员须对外公示，以征求党内外意见；科级干部实行任前公示、竞争上岗。

2000年,开展农村党支部书记“4+1”素质建设活动。一是“选”,试行“两推一选”农村党支部班子成员。二是“联”,建立联村党总支部的做法。三是“派”,先后从大中专毕业生、机关、乡镇和异村选派19名党员跨村担任党支部书记。四是“训”,即选派村支书到培训基地或各类院校深造。2003年,开展乡镇党委“四查四教育”活动。即查思想、查作风、查工作、查廉洁,及政治组织观念教育、群众观念教育、政策法规教育、勤政廉政教育。

2006年,探索“支部+协会+网络”的工作运行模式,全县建成“三级核心网络”的村有204个,工作网站804个,党员责任网点7184个。2007年,成立“中共诏安县委驻外流动党员工作委员会”,设立驻广州、驻深圳、驻东莞等6个党支部。2009年,全县99个村级组织活动场所,通过新建、修缮、改造,全部投入使用。

2012年起,全县15个乡镇、217个村全面开展农村基层党建典型创建竞赛活动,连续进行3年。2014年,对23个软弱涣散的村级党组织,配齐配强班子,开展重点整治。2016年起,全面推行村(社区)主干向乡镇党委、政府和党员、群众述职工作的做法。2017年,全县有20个党组,29个党委,3个县委派出工委,47个党总支,825个党支部,共有党组织901个,党员总数26111名。与1977年相比,增加38个党总支、445个党支部、16725名党员。2018年,以组织体系建设与重点,着力培养忠诚、干净、担当的高素质干部,坚持德才兼备、以德为先、任人唯贤。

二、作风建设

1980年,各级组织以《党内政治生活的若干准则》为内容,层层举办党员培训班,对照检查党内存在的不正之风,认真加以解决。1982年,对干部住房、招工、招干进行清理整顿。

1983年,对1万多名党员进行党性、党风、党纪教育;贯彻中纪委《必须坚决制止党员、干部在建房分房中的歪风的公开信》精神,清理违规建私房30间,清退干部多占公房28间。1984年起,实行党风建设“一定三包”责任制,即:定抓党风的范围和对象;包带头遵纪守法、端正党风;包教育;包及时制止和纠正党员的不正之风。同年,诏安作为全省整党的试点县,全县各级党组织和党员分 3 批交叉进行整党,于 1986 年 10 月全面完成。

1987 年,在党员中开展“新时期共产党员如何发挥先锋模范作用”大讨论。1988 年,组织民主评议党员、处理不合格党员。次年完成评议工作。全县 557 个支部、12938 名党员,共评出不合格党员 188 名、基本不合格党员 253 名。1989 年,到乡镇党校开展“共产党员必须做遵纪守法的模范”巡回讲课。1990 年,组织党员学习党中央《加强党同人民群众密切联系的决定》。1991 年起,进行历时 3 年的社会主义思想教育运动,参加工作队的 1150 名机关党员干部从中得到锻炼,一些群众关注、反映强烈的问题得到解决。

1994 年,强化对干部的制度管理,促进机关作风和效率的改善。1995 年,进一步加大反腐纠风的力度,对科级以上领导干部和国有企业负责人严要求、严纪律、严检查、严制度;13 名县级领导干部挂钩 16 个后进村,以后挂钩帮扶形成制度。1998 年,对副科级以上干部和基层所站干部住房建房情况核查建档;对用公款吃喝玩乐进行治理,严格控制公务接待标准和支出。1999 年,开展制止收送“红包”专项治理。县五套班子领导成员发出《致全县人民一封信》,公开承诺拒送、拒收“红包”。

2001 年,制定《关于深入开展严禁党员干部大操大办婚丧喜庆事宜和借机敛财专项治理工作的意见》,召开动员会,公布举报电话;下发《关于提倡艰苦奋斗厉行节约反对奢侈浪费的通知》,公布 540 名科级以上领导干部话费报支情况,督促 17 名领导干部退回违规多报话费。2002 年,印发《领导干部廉洁从政提醒卡》1000 张。

2004 年,开展“五挂一培养”活动。从县、乡党政机关、事业单位中选拔 172 名优秀青年干部挂任村党组织负责人、乡镇科技指导员、规模企业助理员、招商员和突击队员,任职时间一年;从县直和乡镇机关中选派 63 名(含“五挂一培养”活动的驻村人员)党员干部(包括省、市 15 名),到 57 个行政村任党组织负责人。

2006 年,全县参加“践诺”活动党员 1192 人,确定承诺项目

3500多个。2007年，处、科级干部进行述职述廉，自觉报告婚丧、乔迁等重大事项，国家工作人员中的党员及副科级以上的非党领导干部参加自查自纠。同年，下派74名党员干部（其中：省选派6名，市选派5名，县选派63名）第二批驻村任职，在63个相对后进、薄弱的村担任第一书记或副书记。

2008年，全县党员共缴纳抗震救灾“特殊党费”75.95万元。2011年，全县党组织开展转变思想大讨论和转变作风、保障发展的专题活动。翌年，延伸、深化为“新班子、新作风、新作为”的“作风建设年活动”，各级领导干部响应县委“下基层、解民忧、办实事、促发展”号召，下基层开展结对挂钩帮扶工作。

2013年，开展党的群众路线教育实践活动，围绕“照镜子、正衣冠、洗洗澡、治治病”的总要求，各级组织着力抓好“学习教育、听取意见、查摆问题、开展批评、整改落实、建章立制”环节。稍后，“回头看”落实整改情况。

2014年，全县791个基层党组织和23687名党员积极参与党的群众路线实践活动。2016年，在全市率先推行乡镇下派驻村党风监督员和开展乡镇巡察工作。2017年，通过“三抓三比、十项竞赛”活动，对全县532名一线干部进行考察，按照“一人一档”原则，建立干部实绩档案，将实绩作为干部选拔任用的重要依据，提拔重用一线干部61名。2018年，县纪检监察机关加强对所有行使公权力的公职人员作风状况的监督。

第三节　党的纪律、制度建设

一、纪律建设

1980年，贯彻《党内政治生活的若干准则》，加强对党员的教育，纠正领导干部生活待遇特殊化等不正之风。1978—1980年，共处理党员违纪案件31起，处分违纪党员31名。1981年，县纪委会同有关部门，对 16 个国营企业进行财经纪律检查，查出违纪金额 8.72 万元，予以严肃处理；复查“两案”（林彪、江青反革命集团案）有牵连的人和事 85 起，在已作党纪处分的 34 起案件中，撤销处分 26 起，减轻处分 3 起，维持原处分 5 起。

1982 年，县纪委对建造私房、违规招工、集体工转全民工、农转非开展“四清理”，立案 5 件。至 1985 年，查处经济案件和其他违纪案件 33 起。其后两年，配合县委开展“三刹一整顿”，查处违纪案件 126 起。1982—1987 年，共处理各种党员违纪案件 176 起，处分违纪党员 176 名。

1988 年，组织党员干部学习中纪委四个条例，开展积极分子入党前的纪律教育，对 14 名副局级以上干部建私房情况进行审查监督。1990 年，组织乡镇开展清财，加强廉政制度建设。1991 年，清理党政干部违法违纪建私房 457 名、建私房又占公房 42 名，退出公房 42 套，清理在土地、建材和资金方面违规问题 156 名，补罚款4.66 万元；清理农村财务，追回历年拖欠公款 93 万元。1988—1991 年，纠正行业不正之风，查处经济领域要案，严惩腐败分子，共受理各种党员违纪案件 142 起，处分违纪党员 157 名。

1993 年，开展反腐败斗争，督促检查领导干部廉洁自律；开展纠风专项治理，取消 42 项乱收费，上缴财政 34 万元，退还群众 36 万元，减轻农民负担 185 万元。1994 年，领导干部廉洁自律工作延伸到副科级和基层所站负责人；参与招生监督检查；开展工程承包、物价、统计法等专项执法检查工作。1992—1996 年，处理党员、干部违纪案件 214 起，处分违纪党员 189 名；受理人民来信来访 992 件，属于纪检业务 717 件全部办结。

1997 年，将《廉政准则》《纪律处分条例》合订本分发给全县副科级以上干部，出台制止奢侈浪费行为的《实施细则》。1998 年，在乡镇、村建立减负监控点 4 个、监测点 12 个、监控户 1080 户，发放农民负担监督卡 11.4 万份，减轻农民负担 266 万元。选择 10 家企业建立减轻企业负担联系点，实行挂牌保护，并在全市率先实行企业缴费登记卡制度，制止乱收费、乱罚款、乱摊派。1999 年，清退违规购买摩托车、移动电话、传呼机、安装住宅电话的公款283万元。对农村电价和生猪屠宰税费过高问题开展专项治理,年减轻农民负担400多万元。1997—2000年,立案258件,其中大要案85件,结案252件,党政纪处分255人。

2001年,在"政务公开栏"对县纪检监察机关查处的10起有影响的典型案件公开曝光,并选择联合查办的县乡党政领导和政法人员打假护假案、教育系统回扣案等23起有影响的典型案件,制作成15个图片版面。2003年,开展廉洁从政知识测试。县纪委常委同乡镇(区)32名党政"一把手"和县直40个部门主要领导开展廉政谈话,对乡镇16名新任职党政"一把手"和负有领导责任的9个单位"一把手"分别进行任前廉政谈话和诫勉谈话。2001—2003年,立案查处违纪案件196件,其中大要案53件,处理党员干部191人。

2004—2005年,落实"四个坚决纠正",清欠250名农民工的工资51万元。推行乡镇办案"一体三联"区域协作制,推进案件检查工作,实施"一案一整改",共立案查处违纪案件133件,处理党员干部131人。

2007年,创新和开展廉政文化"六进"活动,建立示范点12个。查处县交通局个别干部在新增客运班车线路牌和办理车辆更新工作中存在乱审批、乱作为及收受贿赂的案件;查处全县小学毕业生统考4名评卷教师作弊案件。翌年,查处的四都镇西梧村海堤水毁修复工程窝串案。2000—2008年,受理信访举报1415件,初核办结业务内信访件871件,提供案源线索439条,转立案346件;新立案累计611件,其中大要案计149件,结案600件;党政纪处分党员、干部计595人。比较典型案件是部分县乡领导、行政执法人员在打假工作中收受制假分子贿赂的打假护假案。

实施《建立健全惩治和预防腐败体系2008—2012年工作规划》,5年来,正确处理惩治与预防、查处与保护、反腐与发展的关系,始终把办案作为反腐倡廉的关键环节来抓,共立案339件、结案337件。

2013年,传达贯彻中央"八项规定"。2015年,县举行学习贯彻

《中国共产党廉洁自律准则》《中国共产党纪律处分条例》知识竞赛、决赛和宣讲报告会。2016 年,设立 15 个综合派驻纪检组,实现对党的工作部门和国家机关的监督全覆盖。实行“一案双查”,既要追究当事人,也要追究相关领导责任。2017 年 6 月,县召开加强基层党风廉政建设暨下派驻村党风监督员工作会。2018 年,贯彻执行新修订的《中国共产党纪律处分条例》,推动全面从严治党向纵深发展。

二、制度建设

1982 年,县委制定出《关于各级党员干部抓党风实行责任制的决定》。1983 年,开展评先选优活动,以后,县委每两年开展一次。1984 年起,推行党风建设责任制。1985 年起,对干部的考核以“德、能、勤、绩”为主要内容,年年进行,形成制度;“三会一课”(即支部大会、支委会、党小组会、上党课)制度也得到恢复。

1986 年,县委组织部制定各基层党委“一定三包”(党委定教育内容;分管领导包片、党支部书记包支委、支委包党员)的思想教育制度。1988 年起,全县的民主评议党员工作制度化,每年一次由基层党委组织评议。同年,县委组织部制定党员目标管理责任制,党员每年制定一次年度岗位目标。以后,这项工作与民主评议党员结合。

1993 年,建立县委常委、党员副县长抓整顿农村后进党支部责任制。1996 年,县委制定《诏安县理论学习考评细则》,组成考评组进行检查考评。同年,县委组织部制订《领导干部现实问题谈话制度》《领导干部回复群众反映本人重大问题制度》。

1997 年,县纪委根据中央《廉政准则》《纪律处分条例》以及“两不准”和“八条规定”,制定实施细则,组织对照检查。发展党员实行“三对照、三查核、三督促”管理制度。即:对照年初计划,查核季度发展情况,督促发展平衡;对照发展结构比例,查核发展对象,督促结构合理化;对照《发展细则》,查核考察转正手续,督促严格报批手续。

1998年11月，根据中共中央、国务院《关于印发〈关于实行党风廉政建设责任制的规定〉的通知》，制定落实党风廉政建设责任制实施方案，各级各部门领导班子建立“一把手”负总责和“一岗双责”的党风廉政建设责任制，以及相应的工作落实机制、责任分解机制、责任检查机制和责任追究机制。1999年，全面推行副科级以上干部公开竞争选拔，并对拟提拔科级干部实行任前公示。

2000年，县委将中共中央、国务院印发的《关于实行党风廉政建设责任制的规定》作为诏安“三讲”学习内容，并成立领导小组，抓党风廉政建设责任制的责任分解、责任检查与考核、责任追究等工作。2001年，推行“村账乡镇管”和“村民民主议事”制度。

2002年起，实施《诏安县落实党风廉政建设责任制工作考核细则》，把90个考评单位划分为乡镇、反腐纠风牵头部门和一般单位3大类，分别设置51个考核指标，开展了分类、量化、计分考评，使责任制考核办法更加合理、完善。同时，改革干部人事制度，推行民主推荐、任前公示、公开选拔等制度，强化对干部考核、任免的监督。同年，出台《关于县直单位党组织和党员支持并参与社区党建工作的若干规定》。

2003年，县委制订实施《调整不称职领导干部暂行规定》。2004年，制定下发《诏安县村干部管理暂行办法》，编制《党支部规范化建设手册》。学习宣传中共中央《建立健全教育、制度、监督并重的惩治和预防腐败体系实施纲要》。翌年，制定《县委、县政府领导班子成员党风廉政建设和反腐败工作主要任务分工》，建立目标管理、定期报告、谈话诫勉、责任考核、责任追究、廉政档案等相关配套制度。同年，推行村级零招待，年减轻农民负担1000多万元；出台“公车购置、定点维修、费用限额公示、机关车辆和驾驶员管理”五项制度，节约资金100多万元；实行政府采购、产权交易管理制度；落实建设工程招投标制度，实行施工合同、监理合同和廉政合同同签方式。

2006年，制定治理商业贿赂工作实施方案；开展工程建设、土地出让、产权交易、医药购销、政府采购等治理工作。2007年，健全政务、厂务、村务、校务和院务公开，推动“五公开”规范化。

2012 年，建立干部定期、定点接待群众制度，及不定期走访群众制度；建立党委、政府定期研究群众诉求工作会制度。同年，在全县推广农村“168”、社区“135”、非公企业“35”、机关“1263”等 4 项党建工作机制，确立示范点 48 个；健全干部倾听群众诉求常态化机制，完善县领导、县直部门挂钩村制度及社区联席会议制度，建立挂钩联系非公有制企业党建工作制度。

2014 年，出台《诏安县推行财务公开工作的实施方案（试行）》，增强财务公开的透明度。2016 年，组织开展乡镇党委书记抓基层党建工作的述职评议、考核，严格落实全县 233 个村（社区）主干“双述双评”制度。2017 年，出台推进“两学一做”学习教育常态化、制度化的实施方案和督导方案。2018 年，贯彻党中央出台的企业、农村、机关、医院等领域党建工作制度，全面提升全县基层党建工作水平。

第十九章　鼎力扶贫　振兴老区

第一节　扶持贫困乡村

一、产业开发扶贫

1986年，诏安县农民人均纯收入在200元以下的有84个村、3万户、15.2万人，占总村数的36%，总户数的33%，总人口的35%。官陂（含霞葛）、秀篆、红星、建设等乡为省定重点贫困乡，开始为期1年的扶贫工作。12月，诏安被国务院核定为贫困县，享受扶贫优惠政策。

习近平手植八仙茶树

是年5月，县成立脱贫工作领导小组。由此开始，省、市、县三级直属机关抽出专门力量，组成工作队，分期分批进驻各贫困村挂钩扶贫。根据各村具体情况，制订切实可行计划，扶持发展种养业，兴办乡镇企业，投建水、电、路基础设施。至1990年，共投入扶贫专项贴息贷款2442.97万元，扶持资源开发及短、平、快项目287个，金额1035.13万元，其中官陂、霞葛发展的早熟荔枝，红星发展的青梅，逐渐成为脱贫的主要经济支柱。同时，扶持乡镇企业277个914.34万元、扶持县工业办493.5万元。

1991—1993年，县委、县政府派出30支奔小康工作队，进驻30个重点贫困村。省、市、县共投入公路、输电线路等基础设施1200万元，修乡村公路8条63公里，架设输电线路13.6公里，修建校舍4000平方米。上洋、公田、隔背等高山村实现通电后，生产、生活明显改观。1993年12月，中共福建省委、省人民政府通报诏安摘掉贫困县帽子。1994年，市、县13个单位挂钩扶持13个特困村。

1996年，全县农民人均纯收入2479元，其中5个贫困乡(镇)农民人均纯收入1468元，但仍有少数贫困乡(镇)问题尚未解决。1997年，官陂镇、秀篆镇被重新确定为省级贫困镇，官陂镇公田、龙磜、林畲、地凹4个行政村和秀篆镇全部17个行政村为省定贫困村，霞葛镇、红星乡、建设乡为经济欠发达乡镇。

1997—2001年，扶贫工作实行项目带动、科技扶持形式。主要扶持秀篆镇、官陂镇、霞葛镇、红星乡等贫困乡(镇)集体经济。4年共投资1260万元，扶持秀篆镇种植绿麻竹、枇杷、橄榄共1470亩；扶持官陂、霞葛两镇建立优质荔枝示范果园各2000亩；扶持红星乡建立青梅万亩管灌工程。2000年，中国扶贫基金会会长王郁昭一行前来视察扶贫开发工作，肯定了诏安县扶贫开发成果。

县委、县政府每年抽调县直机关42个较有经济实力的单位挂钩官陂镇、秀篆镇的21个贫困村，制定帮扶目标与责任。4年县财政及县直机关单位共投入扶贫资金800多万元，扶持中小学校新建、修建校舍7座；维修路桥16座；安装35个自然村自来水：全面实施农网改造；以及开发改造果园等项目。2001年底，全县行政村基本实现饮用水、道路、电力、电信、广播电视“五通”。

实施扶贫以来，对环境条件差的少数自然村，动员群众搬迁到生产条件较好、有发展潜力或靠近公路的沿线村。到2001年，省、市共补助61.72万元，搬迁山区43个自然村220户。搬迁户基建项目收费、子女就读费用实行免费优惠。4年共安排小额扶贫贴息贷款600万元，扶持480户贫困户、低收入户搞短、平、快项目。

2002年后，因水果价格大幅度下降，农药、化肥价格上涨，使得山区乡镇一些农户返贫。根据省定年人均纯收入1000元的贫困线，是年全县贫困人口3.2万人。县委、县政府努力寻找农业增效、农民增收的途径。如促成“公司＋农户”的农业生产销售模式；土地适度规模经营，发展现代农业；红星、太平等乡镇通过引进青梅等果蔬加工业，为农产品走向市场创造条件。

二、整村推进扶贫

2003年，对扶贫策略予以调整，由以往的分散式扶贫改为整村推进式扶贫。秀篆镇的青龙山村、陈龙村、埔坪村和官陂镇的公田村、龙磜村被定为省级扶贫开发重点村，省政府集中捆绑资金予以扶持，并指定省邮政局、省公安厅、福建医科大学、省建工集团派扶贫联络员挂钩帮扶。是年，省政府共投入捆绑资金174万元，4个省直机关投入帮扶资金275万元，县、镇财政配套投入145万元，为5个村建饮水工程3处，铺柏油路22.5公里，新开乡村道路35公里，建村部300平方米，搬迁44户179人，总受益人口3万多人。

2004年起，省直机关由派扶贫联络员改为派员到重点村任第一书记，第一期（2004年7月—2007年7月）有省公安厅、福建医科大学、省邮政局、省建工集团等单位5人。同年，秀篆镇上洋村、官陂镇马坑村、霞葛镇嗣下村被漳州市政府定为市级扶贫开发重点村，分别由漳州市政法委、建设局、邮政局，规划局、国土局、科协、经贸委、粮食局、工商行（3个单位挂钩1个村）挂钩扶持。市直派出3位干部驻村任第一书记。至2007年7月，各级对这8个村共投入扶贫资金1282万元，建库容12万立方米的水库2个，村部、小学建设2000平方米，修路49公里，建人饮工程2处蓄水池共2700立方米，开发山地4975亩，解决照明12个自然村，搬迁自然条件恶劣地区群众135户595人。

2007年8月，省政府派出第二批扶贫工作队5人，分驻秀篆镇彩山村、官陂镇林畲村、红星乡坪林村、建设乡月港村、太平镇元中村5个省级重点村任第一书记。市政府派3人，分驻秀篆镇注湖村、霞葛镇华河村、太平镇白叶村3个市级重点村任第一书记。是年底，8个重点村农民人均纯收入达2580元，95%农户实现了脱贫。至2008年底，省、市、县共投入扶贫资金2543万元，为第二期8个省市重点村硬化村级道路46.5公里，新建村部3000平方米，新建小学2600平方米，建农民体育运动场5个3000平方米，修水渠2670米，建养猪场、养鸡场各一个，开发山地4500亩，建沼气池600口，整体搬迁258户1080人。重点村基础设施得到较大的改善，经济逐步起色。

应该指出的是，老区人民并没有一味地“等、靠、要”，而是积极寻找增收的门路。随着政策的放宽和农村剩余劳动力的不断增加，出现大量老区群众外出务工、经商、办企业，拓展了老区经济来源，到2008年老区外出人口约8万人，非农收入占总收入一半以上。一些外出人员回乡创业，又为老区经济发展增添了活力。新世纪以来，一些外资、内联企业落户老区，仅红星、太平的青梅加工企业，就发展到10多家。

2009年，彩山、林畲、元中等8个省市扶贫开发重点村继续推进整村扶贫，省市扶助村部建设、饮水工程、沼气工程、村道硬化改造等11个项目，从根本上改善了基础设施。同时，通过投放小额信贷扶贫资金，促进贫困户、低收入户脱贫。至2010年，共投入扶贫捆绑资金85万元及帮扶资金325.4万元，硬化村道11公里，整治村道1400平方米、公共场所800多平方米，种植油茶、铁观音1200亩，造林800亩。重点村经济状况和人居环境明显改观。同时，造福工程继续实行集中安置，彩山村有340户1645人，用4年时间，从山高路远坑深的地质灾害点搬迁到了新的安置区。“十二五”期间，搬迁贫困残疾人821户2903人。

2011年，组织实施5个省级、3个市级第三轮整村推进扶贫开发。至2013年，共投入项目资金2458万元，重点实施道路硬化、村部建设、造林绿化、整修水渠、饮用水、沼气池和及幸福园，农民公园、老人活动中心等项目建设。

2013年，县直机关及其他单位81个、企业33家，挂钩帮扶33个省、市、县贫困村，1543个公务员（含参公人员）挂钩1543户贫困户。共投入扶贫资金1200万元，扶持贫困村基础设施及生产发展项目45个，有1500户6660人贫困户脱贫。

三、攻坚精准扶贫

2015年，制定了《诏安县深化精准扶贫工作实施方案》。通过调查摸底，对5932户、23710人的贫困人口建档立卡、对口帮扶。该年度已到位扶贫资金共2075万元，3个省直部门对口帮扶到位资金1595万元，其中厦门同安区1200万元，省安监局100万元，省体育局295万元；非扶贫重点县结对帮扶到位资金480万元，其中东山县160万元（太平和秀篆各80万元），芗城区160万元（官陂和霞葛各80万元），漳州开发区80万元（西潭和红星各40万元），华安县80万元（白洋乡）。是年，中央专项彩票公益金项目，确定茶园机耕路及村垃圾收集点两个项目，涉及9个乡镇12个行政村。2016年，创新“党建＋产业”扶贫模式，实现村财增收的空壳村58个、薄弱村48个，村财增收达到358.45万元。

2017年，发放扶贫小额贷款2743.7万元，受益贫困户790户；完成造福工程搬迁390户1600人、危房改造1171户；整合扶贫资金7360.7万元，带动贫困村、贫困户收益194.9万元；发挥农村低保兜底作用，实现农村低保标准、扶贫标准“两线合一”，将全县农村低保标准提高到3930元，月人均补助水平提高到290元；实施基础设施扶贫，水、电、路、通讯“四个百分百全覆盖”工程累计投入1.55亿元。是年，2999户8615人实现脱贫，15个贫困村摘帽。

2018年，围绕“两不愁、三保障”目标，因人因村施策，精准帮扶，剩余11个贫困村、404户、1269个贫困人口全部达到脱贫标准。累计发放扶贫小额信贷3699万元，支持贫困户发展“富硒＋”特色产业;完成危房改造311户、危房修缮250户,实现贫困户住房安全性鉴定和修缮全覆盖。同时,全县强化兜底保障,2448户4987个贫困人口纳入低保。诏安的扶贫模式和成效得到国家扶贫办的肯定、推广,获评“2018年度中国十佳脱贫攻坚与精准扶贫示范县市”。

第二节　扶持革命老区

一、为苏区、老区正本清源

中华人民共和国成立初期,诏安被福建首批确认为重点老区县。1951年9月,中央革命老根据地代表团到诏安有关乡镇慰问,同年,“乌山妈妈”吴阿柔赴京参加国庆观礼,受到毛泽东的亲切接见。

1953年5月至9月,龙溪专区老区建设委员会组织开展各县老区乡村摸底划定工作。按照“坚持斗争时间久,革命历史长,曾有过党、团、武装和政权组织,群众基础好,受敌人摧残严重,损失巨大”的标准,经确定诏安县老区基点村有91村、1506户、5958人,分布在5个区18个乡。

“文化大革命”初期,由于“中央文革小组”陈伯达讲话:“解放已十多年了,哪里还有什么老区?老区是反动的、封建的,不能存在的。”于是上行下效,反对老区的声音通过地方宣传机器传播。在“乌山事件”中,革命根据地乌山被诬为“土匪窝”,闽南(特)地委机关旧址大石巷被说成是“土匪洞”,“乌山妈妈”吴阿柔被当面辱骂为“土匪婆”,造成恶劣的社会影响。

改革开放以后,党和国家领导人多次慰问、视察革命老区,肯定了老区的巨大贡献和牺牲,老区工作重新摆上党和政府的工作议程。1983年底龙溪地区老区办成立后,按照省老区办制定的新标准,重新调查核实老区乡村。经核定,诏安县老区乡11个、老区行政村133个,户数45178户,人数228574人。2003年,省老区办下达核编《福建省老区乡村名册》的通知,老区乡村又进行详细梳理、补缺补漏工作。诏安老区乡(镇)8个、老区分布乡(镇)7个,老区行政村99个,老区基点村92个。2007年,省、市、县老区办对2003年核定的老区村进行增补修订,诏安县增加了1个老区行政村(桥东镇下寮村,系从西山分出)。至2018年,全县老区乡(镇)14个,老区村(居)100个,基点村92个。

2007年12月,诏安县委采纳市、县老促会关于申报原中央苏区县的建议,开展前期的调查,又于20日召开常委会议研究申苏事宜。之后,在中央党史研究室和省市领导的关怀下,在省、市党史部门、老区办、老促会的指导帮助下,县委、县政府领导带领县有关部门,克服重重困难,行程5万多公里,走访闽粤赣3省16县的党史部门和档案馆、纪念馆,广泛查找,获取了大量有价值的史料证据,许多老区群众也提供大量史实线索和实物佐证,为申报提供强有力的依据。中央党史研究室经过多次实地调查考察,并反复论证审核,于2009年5月4日,确认诏安为原中央苏区县。

诏安县革命老区基点村名册

填报时间:2018年

乡(镇)	建制村	自然村总数(个)	其中	基点村名
			基点村数(个)	
官陂镇	龙磜	3	3	龙磜☆、上洋坑、下洋坑
	林斜	10	9	禾仓岽、头斜、长林、葛庭坝、母庵、罗大田、火斜☆、深山寨、湖洋子
	地凹	4	4	科底、窑洞、南坪、地凹☆
	公田	5	3	水尾、银南、榕银寮○
	马坑	23	17	粟竹头○、矮屋科○、广屋楼、东坑、茄子头、高屋○、长岗、矿空口、怪塘、坪坑○、龙坑、龙伞岽、楼子、磜下、枫树岗、葛埔、矮门背
	凤狮	11	1	汤头
	新径	7	5	郑坑、新楼子、桐子里、浮墩下、半径
	陂龙	13	1	黄京斜
	光坪	12	1	上碗窑
	吴坑	1	1	吴坑☆

续表

乡(镇)	建制村	自然村总数(个)	其中	基点村名
			基点村数(个)	
秀篆镇	石东	4	2	石下☆、炉坑
	上洋	3	3	上洋☆、石坂、上春
	礤岭	5	2	黄泥坑、尖岽子
	乾东	5	1	肩头埔
	彩山	6	1	母斜
霞葛镇	五通	16	2	陈坑、赤竹坪
太平镇	雄鸡	4	1	草径
	元中	6	4	上礤头、下礤头、礤头子、新径子
红星乡	六洞	1	1	六洞☆
	五洞	1	1	五洞☆
	进水	13	10	火烧龙、顶屋、下溪尾、藏老鼠、大塘北、双头科、下屋、坑心、进水☆、藏树科
	朱厝	5	5	新楼、碗窑、下寮、大梅林、朱厝岭☆
	坪林	2	2	坪林☆、刈坪
	东埔	2	1	北庶
	芹山	2	2	芹山☆、梅花
	圆林	3	1	小梅林
建设乡	赤田	1	1	赤田☆
	坪路	2	2	坪路☆、凤尾鞍
	万石溪	3	1	南山
	马头	3	1	进宝山
	月港	4	1	吉湖
白洋乡	旧宙	1	1	旧宙☆
	搭桥	4	2	下半楼、搭桥☆
金星乡	湖内	10	1	东坑尾
合计	34	193	92	

说明:1.基点村村名加“☆”,表示该村(自然村)为建制村村部驻地。

2.基点村村名加“○”,表示该村(自然村)有搬迁。

二、支持老区项目建设

1981—1996年，中央财政下拨415.85万元的扶建资金，建成荔枝、青梅、八仙茶、柿子4个万亩种植基地，以及苦丁茶、橄榄、龙眼等种植基地共2.36万亩，种竹、造林1470亩，种植其他作物5077亩，以及养牛养鱼等农业项目；兴办乡镇企业40家，购置机械设备28台；修筑乡村道路1150.9公里、桥梁40座1024米。大部分村庄通简易公路；兴建小水电86座，总装机容量912千瓦，架设输电线路84公里；兴建农田水利设施24处，人饮工程6处。此外，投入46万元，帮助老区新建学校95所、续建36所，新建医疗站4所。

1998年11月，省委提出用3年时间为老区行政村实现“通路、通电、通电话、通卫生饮用水、通广播电视”等“五通”。至2002年底，诏安县修建老区建制村、自然村简易公路73条，长198.9公里，投入扶持补助资金256.5万元，其中官陂镇林畲、公田、龙磜、地凹等建制村，原先未通公路，在各级政府重视下，共修了18条简易公路，确保全县老区建制村“村村通”任务的完成；通电6个村（含自然村），25公里长线路，投入扶持补助资金9.5万元；通卫生饮用水56个村（村部），投入扶持补助资金78万元；广电、电信部门加大对未通电视、电话村的工程建设力度，太平镇政府为未通电话的元中村上磜头、下磜头、磜头子、新径子等自然村免费安装电话。

2003年初，省、市出台农村等级水泥路建设配套资金补助政策。几年来，诏安县、乡党委、政府将建设乡村水泥路作为为民办实事的重大项目，发动了一场意义非凡的“人民战争”。县交通局作为职能部门，精心规划编制全县农村公路“六纵六横”树丫型的路网体系，对近200个农村水泥路建设项目逐个做好测量设计、申报立项工作，项目资金等条件成熟一个，开工一个。

2003年，红星乡从乡政府到石楼村长10公里主干道路，包括途经6个建制村及村内的道路，实现水泥路化。之后，老区乡村道路硬化工程逐步展开。至2007年底，全县老区行政村除官陂镇龙磜、地凹2个村外，均通水泥路，一些老区自然村也通了水泥路，共建成水泥路长182公里，投入扶持补助资金1685万元，其中革命老区补助金155万元。串连官陂、红星两个乡镇的10个革命老区基点村的官红公路全长45公里，历经2年多的建设，于2008年12月全线通车。到2009年6月，全县共建成37条乡道291公里、152条村道339公里。乡村水泥等级水泥路建设工程总投资3.9亿元，其中向上争取资金2.6亿元，县财政也千方百计保证村道每平方公里3万元配套资金投入。

就92个基点村的基础建设而言，至2009年有5个村实现集体搬迁，基础设施得到配套，其他87个村，道路硬化151公里，未硬化162公里，未通车的52公里；通电86个，通自来水的48个，通电话的75个，通广播电视的56个。

自从诏安被确认为“原中央苏区县”后，不仅可享受苏区、老区优惠政策，还可参照享受国家赋予西、中部地区的优惠政策。各级政府扶持诏安的建设项目增多，配套资金加大。

2010—2012年，诏安获得中央、省、市涉及产业带动，基础设施，民生事业项目的支持资金近6.4亿元。仅2012年补助金就达3.2亿元，其中，产业发展3200万元，农业农村2300万元，基础设施1300万元，社会保障4940万元，社会事业10726万元，劳动保障1800万元，人饮水利设施6331万元，节能减排270万元。同年，省、市老区办共向诏安支持老区扶建资金54万元，项目21个，直接带动政府相关部门、社会各界人士和老区群众共同投入6480万元，还有86个村与各级部门挂钩联系，获得1400多万元项目资金支持，在改善老区村村容村貌、安全饮用水、基础设施、社会事业、发展生产等方面发挥了重要作用。

2013—2016年，诏安获得中央、省、市涉及老区项目补助资金27.5亿元，其中包括工业平台建设、富硒产业基地、旅游综合开发、防灾避险工程和诏平线、秀官线、九侯大道、建红线改造和农村道路硬化、秀篆镇35千伏变电站输变线路建设、岭下溪等3座水库除险加固的项目建设等。对于100个老区行政村，具有1种种植特色或1家农产品加工企业，在老区农业创新发展中起引领作用，可获省农业厅补助500万元，以及省、市老区办分别补助63万元、65万元。

诏安利用原中央苏区县、革命老区县、省扶贫开发工作重点县和水土流失重点县等财政扶持政策，于2017年、2018年分别争取上级各项补助17.8亿元、18.6亿元。

三、提高优抚对象优待抚恤标准

改革开放以来，诏安县“五老”等优抚对象的抚恤、补助标准逐步提高，老无所养和伤病残优抚对象的基本生活得到照顾，对优抚对象医疗保障政策予以落实，申请经济适用住房或农村危房改造的，同等条件下予以优先安排。

1982年，诏安县在册民主革命时期老地下党员、老游击队员、老接头户和老苏维埃区、乡干部(简称“五老”)580人，对其中200位年老体弱者予以定期定量补助。1984年起，每年春节发给全县“五老”过节费和慰问品，由地方财政每年拨出5.1万元，对其中贡献大、生活困难的182名，每月按50元或80元定额补贴；对48名失散老红军每人每月定额补贴120元；对55个中华人民共和国成立前入伍，中华人民共和国成立后因种种原因离队人员，按退职人员待遇每人每月定额补助172.5元。

1983年春节前夕，福建省委、省军区革命老根据地慰问团到诏安，副团长卢胜将军与老红军亲切交谈

鉴于原先“五老”评定标准的把握过于严格，造成不少遗漏。1984年初，根据省老建委办公室《关于进一步对“五老”人员开展调查摸底工作的通知》精神，以县民政局、老区办为主成立调查小组，实事求是开展调查，对照评定标准进行核实。1985年底，调查核实全县健在的“五老”人员1076人。

1997年尚健在者847人，其中166名“五老”每人每月补助50元或80元，48名失散红军人员每人每月生活补助143元。1999年，全县“五老”尚在的有老游击队员82人、老接头户465人、老交通员237人、老苏维埃区乡干部3人，共787人。对其中无依无靠的每人每月定补标准提高为120元，有依无靠的80元，有依有靠的50元，定补资金省、市、县按7∶2∶1的比例分担。此外，发给“五老”医疗优惠卡，凭卡在漳州辖区内医疗机构就医，免交挂号费、注射费和50%的住院床位费、手术费、护理费。之后，“五老”人员的定补标准逐年增加。

2005年，为“五老”设立个人门诊账户，将每人每年180元医疗补助输入其账户。翌年，县政府批转县民政局等部门《关于重点优抚对象和革命“五老”人员医疗补助暂行规定的通知》，“五老”和重点优抚对象每人每年医疗补助增至600元。由省、市、县按7∶2∶1分担出资。

2007年，诏安“五老”702人，每人每月生活定补标准为无依无靠者295元，有依无靠的190元，有依有靠的135元；12名红军失散人员每人每月定额补助565元。县政府还为每人每年安排600元医疗补助资金，并视情况给予额外医疗补助。2012年10月起，革命“五老”每人每月540元，其遗偶每人每月100元。同时加强对“五老”人员日常的生活照顾，发挥乡镇敬老院及协管员作用，及时解决“五老”遇到的困难。

2017年年初，全县老区革命“五老”143人，遗偶128人。及时按月足额发放革命“五老”生活补助金共146.3369万元，革命“五老”遗偶生活补助金共34.4261万元；发放革命“五老”医疗补助及因病住院家庭临时补助7.3万元。元旦、春节期间，省、市、县组织关爱革命“五老”活动，发放慰问金和慰问品共计 6.8 万元，重阳节慰问革命“五老”及遗偶，金额 3.83 万元。

从 2017 年 10 月 1 日起，革命“五老”定期生活补助由每人每月 970 元提高至 1070 元；“五老”遗偶生活补助由每人每月 100 元提高至 200 元；同时提高“农村小额以外伤害综合保险”标准，革命“五老”每年参保从 100 元提高至 200 元，并新增革命“五老”遗偶每人参保 100 元。2017 年底，革命“五老”127 人，遗偶 123 人。

第三节　扶持边缘经济

一、策动闽粤经济合作区规划建设

中华人民共和国成立以后的 30 年间，诏安绝大多数物资是在计划轨道内按行政区域流转，民间跨省做生意，则被视为投机倒把。因此，省际生产、生活资料交易量很少。1987 年，在时任省长胡平拨款支持下，在“边界县”建立了边界市场。

2013 年 9 月，广东、福建两省政府商定建立闽粤经济合作区。设区于潮州饶平、漳州诏安两县交界地域。合作区将分为概念区、核心区和启动区，概念区涵盖饶平县及诏安县全域；核心区规划面积达到 300 平方公里以上；在核心区内设置了 6 个启动区，总面积约为 34.5 平方公里。其中，饶平片区约 17.25 平方公里，诏安片区约 17.26 平方公里。

规划的闽粤经济合作区不仅是 21 世纪海上丝绸之路重要支点、东部沿海地区省际合作试验区、闽粤台海洋经济开放合作区，还是原中央苏区振兴发展合作示范区以及区域生态文明共建先行区等。

2015 年，《闽粤经济合作区发展规划（2015—2030 年）》通过了闽粤两省政府常务会议审议，标志着闽粤经济合作区的开发建设迈入实质性阶段。国务院发布《关于深化泛珠三角区域合作的指导意见》(国发〔2016〕18号),明确支持包括闽粤经济合作区等跨省合作平台发展。

二、批准对台海上小额贸易

诏安与台湾一衣带水,民国及以前海峡两岸多有贸易往来。中华人民共和国成立后,诏安在相当长的时间内被列为对台战备前沿,贸易关系冻结。

1979年12月,福建省政府批准宫口港为三类开放口岸,设置对台湾渔船开放停泊点。1987年,福建省政府指定诏安宫口港为对台小额贸易(俗称"小三通")口岸,经省商务主管部门批准,县诏发贸易公司开始与台湾地区公司进行贸易,并依法办理通关和纳税手续。其经营方式系采取海上小额直接贸易,台湾一方以美元、台币换取大陆商品。1988—1996年,台湾到诏贸易共208艘,贸易总额264万美元,经营的货物限于非国家专营、禁止、限制进出口的,非进出口配额许可证管理的,较大宗的交易商品有水产品和名牌香烟、酒、茶叶及中成药材等。1997—2011年,贸易总额224万美元。2012年下半年,诏发公司对台小额贸易经营权移交梅岭镇政府管理,至2017年,对台贸易额2430万美元。

第二十章 世界寿乡 生态共建

第一节 改善生态环境

一、治理水土流失

诏安的西北部是山区、东南部有海湾，数十公里距离落差上千米，台风暴雨多发生于夏秋季节，土壤多是易被侵蚀的赤红壤，自然生态原本脆弱，加之历史上人为的纵火烧山、毁林造田及滥伐树木、乱采土石，导致水土严重流失。1984年首次水土流失状况普查数据显示，全县水土流失面积达502.2平方公里，占本土总面积的40.3%。

改革开放以来，治理水土流失的工作得到各级党政重视，到1984年底，全县已对6万亩山坡地、荒沙地和茶园、果园采取了水土保持措施，而对区域性、大面积的源头治理，因资金缺乏未能进行。1986年，时任福建省长胡平到诏安，视察官陂“人造平原”等重灾区。是年，诏安被省列为水土流失重点治理县，逐年下拨资金，国家也给予专项补助，治理力度加强、步伐加快。1993年，当胡平再临官陂时，当年满目疮痍的人造平原已变成一片生机勃勃的荔枝海。

20世纪80年代末，诏安进入以小流域为治理单元的新阶段。县内划分42个小流域，采取工程、生物及耕作等多种措施，进行山、水、田、林、路的配套设置。实践证明，以小流域为单元进行综合、集中、连续的治理，是一条成功的路子。比如草子坝、梅洲两个国家支

种植于20世纪80年代的官陂镇万亩连片荔枝海

持项目，治理面积分别为1.6万亩、1.5万亩，治理后植被覆盖率和保土量、蓄水量均大幅增加。

2003年，诏安被水利部、财政部确定为“全国水土保持生态环境建设示范县”。翌年，水利部决定设立诏安县东溪流域水土保持生态建设示范区，范围涉及官陂、霞葛、秀篆、太平、红星、建设、西潭、白洋、深桥和桥东10个乡镇及国营岭下溪防护林场。到2007年，共治理4.9万亩，包括封禁4.5万亩，改造坡耕地2700亩、造林1140亩、种草150亩，并配套道路、护岸护坡、防洪沟、截排水沟、谷坊和蓄水的塘坝池。

至2011年，全县水土流失已治理373平方公里，待治理289平方公里，其中崩岗侵蚀流失和林下、沟壑及坡面流失还较严重，诏安被列为全省22个水土流失重点治理县中5个Ⅰ类重点治理县之一。

县委、县政府对此“重中之重”充分重视，建立领导挂钩、部门协作、跟踪督查、效能问责、年终绩效考评的工作机制。实施《2012—2015年诏安县水土保持生态建设规划》，明确秀篆镇、官陂镇、霞葛镇、太平镇、红星乡等为重点乡镇，以东溪、西溪的主流域和高速公路、国道、省道两侧，以及乌山、九侯山等重点风景区为重点部位，共治理水土流失240平方公里、崩岗150座。

2016年起，治理范围除原先5个重点乡镇外，又向建设乡、西潭镇、深桥镇、桥东镇、金星乡延伸。将5年治理127平方公里水土流失、123座崩岗总任务分解实施，建设一批精品工程。到2017年，全县完成综合治理5万亩，投资2484.9万元，其中省级专项补助资金1980万元，自筹配套及群众投劳折资504.9万元。是年，全县水土流失综治程度85%，林草保存面积占宜林宜草面积90%。

大量的人力财力投入，逐步得到效益回报。首先是生态效益。水土流失面积减少、程度减轻，提高抗旱防洪能力，减少地质灾害造成的损失。其次是经济效益。一些水土流失区，化为竹木果茶场，当地群众增加了收入。最后是社会效益。不少乡村将保持水土投资同其他资金捆绑使用，加快了新农村建设进程。

二、营造青山绿水

我国召开第一次环境保护会议，并通过国务院《关于保护和改善环境的若干决定》，时间在1973年。在此之前，诏安历届领导在对待环境问题上，存在很大的随意性，导致有时搞兴修水利、造林绿化的会战，有时为炼钢而伐山林、因开荒而淤河道。

在改革开放后的诏安，生态问题逐渐引起各级党政的重视，作为生态环境重头戏的林业，水利建设的力度逐步加大、进程逐步加快。

林业方面，随着林权制度的改革，营林工作出现国家、集体、个人齐参与的局面。低效低产林地得到改造，如划定生态公益林面积51.1万亩，在区域内将针叶林分批改造为阔叶林，提高林分生态等级；将防护林面积扩大至8.8万亩，引进热带原生木麻黄树种，对沿海防护林进行更新改造；引进速生桉树苗，营造速生丰产林25.5万亩。同时投入中心城区环城一重山森林生态景观提升建设和农村生态景观林建设。

水利方面，在东溪流域，除原有21座小型水库的维护外，上、中、下游相继完成岭下溪水库、龙潭水库以及东溪橡胶坝工程的建设。岭下溪总库容1690万立方米，龙潭总库容5360万立方米，橡胶坝可拦蓄溪水220万立方米，不仅解决3.5万亩田园灌溉用水，而且改善了县城及周边的人居环境。同时，完成亚湖水库、大埕湾人饮供水工程和三姑娘灌区节水改造工程。通过溪堤、海堤及水库的达标加固，防洪标准提高到20年一遇以上。

进入新世纪，诏安因排涝抗旱、防风固沙、涵养水土及维系生物多样性的需要，创建生态功能区，并予以相应保护。如对国家森林公园乌山、国家海洋公园城洲岛，采取封山封岛等修复、恢复措施，基本完成造林绿化，其他项目亦在次第进行；亚湖水库作为省政府批准的诏安县亚湖水库饮用水源保护区，严格按规定实施保护，实现33.3平方公里集雨区“无工业、无农耕、无人居”。总库容3850万立方米、可供44万人饮用的亚湖水，源源流入百姓家。2018年，县内有林地126万亩、水利设施4600处。

经过数十年的奋斗，如今的诏安，在晴和时节天蓝海碧、山清水秀，示人以赏心悦目状貌，而在狂风暴雨来临之时，人们也不用像过去那样担惊受怕。

三、强化环境保护

改革开放后，诏安经济社会发展同生态环境保护的矛盾渐显，虽然建立了一套管控制度，但约束力不强。随着1989年《中华人民共和国环境保护法》公布，明确了政府对环境保护的监督管理职责，强化了企业污染防治责任，加大了对环境违法行为的制裁力度。

诏安贯彻“预防为主、保护优先”方针。在预防方面：划定饮用水源保护区、烟尘控制区和噪声污染控制区，依照“三区”单行法规予以管理；遏制山区水土流失、沿海水域污染的趋势，防患东溪流域生态环境的危害；在保护方面：主要采取封山育林、伏季休渔等生态养护措施。前者从1953年以来一直沿用，每年定出封育范围，禁止放牧、垦伐，辅以成林补植、幼林抚育；后者则从1999年开始，按省规定的禁捕海区，实行伏季休渔制度。

依照环境保护法规，诏安对项目建设，已不单是事中的“三同时”，而是向事前、事后延伸，实行全程管控。如对交通、水利等建设工程和农渔业开发、矿产资源开采等项目，事前督促业主制定生态保护方案，事后由管理部门进行跟踪检查，发现问题，及时处理。

进入新世纪后，诏安加强了“三沿一环”的整治。至2008年，已于沿路、沿江、沿海和环城地带补植造林、优化树种累计4.9万亩；组织东溪、西溪河道及出海口清淤，拆除堤防违章搭盖；责成“青山挂白”业主挡土加固、植树种草。

2015年以来，诏安县开展“五海（海岸、海湾、海岛、海滩、海水）保护”；“五沿（沿路、沿江、沿海、沿城市周边、沿村庄周边）治理”；“五景（县城规划区东西南北中景观区域）建设”；“五行（矿产、森林、水环境、企业排放、土地）管控”；“五大（沿海防护林、湿地修复保护、富美乡村建设、自然保护区和旅游区风景保护）工程”；“五种（使用有机肥、生物防治、垃圾分类并集中处理、绿色建筑、低碳生活）提倡”等联动措施，旨在促进生态与经济健康、协调、可持续发展，全面提升生态文明水平。

2018年，诏安全年环境空气质量优良天数达到97%以上，主要污染物平均浓度未发现超标，主要流域整体水质达到或优于国家Ⅲ类标准，近岸海域环境质量稳中趋好，森林覆盖率保持在65.3%以上，饮用水安全得到保障，声环境质量良好。

第二节　创建宜居城乡

一、县城创建活动

诏安县城所在建制镇为南诏镇。这座边城古镇解放初面积2.26平方公里。之后，修建防洪堤，辟建外马路，增添了一些公共建筑，私人住宅则少有变更，直到“文革”结束，整个县城基本保持原有的格局、风貌。

1986年，首次编制《南诏镇总体规划（1985—2000年）》，开始实施旧城改造、新区开发，商住小区建造由此发端。之后，新生大量公私楼房，整修了环城路，拓宽了中山路、玉良路、良峰路，辟建了梅园路、文峰路。1997 年，县委、县政府新办公楼落成，雄踞全城的制高点。至 1999 年，中心城区面积 5.6 平方公里。

进入新世纪，按新修《南诏镇总体规划（2000—2020 年）》，实施城区“东扩西移”，房地产开发建设日新月异。投建东溪拦水坝、垃圾处理场、污水处理厂；改建县城供水、排水、排污系统和扩充城区路网、绿化主干道。同时，完成玉峰路、康华路、文峰路等新区道路续建和阳光路、西市路等旧城道路改建，投入连站大道、环城路等重点道路的工程建设，城市整体功能、品位和人居环境有较大改观。至 2007 年，中心城市规模扩展为 9.5 平方公里，城区绿化面积 2.7 平方公里，主干道总长 15.9 公里。

之后，开拓城镇空间，加强生态建设。实施第二通道、南环城路等县城主干道和新西区、火车站片区建设，实施城区主干道路面改造拓宽工程。2011 年，“一城四区”规划面积扩展到 100 平方公里，建成区面积扩展到 14.2 平方公里，中心县城基础设施、承载能力、形象品位跃上新台阶。县城供电、供水和污水处理、垃圾处理等设施完成扩容改造，城区空气质量和主要饮用水源地水质均达国家一级标准，城区绿地覆盖率达到 36.6%。

2012—2015 年，38 个城建重点项目完成投资 33.06 亿元。建设江滨、南湖、文体中心等三大新区，以及江滨公园、梅峰公园、丹青公园，新开发南湖、翰林首府、武夷名仕园等 9 个商住小区。丹诏大道、华林中路等主干道路建成投入使用，新建市政道路 15 公里，改造梅园北路、中山西路、中兴大道。开展城市立体绿化、单位小区绿化、市政道路绿化工程。文体中心片区商圈逐渐形成，江滨公园、梅峰公园成为群众休闲娱乐好去处。

2016 年以来，按照“田园都市、生态之城、文化之都”发展定位，设计城市天际线、轮廓线、景观线、交通线。实施城区“东进、西延、南拓、北展”方略，重点推进江滨和南湖两大新区建设，提升亲水环境和公园绿化，配套建设教育校区、购物中心等服务设施。保护、修复古厝、古庙、古街、古树、古牌坊等文物古迹。实施绿化、美化、净

诏安县城夜景(许少球 摄)

化、亮化、花化五大工程，推进南环城路、中兴大道等6条道路的绿化提升；完成中山公园、良峰公园等13个小公园的景观提升；东溪、西溪经过重点整治，达到河畅、水清、岸绿、景美效果；实施造林9.3万亩，县域森林覆盖率保持在65.4%以上。2018年，建成区面积扩展到18平方公里。

1997—2018年，先后获得“省级卫生县城”“省级文明县城”“省级园林县城”“省级森林县城”等称号，所在南诏镇亦相继获得福建省“文明乡镇”“明星乡镇”“生态乡镇”“商业重镇”等称号。

二、乡村创建活动

2005年，党的十六届五中全会提出按照“生产发展、生活宽裕、乡风文明、村容整洁、管理民主”的要求，扎实推进社会主义新农村建设。翌年2月，县委提出具体贯彻意见，要求突出规划先行，将村镇规划纳入制度化、规范化轨道，从不同乡村的实际出发，先易后难，分步实施，典型带动，逐步推广。

几年来，田厝、溪雅、林头、下河4个市、县级示范村(田厝、林头两村又是省联系点)投入建设资金5000多万元(其中向上级争取资金800万元，村级投入建设资金3000多万元)，建设4个渔港，2个电气化村，以及农民公园、老人活动中心、图书馆、敬老院、幸福园、幼儿园、篮球场、村道等。通过典型引路，新农村建设向着规划科学、布局合理、生态优美的预期目标发展。

在乡村普遍开展的“家园清洁行动”、“家园整理”和“创建家园绿色行动”中，村容村貌明显改观。经过数年的整治，基本实现“村内整洁，违章拆除，空地绿化，水沟净化”。至2008年，全县累计投入1.6亿元，建设乡村等级水泥路264.8公里，硬化村内水沟19.7公里、道路35.5平方公里；兴建23处村级供水工程，进行41个村2858户“一池三改”：建设垃圾焚烧炉6座、简易垃圾处理场93个、中转站6个，配备垃圾保洁车281辆、垃圾箱416个；拆除旱厕、猪圈1100多个；种植绿化苗木近25万株。2006—2008年，全县列为省重点治理的7个乡镇、75个行政村，相继通过合格验收。

同期，各级财政投入近3亿元，完成农业综合开发面积3.48万亩，以及“六千”水利工程、三姑娘灌区改造工程和溪海堤防45公里加固工程。同时，扶持发展各乡镇特色优势产业。2008年，全县实现农业生产总值38.4亿元，比2005年增长136%。

2010年后，各级补助资金2100万元，群众投工投劳逾1.7万人次，进一步改善人居环境。同时，推进“科技、文化、卫生、信息、美德、法律”六进农村，健全农村“一事一议”，规范村务公开制度。至2012年，全县有13个市、县级社会主义新农村建设示范村；31个市、县村容整洁示范村、10个绿色村庄。

2013年，在继续新农村建设同时，启动“富美乡村”创建活动，投入1155万元资金、1.4万个工（日），改善3个省级示范村、5个市级示范村和15个县级示范村的村容村貌。田厝村被列入全国“美丽乡村”创建试点，还有8个村参与漳州市设施建设、村庄整洁、产业发展竞赛活动。

2017年起，诏安县围绕产业支撑、生态保护、文化传承、管理创新的要求，编制百姓富、生态美的富美乡村建设规划，坚持绿色发展，推进生态文明，打造了一批产业发展型、旅游休闲型、传统村落型、自然生态型等富有特色的乡村。

其间，按照“布局美、环境美、建筑美、生活美”的总要求，全县50

个示范创建村共投资1.6亿元，实施环境综合整治、建设项目598个，同时，投资1.3亿元，整治下官线、诏平线两侧违章搭盖。全县涌现出四都镇西梧村、金星乡院前村、太平镇雄鸡村、霞葛镇嗣下村和梅岭镇田厝村、腊洲村等一批可复制、可推广的典型。

2018年，诏安乡村基本实现硬化、净化、绿化、亮化、美化目标，主干道硬化率、饮用自来水入户率均达100%，主要道路、公共场所照明率达到95%，实现宽带网络全覆盖。建成14个乡镇的垃圾转运系统、污水处理设施；改造1.3万户三级化粪池，整治危旧裸房、旱厕。同时，加强名镇名村、传统村落、特色景观村落的保护。各地普遍制订村规民约，建立生态保护和环境维护的长效管理机制。

乡村建设之所以让百姓的梦想成真，有两条重要经验：一条是统筹兼顾新农村建设与老区扶助、乡村扶贫、灾后重建、造福工程、避险搬迁，多层级多渠道争取支持，从而破解资金的难题；一条是将新农村建设与卫生、园林、森林、生态、绿色、文明、科技、平安乡村的创建活动相结合，不少乡村进入国家、省、市级行列，提升了品位。

第三节　培育生态产业

一、发展绿色、富硒农业

诏安是福建省的农业大县，1950年农业产值占地区国民生产总值87%，2018年也占到31%。农业与生态的关系非常密切，种植的田园是人工绿地、养殖的滩涂是人工湿地，水土流失会造成土地贫瘠，农药、化肥过量使用又会破坏生态。

改革开放以后，诏安的农业生产由田园向山海扩张，经营由较单一向综合转变。1998年，诏安农业产值22亿元，为1878年的33倍。然而在农业经济突飞猛进的背后却有着生态的隐忧。如：资源过度开发，土壤、水体的品质下降；涵养水土、防风固沙的生态功能区改以种果养鱼：种植业过度依赖化肥、农药，养殖业废弃物随意处置。

20世纪末，全县农业大幅增产，其中仅“两水”（水果、水产）就分别达到11万吨、15万吨，但“农残”问题却影响产品的市场进入，倒逼着政府及农户采取措施解决。当时农业、科技部门曾与种养大户合作，探索生态农业模式。如新洲生态农场鸡、猪、鱼饲养的转化利用；湖内农场高矮间种、水旱轮作、长短结合的立体栽培；四都农业基地鱼、稻、鸭、萍共生型种养；梅岭镇渔业基地虾、鱼、蛤立体式混养，等等。这些模式在农户中有予一定的推广，而推广较多的还是沼气的建设及循环利用。1998年，全县有沼气池的农户9898户，废液废渣增施农作物4.1万亩。

进入21世纪，诏安积极发展绿色、富硒农业。对纳入基本农田保护的29.7万亩耕地分批次予以改造，进行国家级人工渔港、青梅示范区、灰鹅示范项目和省级茶叶、蔬菜示范区等示范项目的建设，并培育上规模、档次的种养企业，至2008年，全县先后有7家企业被评为省级农业产业化经营龙头企业、11家企业被评为市级龙头企业。

2012年党的十八大作出生态文明建设的部署后，县委、县政府积极探索生态产业化和产业生态化的路子。由于开发生态农业享有政策、资金优惠，加之地方作为天然温室、海峡硒都、国家渔港的资源条件，因此，不少涉农企业络绎前来投资开发，数年内以经营生态农业注册的公司达30多家。2015年，占全县可供种养的土地、水体各约40%面积有偿出让，优化了资源配置，境内设施园艺（蔬菜、瓜果、药材）、设施养殖（水产、畜牧）大量出现，形成梅洲超大、金星湖内、西潭百利、太平大铺山等20多个现代农业示范基地。诏安以这些外来的现代农企作为行业“标杆”和产业“领跑者”，在地方合作组织及家庭农场中扩散“五新技术”，带动了全县生态农业发展。

现代农业西潭核心示范园

“十三五”期间，诏安开展全国绿色农业发展试点先行区和农业可持续发展试验示范区建设，同时，按照农业部提出“一控两减三基本”目标，逐步推进畜禽粪污、农膜、秸秆资源化利用，逐步减少化肥、农药的使用，加大对猪场、鹅场、鸭场、牛蛙场等面源污染的整治力度。至2018年，全县畜禽粪污综合利用率达到93%以上，秸秆综合利用率100%，农药、化肥施用量实现减量目标，清理“四场”近3000家，保留下来的规模养殖场（户）则100%配套粪污处理设施。

同时，继续修复渔业生态环境，清理“绝户网”和“三无船舶”。

各级对生态农业实行优惠政策。一是落实粮、鱼主产区利益补偿、生态补偿制度，建立财政资金分配与农业绿色发展挂钩的激励、约束机制。二是推动科技创新成果、人才、经费等要素的倾斜配置，遴选、推广绿色环保、节本高效的适用技术。三是建立农业绿色发展指标体系，将监测评价结果纳入地方政府绩效考核内容。四是培育统测统配、统供统施、统防统治等专业化经营、服务主体。

至2018年，全县经认定县级农业产业化龙头企业55家，市级龙头企业24家，省级龙头企业11家；建成有机食品基地4个、绿色食品基地5个，无公害农产品基地19个；共培育中国驰名商标2枚、地理标志商标15枚、著名商标25枚、知名商标37枚。

二、打造安全、清洁食品工业

诏安的工业以食品工业为主，1978年，食品工业产值占地方工业总产值56%。2018年的占比为36%。食品工业所需的原材料多取自当地，生产排放的废水、废料较多，因此，与生态环境有较大的关联度。

诏安解放后，只有为数不多的国营食品厂。1984年以来，乡镇企业成为农产品加工、制造业的生力军。1998年，诏安食品工业产值8.5亿元，为1878年的47倍。

诏安是全国最大的青梅种植、加工、出口基地和全省最大的鳗鱼养殖、加工、出口基地。这两样商品因接受出口检验，从原料到制成品都有安全质量把关。有一些食品企业则存在安全隐患，如工厂所进原材料的农药残留；工厂车间卫生条件差；工业废水、废料、废气超标排放等。由于国家对食品安全检验的重视，一些地方企业生产难以为继。

进入21世纪后，诏安对外交通日趋便捷，加之农产品种类多、上市早，利于加工抢占市场，因此，有众多外地食品企业前来投资办厂。到2008年，全县从事食品加工、制造的规模企业50家。其中，水果加工业20家，水产加工业15家，茶叶等2家，酒类3家，其他

金川果蔬有限公司晒梅场景

食品类11家。诏安食品工业进入以高优化、安全性、产业型为特征的阶段，到2011年，全县累计获“QS”认证企业61家73张；国家级名牌产品(商标)2个、省级名牌企业8家、名牌产品10个；有机食品10个、绿色食品15个。

从2012年生态文明创建以来，诏安食品工业逐步从重数量增长转为重质量提升、从要素驱动转为创新驱动、从分散布局变成集群发展。“十三五”期间，诏安将全县各工业小区及分散在乡镇的工业企业整合并入诏安工业园区、金都工业集中区，从而促进了食品加工制造、海洋生物医药制品项目的聚集，便于提供生态、高效、集约、低碳的管理、服务和监督。

县委、县政府支持企业技术创新、设备改造，帮助符合条件的企业及时申报国家、省级技改资金补助，兑现增产增效奖励。同时，严格落实节能减排目标责任制，推进行业污染专项整治，分期分批实施食品工厂清洁化改造项目。至2018年，全县食品行业整体素质显著提升，生产许可获证企业(SC)83家，拥有国际商标注册1个、省著名商标25个、市知名商标37个，农产品加工转化率达到65%，有力带动了农业的发展。

三、开发全域生态旅游

根据国家旅游局颁布的《旅游资源分类调查与评价》，诏安旅游资源类型分别占其主类项的87.5%和亚类44.8%。其中处于县域北部的大乌山和南部的诏安湾，山海风光壮美，文物史迹众多。

大乌山为国家森林公园、全国红色旅游经典景区之所在。山脉逶迤绵延，峰峦挺拔俊秀，涧壑高下错落。腹地石阵气势磅礴，为峰者拔地千仞，成台者方圆千米，岩井深邃，石巷曲折。山麓散布着万亩梅林、茶园。金溪水质清纯，夹岸姹紫嫣红，上游谷深流急可资漂流。九侯岩层峦叠翠，曲涧清幽，峰回路转，各有洞天。九侯禅寺始建于唐代，寺周18景惹人流连。亚湖碧波荡漾，列荡如镜，众峰似屏。乌山因地形险峻、易守难攻，昔时抗元、抗清义军曾在此安营扎寨，中共闽南特(地)委机关设在山顶红旗岩一带。

国家级森林公园乌山

诏安湾为国家海洋公园、中国海洋产业基地之所在。梅岭以半岛姿势伸入湾中，周环翠林、金滩、苍崖。岛外天光水色交映，舟船逐浪，鸥鹭穿云。海岬处悬钟所城锁山控海，城中果老山摩崖碑刻遍布其间；城之内外，关帝庙、天妃宫古朴庄严；城南濒海处望洋台叠石凌霄，惊涛拍岸；城北的湖野山翠峦修林，峰奇谷幽。腊洲山绿意葱茏，山上有祥麟石塔，南北坡有新石器时代遗址。国家级海洋公园城洲岛丹壁亘陈、青峰耸峙。诏安湾曾为丝路古港、海疆重镇。昔时南来北往洋舶多在此靠泊，本邑商船亦由此驶往外洋。俞大猷、戚继光歼倭寇，郑芝龙驱荷夷，郑成功抗击清军，皆在这一带有过战事。

国家级海洋公园城洲岛

诏安作为革命的苏区老区，历史在乌山、龙伞岽、八仙山及众多乡村留下了红色印记；诏安又堪称“民俗大观园”，民众在历史、自然的变迁中丰富着地方的风情民俗，而山区客家民系和沿海河佬民系又各有特色；诏安还是联合国于2019年确认的“世界长寿乡”，囊括了清净空气、清凉天气、清澈水质和清丽海岸、清奇山林等元素。

以往由于交通不方便、接待条件差，诏安的资源优势难以转化为产业优势。跨入新世纪后，乌山被定位为福建门户型旅游目的地、漳州旅游产业综合引擎。通过旅游规划建设，初步形成吃、住、行、游、购、娱一体的服务功能。值此千里若比邻的时代，助推了生态旅游的勃兴。外来游客通常以县域中部青山绿水环绕、古风新韵交融的县城为中心，再往北到大乌山山地旅游区、往南到诏安湾滨海旅游区。境内一些传统旅游点如九侯山、悬钟城、分水关、渐山、斗山、南山、点灯山、铁湖港人气也较旺。

同时，诏安通过“旅游＋”，促进生态旅游与特色乡镇、美丽乡村、休闲农业、观光工业等融合发展。如“中国传统名镇”南诏镇；“全国重点镇”四都镇、霞葛镇；“省级特色景观旅游名镇”金星乡、梅岭镇。又如“中国富美乡村”“中国乡村旅游模范村”南门村；“中国传统村落”山河村、湖内村；“中国富美乡村”“国家级生态村”田厝村；“国家旅游扶贫试点村”大边村。还有一些既有农工实业开发、又可接待游客的生态观光园，可供游览。

金秋九侯山（许少球 摄）

近几年，诏安年接待游客人数、旅游收入均以两位数递增。2018 年，全县共接待国内外游客 165 万人次，旅游收入 18 亿元。

下篇参考书目

1.《中国共产党简史》,中共中央党史研究室著,中共党史出版社 2001 年 6 月出版。

2.《漳州市志》,漳州市地方志编纂委员会编,中国社会科学出版社 1999 年 11 月出版。

3.《中共漳州地方简史(1926—2009)》,中共漳州市委党史研究室著,中央文献出版社 2010 年 9 月出版。

4.《漳州革命老区史(下卷)》,漳州市老区建设促进会、中共漳州市委党史研究室、漳州市老区建设委员会办公室著,中央文献出版社 2010 年 10 月出版。

5.《老区有关政策条例汇编》,漳州市革命老根据地建设委员会办公室 2012 年 9 月印发。

6.《漳州党史特色专题研究》,中共漳州市委党史研究室 2006 年 12 月编印。

7.《新时期农村变革》,中共漳州市委党史研究室编,中央文献出版社 2000 年 11 月出版。

8.《新时期城市改革》,中共漳州市委党史研究室编,中央文献出版社 1997 年 8 月出版。

9.《漳州社会主义市场经济体制的构建与探索》,中共漳州市委党史研究室编,中央文献出版社 2000 年 9 月出版。

10.《中华人民共和国政区大典·福建卷·诏安篇》,中华人民共和国民政部组织编纂,诏安县编纂委员会承编,中国社会出版社 2014 年出版。

11.《诏安县志》,福建省诏安县地方志编纂委员会编,方志出版社 1999 年 12 月出版。

12.《诏安县志(续志)》,诏安县地方志编纂委员会编,方志出版社 2017 年 3 月出版。

13.《福建中央苏区纵横・诏安卷》,中共诏安县委党史研究室、诏安县革命老根据地建设委员会办公室、诏安县老区建设促进会编,中共党史出版社 2009 年 11 月出版。

14.《中共诏安历史大事记(1949—2014 年)》,中共诏安县委党史研究室 2015 年 9 月编印。

15.《中国共产党诏安县历次代表大会资料汇编》,中共诏安县委党史研究室 2017 年 6 月编印。

16.《1949—1978 中共诏安历史专题研究(上册)》,中共诏安县委党史研究室 2018 年编印。

17.《诏安年鉴(2013—2018 年)》,诏安县人民政府主办,诏安县地方志编纂委员会编,海峡书局出版。

18.《诏安县国民经济统计资料(1979—2018 年)》,诏安县统计局编印。

19.《中共诏安县组织史资料(1926—1987 年)》,中共诏安县委组织部、中共诏安县委党史研究室、诏安县档案局编,福建人民出版社 1990 年 9 月出版。

20.《诏安文史资料(1981—2018 年)》,政协诏安县委员会编印。

百年大事要闻

1919 年

5 月　诏安县城青年学生、进步人士响应北京五四爱国运动号召，成立诏安学生反日救国联合会、诏安各界人民反日救国联合会，由 2000 多名学生和 100 多名教师组成的宣传队伍上街下村举行集会，揭露军阀勾结日本帝国主义祸国殃民的罪行。

12 月　以宣传马克思主义学说、苏联社会主义实践及民主社会文化观为主调的漳州《闽星报》和北京《新青年》等进步报刊在诏安公开发行。

1920 年

8 月中旬　粤军军长尹骥率所部驻诏。

11 月　接孙中山召唤，粤军回师广东，北洋军张毅独立旅入据。

1921 年

1 月　北洋驻军强行解散诏安学生反日救国联合会、诏安各界反日救国联合会。

1922 年

10 月　创办县立中学，为诏安中等教育之始，并成为地方传播新思想、新文化阵地。

1923 年

春　诏安华侨工会在城区东关隆兴路头设立，该会旨在联络爱国华侨为家乡振兴出力献策，后因责任人病故中止。

3 月　孙中山大元帅府副官长张贞奉派回闽组建民军，在诏安编制 3 个营，又于 7 月率新编民军入粤讨伐陈炯明叛军，于饶平浮山作战失利，退入云霄，叛军洪兆麟部随后进诏安，大肆奸淫掳掠。

1924 年

9 月　东湖地区民众抗捐，县知事提乾元领兵镇压，火烧军寮村，劫掠上陈、岑头等 10 个村，70 多人被杀，480 多间房屋被毁。

10 月　在诏安开展进步活动的林景崇遭当局通缉，被迫远涉南洋，先后在马来半岛、新加坡任《南洋时报》《南洋商报》总编、编辑，继续进行反帝爱国宣传。

11 月　诏籍国民党骨干分子林学渊从广东回乡，在城区设立国民党员登记处，重新登记在诏党员。

1925 年

10 月　国民党福建省临时执委余佩皋等一行 5 人在诏开展国民革命活动，并会同林学渊、秦望山等开展党务工作，年内发展 30 多名党员。

12 月　国民革命军福建警卫总队在诏安整建成立，同时创办福建陆军干部学校，许显时任总队长兼校长，延聘陈祖康、陈伯达等任军事、政治教官。

是年　广东海陆丰中共组织派人到诏安活动，秘密发展中共党员。

1926 年

2 月　召开县国民党员代表会议，宣布成立国民党诏安县党部。

4 月下旬　诏安农民运动考察团赴海陆丰参观学习半个月。

夏，诏安县农会和思政区农会及华表、西坑、双港、郭寮等村农会先后成立。

10 月　经过全国农民运动讲习所学习的共产党人黄昭明，受中共汕头地委派遣回到诏安家乡开展革命工作，翌月，中共诏安支部成立，党员 5 名，黄任书记。

11 月　中共饶平县委派人到秀篆虎坑村活动，先后成立虎坑村农民革命运动会和党小组，使之成为诏安早期的革命基地。

1927 年

4 月　蒋介石叛变革命后，国民党诏安县的党务指导委员会奉命改为党务清理委员会，重新登记党员、整顿组织，全县设立 3 个区党部、10 区分部和 4 个直属区分部。

5 月 15 日　漳州国民党右派分子召开拥蒋护党大会，之后各地“清党”活动加剧。黄昭明出走南洋，中共诏安支部失去联络停止活动。10 月，拥护孙中山“三大政策”的县农会、妇女会，被强行解散。

1928 年

春　中共饶平、大埔县委领导刘锡三、余登仁、谢卓元、张华云、罗时元等，分别到诏属秀篆、官陂、霞葛一带乡村，开展革命活动。

8 月 10 日　饶平县委书记及委员等 18 人在温子良村被捕遇害。县、区幸存的人员转移至诏安虎坑，于是年冬成立中共虎坑支部。

11 月　成立中共饶大特委，诏和边境 4 个党支部隶属。

1929 年

春　中共闽粤边工委在南陂厚安村文圃学堂成立。同时，中国工农红军饶和埔独立支队在岩下山大庙内成立。

6 月　饶和埔诏县革命委员会在霞葛厚安村宣告成立。不久，马坑、陈坑、下割、石下、炉坑、东坑尾、大北坑、新营等乡村均建立革命政权组织。

8月27日　蒋光鼐部教导团三营十三连80多名官兵起义，中共饶平县委将其收编，成立中国工农红军饶和埔诏独立连。

10月15日　中共东江特委以独立连为主干并召集饶、和、埔、诏的红色武装，于龙伞岽整编为中国工农红军第四十八团。

1930年

4月　浮山区革委会在太平新营成立，辖饶平浮山及诏安新营、科下、康美等村庄。

5月　国民政府推行地方自治，诏安原12个行政区划分为6个地方自治区。

7月　国民党地方军开赴秀篆石东一带围剿红军，实行"三光"政策，又分兵太平清查革命群众。

11月　中央军委参谋长叶剑英安全通过诏安秘密交通线进入瑞金。

12月　中共饶和埔县委员会正式成立，统一领导原饶平、大埔、平和、诏安4县的赤色区域及白区工作，分立11个区委。

1931年

2月7日　饶和埔县工农兵贫民代表大会在埔东大产泮村举行，宣布成立饶和埔苏维埃政府。因会议中途遭国民党军突袭，县委、县苏的成员辗转至秀篆石下村。

3月　饶和埔县委于犁壁石山召开扩大会议，会议选举产生新的县委班子，作出以石下为基地，重点向诏安的官陂、秀篆发展的决定。此后，饶和埔县委改称饶和埔诏县委，县委机关常驻石下村达4年之久。

7月　中国工农红军饶和埔诏第三连在石下村重建，扩充至100多人。

8月　国民党当局在霞葛成立饶和埔诏"剿匪"司令部，对苏区的武装进攻、经济封锁不断升级。

11月　中华苏维埃共和国全国第一次代表大会在江西瑞金召

开，余登仁、游章坦、李杵知代表饶和埔诏县出席。

1932 年

春　县委恢复组建第一、第二、第四等区苏维埃政府，秀篆的石炉、篆北，官陂的马东，霞葛的五通，太平的大元、景坑等乡苏宣布成立，各区自上而下推选出席县代表会的代表。

4 月　马东乡苏以民办公助、投资入股的方式，创办马东消费合作社，缓解军需民用紧张的状况。

6 月初　饶和埔诏县工农兵代表大会在秀篆石下朝阳楼敦敬堂召开，成立饶和埔诏县苏维埃政府。自此，诏安成为饶和埔诏苏维埃运动的中心区域。

7 月　县委召开扩大会议，提出“深入土地革命，没收地主土地，分给农民，扩大游击战争”的工作方针，明确党的建设任务。

9 月　粤军黄南鸿团进驻官陂、秀篆和平和大溪，先后围剿石下、五通、马坑苏区，又汇合驻饶平张贞部 3 个连及地方民团共数千人，分三路向龙伞岽一带乡村发起进攻。红三连和赤常队被冲散，石下、炉坑等村遭严重摧残。

10 月　县委将红三连尚存的 20 人枪和赤卫队员合编为饶和埔诏游击队。余登仁带武装工作组到深湖、搭桥一带开辟新区。

12 月　县苏在石下、炉坑试行分田分地，两村共 586 人，分田地 589 亩，之后，向苏区其他地方推开。

1933 年

4 月　粤军黄南鸿部勾结诏安沈东海部及地方民团，连续对下割、陈坑、枫林下、赤竹坪等地进行扫荡洗劫，苏区革命转入低潮。

11 月　借“闽变”之机，余登仁率队转战于深湖、坪路、搭桥一带乡村，建立苏维埃政权，发展革命队伍。

1934 年

4 月　潮澄饶红军入诏，游击于霞葛、官陂、秀篆、西潭、汀洋等地，会同余登仁带领的游击队歼灭盘踞黄牛山的“白扇会”反动武装，创立以八仙山为主的诏饶边革命根据地。

8 月　潮澄饶红军在秀篆石下休整期间，配合饶和埔诏游击队和赤卫队攻克霞葛井北楼和上、下官陂的反动据点，恢复霞葛、南陂、径口一带老区。

同月　为帮助饶和埔诏县委开拓局面，福建省苏主席张鼎丞率闽西红军 400 多人来到秀篆山区，转战诏和边。

1935 年

3 月　国民党当局纠集云、和、诏 3 县兵力进犯乌山革命根据地，封山烧山 14 天。

6 月下旬　吴胜、谢育才率领闽西红军独立第九团抵达秀篆石炉乡，首战攻打瑞麟楼反动民团，又配合地方游击队打下隔背坑坝楼顽固堡垒。

7 月　潮澄饶红三大队与卢胜带领闽南红三团一个精干小分队在云和诏交界地月眉池会师。

10 月初　何鸣代表闽粤边特委在乌山十八间召开会议，决定成立云和诏县委，同时建立中国工农红军闽粤边独立营，以乌山为中心发展革命根据地。

12 月 15 日　中共闽粤边特委决定撤销饶和埔诏县委。

1936 年

2 月　国民党中央军八十师和闽省保安团共 7000 多人清剿乌山革命根据地，云和诏县委和红军游击队避敌锋芒，转战敌后。

3 月　县委和独立营“肃反”扩大化，县委书记蔡蔚林出走香港，特委派张敏兼任书记。

6 月　闽粤边独立营改称中国人民红军闽南抗日第一支队，队伍活动于云和诏地区。

1937年

6月26日　中共闽粤边区特委与粤军一五七师达成闽南合作抗日的十一条政治协议。

7月16日　闽粤边特委代书记张敏在月港村召开云和诏县委扩大会议，中午，国民党省保安大队中校沈东海带兵包围会场，县委委员罗贵炎当场牺牲，张敏等12人被押解县城，20日在良峰山麓虎咬巷就义。

8月　卢胜带领红三团部分指战员到进水村，与乌山伤兵站20多名同志会合，重建红三团。

1938年

1月　撤销中共闽粤边区特委，成立中共漳州中心县委。

3月　重建中共云和诏县委。

12月　中共诏城支部成立，下设8个党小组，拥有50多名党员。

同月　国民党县党部下设28个区分部，拥有333名党员。

1939年

11月30日　日伪军400多人在飞机掩护下占领分水关，12月1日分两线从南山、双港进犯，县城陷落。6日零时我军民对县城及分水关踞敌组织反攻，激战7日，收复失地。

1940年

2月　国民党当局频频制造反共事件，县委执行闽南特委提出“隐蔽的掌握群众、教育群众，积蓄力量，等待时机”的方针，在乌山建立生产单位，开荒种地，烧木炭，做竹器，缓解经济困难。

1941年

春　云和诏县委机关设址于乌山深处的豆畲村。

1942 年

秋　国民党军队搜查、封锁乌山革命根据地，严禁商人到山区贩卖粮食。县委在继续埋藏生产的同时，进行武装反顽自卫。

1943 年

11 月　闽西南武装经济工作总队到乌山一带活动，通过对几个敌对恶霸的清算，打击了反动分子的气焰。

1944 年

春　闽南特委在豆畲村成立闽南政治保卫队，县委的两个武装班并入。

1945 年

8 月 17 日　王涛支队拔除驻公田的“云和诏三县联防办事处”，俘虏该办事处主任张建雄等，乌山基点村随之迅速恢复。

1946 年

夏　全县国民党员增至 1500 多名，整编为 13 个区党部、114 个区分部。

7 月　国民党省保安二团吴子高部陈兵进水、官陂、大元中等地，对革命根据地实行军事围剿、经济封锁，并强迫百姓移民。

11 月 16 日　县委武装在北蔗雷公陂布地雷阵，重创进剿乌山的林风翔部。

冬　云和诏县委组织四路工作团，分赴各地筹措粮款、扩充队伍，不久成立四个游击大队。

1947 年

8 月　闽南支队在游击队配合下，先后出击梅洲、上湖、霞葛的乡公所和四都联防队、西张盐警队。

9月　为掌控社会各界的思想动向，国民党县党部先后成立针对学生、农民、妇女、工人运动和文化、宣传运动等9个工作组。

1948年

1月8日　闽南支队在官陂坪坑伏击国民党省保安二团一部，俘敌少校以下官兵29名，毙敌7名，我无一伤亡。

4月10日　云和诏武装一大队、北路工作团和官陂100多名民兵在李亚伟指挥下，攻取敌吹嘘为“铁城”的彩下楼据点。

7月1日　闽南支队与云和诏武装奇袭走马塘，全歼装备精良的20余名敌人，诏和云饶游击区得以连成一片。

8月　西路工作团建立海上游击区，并配合闽南支队摧毁分水关炮楼，袭击思政乡公所。

1949年

5月　云和诏县委举办80多人参加的干部训练班，结训后大部分学员分配诏安、云霄、平和的斗争第一线。

8月　漳属各县大部解放，国民党第五行政区公署专员、保安司令童懋山退踞诏安，兼任县长，网罗兵力，负隅抵抗。

10月6日　中国人民解放军长江支队第五大队第一中队48名南下接管干部抵达金溪圆林村，与云和诏县委的同志会合。

同月20日，中共诏安县委、诏安县人民政府在金溪坪林村宣告成立，书记武克，县长张振福。

12月12日　解放大军进入县城，诏安宣告解放。

同月19日　原14个乡镇并为7个区，设区工委和区公所，县、区两级政权共配备干部145名。

1950年

1月4—25日　县委召集原国民党县、乡(镇)公务人员、警察共283人办“训练班”，集训结束分别作录用安置、遣送回家和逮捕法办处理。

同月 5 日　龙溪专署分配的 53 名闽南公学毕业生抵达诏安，被安排在县、区机关工作。

同月 11—14 日　驻诏三十一军侦察营会同县独立大队荡平盘踞在霞葛、秀篆之闽南暂编纵队。至此，诏安全境解放。

5 月 11 日　诏安组织 876 名船工、300 艘船只运送三十一军 4 个营直航东山岛，同时数千名民工从陆路启程，支援解放东山登岛作战。

12 月上旬　诏安列为全省首批土地改革县之一。副县长李振经带工作队到含英乡搞土改试点。

同月下旬　全县镇压反革命运动形成高潮。28 日，县委决定全县分两批开展土改运动。

1951 年

1 月 18 日　由县、区机关干部和三十一军某部指战员共 403 人组成的第一批土改工作队，分别进驻一区、四区和城关区。

4 月 8 日　县委召开扩大会，总结第一批土改工作，安排第二批土改工作队进驻二区、三区、五区、六区、七区，至 12 月，土改全面完成。

7 月　全长 45 公里的漳汕公路诏安段修复工程竣工通车。

11 月　全县民众捐款 20.5 亿元，超额完成购买一架“诏安号”战斗机任务。

12 月下旬　县委工作组在含英乡搞互助合作试点，林架再互助组在全县率先成立。

1952 年

5 月 15 日　县直机关、企事业单位和各区干部 560 人参加“反贪污、反浪费、反官僚主义”运动，到 7 月 9 日结束，共处理 33 名干部。

8 月 31 日　县举办首次城乡物资交流大会，4 天成交额 18 亿元。

10月1日　“乌山老阿姆”吴阿柔作为革命老根据地的代表，参加北京国庆观礼。

同月30日　基本完成60个有山林乡改革，征、没收的山林除留作国有、乡村集体者外，分配给无林少林的贫雇农。

1953年

6月21—24日　召开县第一届人民代表大会第一次会议。

7月16日　县紧急动员组织人力、物力支援东山保卫战。

11月中旬　第一次人口普查完成，全县人口224989人。

同月　县开始实行国家粮食统购统销政策。

1954年

2月5日　粮食开始实行凭票证供应。

是年　县开始实行植物油料统购统销政策，红糖、生猪和棉布实行计划供应。

1955年

3月　县开始组织干部、医生和民工，分三批参加漳州、连城飞机场和鹰厦铁路建设。

11月　县动员城关、桥东、四都区393户、620人，分批移民华安、长泰二县参加山区建设。

1956年

1月15—19日　召开县政协第一届第一次会议。

同月27日　县委在中山公园举行万人庆祝大会，宣布批准城关41个行业实行改造。

5月18—23日　中共诏安县第一次代表大会召开。

6月5日　县、区干部开始分批参加肃反运动。至翌年3月中旬止，全县共有49个单位2846人参加肃反，正式列为专案和甄别对象174人，定为反革命分子29人、坏分子1人。

10 月 16 日　县、区放开自由市场，活跃了农村经济。

同年　建成国营诏安蜜饯厂、酒厂。

1957 年

3 月　蓄水量 1000 万立方米的港口渡堵港工程竣工。

6 月 20 日　县委召开县直机关党员大会，部署反击资产阶级右派。至 10 月底，划定极右分子 14 人、中右分子 42 人。

1958 年

6 月 20 日　诏安中学改称诏安第一中学，列为省重点中学。

7 月 1 日　全长 102 公里的三姑娘渠道全线通水，受益农田 10 万亩。

同月　各地积极开展“每人献售 1 斤废铁”活动，工业部门组织 2 万人土法上马建“小高炉”115 个，兴起全民大炼钢铁运动。

8 月　县委三级扩干会之后，各农业社大放高产“卫星”，出现发电为高度密植水稻照明、煽风和亩插万株苗的“大畦番薯”的荒唐现象。

9 月 17 日　全县实现人民公社化，撤销区乡建制，实行政社合一。原 26 个乡镇、195 个高级社并转为 9 个公社和 3 个国营农场。

12 月下旬　各社场组织 5 万人开展大规模深翻土地运动。

同月　国务院授予诏安“全国农业社会主义建设先进单位”称号。

1959 年

3 月 28 日　县委在五级干部会议上明确公社、大队、队的管理体制和具体政策，把原 106 个生产大队调整为 130 个，作出生产资料、收益分配等 10 项权力下放给大队的决定。

4 月 4 日　中共中央书记处书记陈伯达视察四都公社。

同月下旬　太平公社党委依靠集体力量大规模向山发展，当年开发竹、林、果、油茶“四个万亩”，打响开发“万宝山”第一炮。

5月24日　县委部署开展整风算账运动，清算县、社、队之间的平调账目和干部贪污挪用公款问题，落实社员一些“小私有”政策，历时3个月。

8月　诏安一中高考成绩名列全省第二，《人民日报》《人民教育》杂志为之报道并发表《穷山沟飞出金凤凰》的评论。

11月　各社纷纷筹办集体千头、百头猪场，以保证实现当年全县养猪30万头、一亩地一头猪的目标。

12月5日　福建省各地、县农业书记会议在诏安召开，参观太平公社开发万宝山的现场。全县掀起开山造林种果的高潮。

1960年

2月下旬　省委第一书记叶飞视察太平公社，号召各条战线大兴“太平之风”。

3月　各个行业开展技术革新、技术革命运动，以机械化、半机械化替代原手工操作。

4月上旬　城乡公共食堂普遍化运动迅速展开，规模不断扩大。

7月　诏安一中第五届高中毕业生参加高考，以录取率100%成为全国一面“高考红旗”。

10月　县直机关和工交、财贸系统1746名干部职工下放到农村。

11月　国家副主席董必武抵诏视察。

1961年

1月　县委先后召开全委扩大会和四级干部会，检查全县三年来共产风、浮夸风、命令风、生产瞎指挥风、干部特殊化风情况，部署整风整社运动。

3月　建成蓄水量498万立方米的梅洲水库。

4月3日　国务院副总理、中央农村工作部部长邓子恢莅诏视察。

11月3日　县委开始对在1958年以后的运动中受到错误批斗

处理的党员干部予以甄别纠正，至翌年 4 月底基本结束。平反党员干部 948 名，其中 474 人重新安排工作。

12 月 4 日　中央军委副主席、国防部长林彪途经诏安停歇。

1962 年

6 月上旬　开始大幅精简社办、队办企事业单位和职工。

同年　全县基本消灭鼠疫、霍乱。

1963 年

6 月 12—17 日　全县降雨 200 多毫米，历时 245 天的特大旱情解除。

同月 22 日　台湾国民党派遣的 10 名武装特务在凤山公社寮仔大队海滩登陆，诏安军警将其挤压到桥东风吹岭上，击毙敌特中校支队长邱陵等 6 人，生擒副支队长余业杰等 4 人。

7 月 1 日　遭 4 号台风暴雨袭击，全县 57 个自然村、近 7 万亩农作物被淹，8634 棵果树倒伏，7296 间民房、2025 间畜舍倒塌，4823 处水利设施损坏，91 座路桥冲毁，死 1 人，伤 14 人。

1964 年

2 月 25 日　地、县委社教工作组进社队，宣传贯彻中央“双十条”，结合“六十条”政策，处理阻碍生产的遗留问题。

4 月　东溪、西溪防洪堤工程全线竣工。

7 月 1—14 日　开展第二次人口登记普查。全县人口 289772 人。

12 月 17 日　位于城区环城路的人民市场落成使用。

1965 年

4 月 7 日　省委第一书记叶飞带领福清县音西大队支部书记陈德顺再次视察太平公社，号召全省“走音西之路、兴太平之风”。之后，全县人民继续学大寨、学音西，大兴“太平之风”，展开治山治水的群众运动。

1966年

3月1—6日　县老区代表会议召开，回顾老区工作情况，组织参观下径、下河、外凤等大队和下坝生产队的生产建设经验，讨论制定老区建设发展规划。

5月　龙溪地委社会主义教育工作团进驻诏安，开展“清政治、清经济、清组织、清思想”点上社教运动，县直机关全体干部参加。

9月15日　地直机关、华安、平和、诏安机关干部以及三十一军、空八军部分指战员共2000多人组成社教工作队，进驻各大队和社场直属机关开展“四清”运动。

11月　城乡开始自发成立各种名目的群众组织，后演变为“联司”和“新诏”两大派群众组织。

1967年

1月10日　钢筋混凝土结构的通济桥扩建工程竣工。

同月27日　“群众组织”到中共诏安县委、县人民委员会及其下属党政机关夺权，而后，各系统各单位纷纷成立战斗队。

5月25日　中国人民解放军诏安县军事管制委员会成立，接管中共诏安县委员会、县人民委员会及所属部门。

7月31日　两大派武斗逐渐升级，军管会和支左部队开始撤离诏安。

9月5日　经中央军委批准，福州军区派部队分海陆四路开进县城，解决诏安派性武斗问题，社会生产秩序逐步恢复，各中、小学陆续“复课闹革命”。

1968年

6月9日　在县体育场举行庆祝县革命委员会成立的万人大会。

同月14日　县革委会机关受冲击，县直干部转移到漳州。

9月3日　福州军区再派部队进入诏城，贯彻《关于封存武器，制止武斗的通告》,社会秩序渐趋安定。

12月下旬　工交、财贸、农林水、文教、卫生系统和桥东、四都、城关公社开展以清理阶级队伍为主的斗批改运动。

1969年

2月4日　县革委会在中山公园举行集会,欢送首批120名知识青年、城镇居民到农村插队,由此拉开诏安上山下乡运动的序幕。以后几年间,上山下乡知识青年达1768名,城镇居民2370户、10480人。

6月下旬　县革委会分别举办县直机关和社场的党员干部整建党学习班,之后,分派到基层单位和各大队指导整建党工作,重新登记党员,恢复基层党组织和党员组织生活。

8月　县革委会召开贯彻中央"七·二三"布告紧急会议,宣布撤销所有群众组织。同时分系统举办学习班,收缴一批枪支、弹药及打砸抢物资。

下半年　遵照福建省革委会的指示,全县批判"太平之风"。

同年　在农村推行合作医疗制度,全县233个大队办合作医疗站183个。

1970年

1月1—3日　县在官陂召开"农业学大寨"现场会议,号召各地学习彩下大队社员自力更生、艰苦奋斗的革命精神,大搞农田基本建设。

2月中旬　全县开展打击现行反革命和反对贪污盗窃、反对投机倒把、反对铺张浪费运动。

8月　经省批准,诏安湾围垦工程动工,历2个多月停建,成为"半拉子"工程。

12月　革委会主办的县直机关干部清理阶级队伍学习班结束,干部经审查分别作重新分配工作和下放基层的处理。

1971 年

7 月 1—5 日　县委、县革委会合署办公，之后着手全面恢复党的基层组织。至翌年 1 月，全县 11 个社（场）党委筹建工作全部结束。

1972 年

7 月 1 日　历时 6 年的亚湖水库蓄水工程竣工，工程项目包括主坝、副坝及主渠道等，总库容量 3850 万立方米，由各社场抽调的民工自带工具、伙食、被席参加工程会战。

9 月　西潭、秀篆、太平 3 所中学增设高中班，扩办成完全中学。

11 月 26 日　地委三分之一工作队与县、社干部同时进驻城乡 99 个基层单位，开展批林整风，历时 10 个月。

1973 年

10 月　农村各地开展基本路线教育运动，同时集中劳力大搞农田基本建设。

1974 年

1—2 月　全县先是层层批判资本主义倾向，割资本主义尾巴，接着开展大破旧文化、旧思想、旧风俗、旧观念和大立新文化、新思想、新风俗、新习惯的运动。

2 月 17 日　日榨蔗量 500 吨的诏安糖厂正式投产。

5 月　县革委会分 2 批组织县、社干部和部分大队党支部书记前往山西大寨大队参观学习。回来后，全县掀起整地造田热潮，在官陂山区铲平 36 个山头搞“人造平原”，营造用于机耕的“沙固路”，致使山地植被破坏，水土流失严重，东溪河道淤塞。

1975 年

7 月 3 日　县委召开县直机关党员干部千人大会，部署清除资产阶级派性的群众运动。

11 月 3—10 日　县委召开四级干部会，对照建设大寨县的六条标准，讨论制定实现“苦战两三年，山河重安排，建成大寨县，粮食翻一番”的目标和措施。

冬　开始全面落实计划生育政策。

1976 年

10 月 22—30 日　县城举行盛大的游行活动，热烈庆祝粉碎“四人帮”反党集团。

11 月 14 日　地委工作组进驻县委、县革委会机关。27 日起，县直机关干部集中参加揭批“四人帮”学习班，历时 24 天。

1977 年

6 月 7 日　县直机关分七个口举办揭批“四人帮”学习班，重点查处贪污盗窃、投机倒把、参与篡党夺权活动的人和事。

12 月 20 日　县委召开“双学”经验交流会议，决定掀起工业学大庆、农业学大寨运动新高潮。

1978 年

3 月底　省委给“太平之风”平反，《福建日报》连续报道“太平之风”的业绩和经验。

5 月　县委公开给因太平之风而受迫害的干部平反。

1979 年

2 月 4—10 日　县委召开四级干部会，贯彻党的十一届三中全会精神，为拨乱反正、把工作重点转移到现代化建设上奠定思想基础。

7 月 10 日　县委在体育场召开万人大会，为“九・五”冤案受害者平反。

10 月　国营工业企业普遍推行定额超产加奖励办法。

1980 年

8 月 3 日　农村人民公社开始推行家庭联产承包责任制。

11 月 4 日　依法撤销县革委会，设立县人大常委会和县人民政府。

1981 年

3 月　全县开始进行林业“三定”（稳定山林权、划定自留山、确定林业生产责任制），至翌年 10 月完成“三定”面积 100.12 万亩，94150 户获山林权证。

7 月　全省首家中外合资企业——诏正水产有限公司正式创办。

11 月 6 日　县委召开大会，宣布福建省委、福州军区党委《关于乌山地区问题的平反决定》，对涉及事件的干部和群众予以平反。

1982 年

4 月 1 日　日产 2000 吨自来水设施建成投产，为城镇居民提供饮用水。

10 月　第三次人口普查结束，全县人口为 460799 人。

同月　我县胶树北移技术获国家科委发明一等奖。

1983 年

1 月 25 日　福州军区副政委卢胜带领省慰问团慰问诏安老区。

7 月 25 日　第四号强台风正面袭击县境，全县受灾农田 4.37 万亩、倒房 8500 间、死亡 73 人、伤 607 人。

12 月 4 日　县一级机构改革工作顺利完成。

同年　全县“四类分子”摘帽结束。

1984 年

2 月 6 日　日榨蔗量 2000 吨的花墩糖厂建成投产。

7月下旬　国营、集体企业普遍推行经营承包责任制。

同月　行署在诏安召开乌山老区基点村粮食征购减免会，决定诏安减征75万公斤。

10月4日　选举建乡工作全面结束，实行党、政、企分开，撤销人民公社，成立12个乡(镇)的人民政府及经济管理委员会。

12月3日　省、地委确定诏安为整党试点县。县整党工作分三批进行，历时2年10个月，突出党性教育和纠正新的不正之风，共有496个支部、12074名党员参加。

1985年

4月30日　国务院副总理姚依林一行13人，从广东到福建检查工作途经诏安，稍事停留。

6月19日　中共福建省委第一书记项南、省委常委贾庆林莅诏视察。

7月　诏安县良峰山革命烈士新陵园建成开放。

10月14日　“闽粤边区三年游击战争学术讨论会”在诏安召开，会上交流学术论文361篇。卢胜、卢叨、王维等老同志莅会指导，会后深入官陂、红星探访老区群众。

1986年

3月29日　县委部署“三刹一整顿”(刹占地建房、以权谋私、包庇说情，整顿机关作风)，至6月底结束，查处违纪案件62件。

5月18日　国务院批准诏安为贫困县，享受扶贫优惠政策。不久，省、市工作队进驻乡村扶贫。

6月1日　胡平省长抵县视察，对发展诏安经济作具体指示，同意拨款支持官陂治理水土流失、发展果树生产。

8月24日　福建省委书记陈光毅抵诏调查研究。

1987年

1月20日　全国人大常委会副委员长阿沛·阿旺晋美莅诏

视察。

9月20日　诏安被评为“全国水利建设先进县”。

12月16日　全国人大常委会副委员长、中共中央委员彭冲莅诏视察。

1988年

1月26日　国务院批准诏安县为经济开放县。

2月19日　省长王兆国莅诏视察。

5月25日　闽粤边界贸易加工区举行奠基仪式。

同月29日　县电网与省电网并网成功。

1989年

1月20日　地处乌山的红星乡15个村实现村村通公路。

2月28日　全国政协副主席谷牧在诏停留。

9月19日　县2000门纵横式自动电话交换机开通。

1990年

7月1日　省委书记陈光毅抵诏视察重灾区灾情。

11月10日　第四次人口普查工作完成，全县总人口524972人。

1991年

9月30日　南诏镇有线电视网正式开播。

12月15—16日　国务院农业综合开发办副主任周清泉抵诏，视察国务院综合开发项目——旱片农业综合开发工程。

1992年

1月16日　诏安被列入全国农村社会养老保险试点县。

1993年

1月5日　举行5000门程控电话开通典礼。

4月1日　取消城镇口粮定量供应，各种粮票停止使用。

7月17日　西潭乡析为西潭、白洋两乡。

9月14日　国道324线诏安城关路段改线及水泥路面工程竣工通车。

12月26日　省政府宣布“诏安县光荣摘掉贫困县帽子”。

同年　诏安被文化部群众艺术司命名为“中国书画艺术之乡”。

同年　第二次国内革命战争时期饶和埔诏革命烈士纪念碑在秀篆石东村落成。

1994年

6月14日　国家交通部部长黄镇东视察国道324线竹港湾至分水关路段拓宽改造情况。

1995年

1月11日　国道324线诏安竹港湾至虎蹄桥水泥路段通车。

4月19日　省长陈明义、副省长童万亭莅诏视察。

10月22日　省委书记贾庆林莅诏视察。

11月23日　中央军委副主席张万年莅临铁湖港，观看南京军区组织的实战演习。

1996年

1月3日　全国人大常委会副委员长田纪云视察闽粤边贸大市场、边贸加工区等地，题词“团结奋斗，发展诏安”。18日，原国家主席杨尚昆路过县境，题词“再造优势，建设诏安”。

2月13日　中央军委副主席张万年莅诏观看空军演习。

10月18日　国道324线虎蹄桥至梅峰路段拓宽工程竣工通车。

11月11日　县1000亩以上的港口渡、西山、前江海堤工程均达省级标准。

1997 年

5 月 1 日　岭下溪三级电站并网发电成功。

12 月 29 日　县委、县政府办公大楼举行揭牌仪式。

1998 年

2 月 22 日　县小康建设通过省复查验收。

5 月 16 日　经国家科委验收，诏安创建科技先进县工作达标。

11 月 5 日　省委副书记习近平、市委书记李敏忠及县领导视察桥园村。

12 月 25 日　县举行农村土地承包经营权证书首发式。

1999 年

9 月　花墩糖厂破产工作完结。

2000 年

7 月 1 日　诏安开始实行遗体火葬。

9 月 28—29 日　县举办“纪念建县 470 周年暨首届书画艺术节”庆典活动。

12 月 3 日　诏安县初级卫生保健工作通过省复核验收。

2001 年

1 月 8 日　诏安县农村能源综合建设成果通过国家验收。

7 月 15 日　省长习近平莅临诏安调研。

11 月 13 日　诏安县农网“两改一同价”工作通过省、市验收。

同年　诏安被国家林业部命名为“中国青梅之乡”。

2002 年

4 月 3 日　国家扶贫基金会会长王郁昭莅诏视察扶贫开发工作。

5月10日　红星青梅申请原产地标记注册认证通过评审。

6月21日　诏安县通过“全国水土保持生态环境建设”示范县达标验收。

12月　漳诏高速公路工程竣工。

2003年

1月　诏安县全面取消农业特产税、屠宰税、教育集资及乡统筹、村提留。

2月17日　省长卢展工莅诏做农业产业化调研。

4月14日　香港超大集团现代农业生产基地在西潭乡投建。

6月11日　桥东中学晋升为省重点中学。

2004年

1月18日　龙潭水利枢纽工程封堵蓄水。

9月27日　诏籍残疾人运动员吴燕聪在第二十二届雅典残奥会获F46级跳高金牌并打破世界纪录。

2005年

1月　诏安通过省级卫生城市(县城)验收。

4月26日　四都中学和西潭中学通过省三级达标学校验收。

2006年

1月1日　诏安县开始实施农村公办学校义务教育阶段“两免一补”工程。当年,全县免除学杂费1101万元,实行贫困生课本免费及发放寄宿生生活补助费共29.5万元。

4月30日　诏安一中晋升为福建省普通中学一级达标学校。

7月14—18日　百年一遇的强热带风暴“碧利斯”袭击县境,全县过程降雨量平均390.82毫米,达190年一遇。洪灾造成房屋14729间倒塌、19670间受损,受灾群众达50多万人,农作物受灾面积26.5万亩,直接经济损失11.59亿元。

8 月　“移动电话村村通”工程全面竣工。

11 月 17 日　中共中央政治局委员、国务院副总理回良玉带领民政部部长李学举、农业部部长杜青林、林业局局长贾治邦等莅临诏安灾区看望慰问灾区干部群众。省委书记卢展工、省长黄小晶、市委书记刘可清等省市领导陪同。

12 月 30 日　亚湖水库自来水工程竣工供水，县城及周边乡镇30 万居民用上优质自来水。

2007 年

2 月 13 日　诏安县疾病预防控制中心举行挂牌、揭牌仪式。

4 月　东溪澳仔头橡胶坝、苦溪林巷橡胶坝两个蓄水工程基本竣工，6 月 26 日正式投入运行。

7 月 1 日　诏安正式启动新农村合作医疗制度。

8 月 8 日　县举行大埕湾诏安海域使用权招标拍卖会。

12 月 20 日　县委作出启动诏安申报“中央苏区县”项目的重要决定。

2008 年

1 月 11 日　县举办海峡两岸（诏安）首届青梅节暨书画艺术节。同时，举办“欢乐中国行·魅力诏安”大型文艺晚会及书画精品展览等活动。

3 月 8 日　中央、省、市区委党史研究室专家莅临诏安，考察土地革命战争时期苏维埃活动情况。

6 月 18 日　“月港事件”纪念馆举行落成揭牌仪式。

12 月 29 日　县启动传统模拟电视向数字电视整体转换。

2009 年

1 月 5—6 日　县举办海峡两岸（诏安）第二届青梅节暨书画艺术节，同时，中央电视台“激情广场·魅力诏安”大型文艺晚会在诏开演。第十届全国政协副主席张克辉、原农业部副部长洪绂曾、中央党史研究室第一研究部原主任黄修荣等参加节会。

同月9日　省老区建设促进会副会长吕居永一行莅临诏安慰问革命“五老”人员。

5月4日　中央党史研究室正式确认诏安县属于原中央苏区范围。

7月5日　省政协主席梁绮萍、省人大常委会副主任黄锦贵、副省长洪捷序莅诏调研。

同月31日　省委、省政府、省军区授予诏安县“双拥模范县”称号。

11月14—15日　全国中共党史学会、中共中央党史研究室第一研究部和中共福建省委党史研究室主办的“国共关系的历史、现状与未来”学术研讨会在诏安举行。

2010年

5月23日　国家防汛抗旱总指挥部秘书长、水利部副部长刘宁一行莅诏检查指导防御台风“鲇鱼”工作。

11月17日　诏安灰鹅养殖标准化示范区通过国家级验收。

2011年

3月11日　总投资1999万元的三姑娘灌区节水配套改造项目工程通过省级验收。

4月1日　据国家发改委通知，乌山红色旅游景区的中共闽粤边区特委旧址列入全国红色旅游经典景区第一批名录。

10月12日　诏安县省级卫生县城经省复核达标。

2012年

2月17日　诏安县被列为省水土流失治理一类重点县。

同月　县首批特困残疾人“安居工程”危房改造项目受助对象陆续搬进新居。

10月13日　总投资1800多万元的诏安赤石湾一级渔港工程

通过省级验收。

11月2日　诏安金都工业集中区海洋生物产业园获“国家科技兴海产业示范园区”确认。

2013年

9月13日　诏安县通过省级生态县考核验收。

11月26日　县举行中国硒资源开发利用研讨会暨“中国海峡硒都”授牌仪式，中国营养家学会理事长杨月欣等出席。

12月27日　“诏安红星青梅”被国家工商管理总局认定为中国驰名商标。

同月28日　厦深高铁诏安站正式通车。同日，沈海复线高速公路漳州天宝至诏安霞葛段举行通车仪式。

2014年

6月26日　诏安获中国老年学学会授予的“中国长寿之乡”牌匾。

7月21日　据国家发改委等7个部门联合通知，诏安县四都镇、霞葛镇入选全国重点镇。

9月　经国家质量监督检验检疫总局批准，诏安县成为全省唯一国家级出口对虾质量安全示范区。

11月7日　诏安林头水产加工区获评第二批省级海洋产业示范园区。

2015年

7月10日　福建、广东两省人民政府正式批复同意《闽粤经济合作区发展规划》。该规划范围在福建诏安、广东饶平两县境域内，建设用地约300平方公里，合作区拟在15年内构建为“两带、双轴、两核、五片区”空间开发格局。

2016 年

3 月 23 日　国家海洋经济创新发展区域示范项目——海洋微生物制剂产业开发平台在金都工业集中区启动。

5 月 24 日　福建铭兴食品冷冻有限公司“铭海”商标获世界知识产权组织马德里国际注册，成为诏安县首枚国际注册商标。

10 月 10 日　秀篆镇礤岭村列入全国乡村旅游扶贫重点村。

11 月　诏安通过国家义务教育基本均衡督导评估认定。

12 月　诏安红星青梅、“麦士”咸金枣、绿香园铁观音茶叶被评为福建省名牌农产品，另有 4 种有机食品、11 个绿色食品和 7 个企业生产基地或产品获无公害基地产品认证。

2017 年

1 月 1 日　县第三次全国农业普查工作正式启动。

6 月 18 日　福建铭兴食品冷冻有限公司的“铭海及图”注册商标被国家工商总局认定为中国驰名商标，实现县内企业持有全国驰名商标“零”的突破。

7 月 30 日　诏安县被中共福建省委、省政府、省军区命名为省级双拥模范县。诏安蝉联五届“双拥模范县”。

8 月 17 日　城洲岛生态修复及保护项目城洲岛国家海岛生态建设实验基地举行开工奠基仪式。

9 月 8 日　据省政府发展研究中心所属省区域和企业评价中心公布评价结果，诏安为“2017 年度经济发展十佳县”，评价指标综合得分居全省第二，蝉联十佳。

11 月　诏安总投资 1.16 亿元的龙潭水利枢纽工程通过竣工验收。

年底　县内工业园区整合基本完成，白洋、深桥、西潭 54 家企业整合归并到诏安工业园区，林头、东湖 39 家企业整合归并到金都工业集中区。

2018年

9月26日　由福建省人民政府发展研究中心所属福建省区域和企业评价中心评价结果揭晓，诏安连续第三年获“全省县域经济发展十佳县”称号。

10月　福建麦凯智造婴童文化股份有限公司、润科生物工程（福建）有限公司被认定为国家级高新技术企业。

12月15日　诏安扶贫模式和成效得到国家扶贫办的肯定和推广，获评“2018年度中国十佳脱贫攻坚与精准扶贫示范县”。

同月　诏安县城通过专家实地考评验收合格和省绿化委员会、省林业局审定，获得“福建省森林城市（县城）”称号。

后 记

《诏安县革命老区发展史》系据中国老促会《关于编纂全国1599个革命老区县发展史的安排意见》组织编纂。中共诏安县委、诏安县人民政府对这项工作充分重视，成立编纂委员会，以县委书记陈文聪、县长洪泰伟为名誉主任，县委常委陈斌为主任，县老促会领导为副主任，县直相关部门为成员，委员会下设编辑室。同时，安排了专项经费。

从2018年3月拟定方案，到2019年9月基本定稿，编纂工作历时一年半。其间，编委会正副主任对全盘工作做出安排，成员亦就相关业务予以襄助。本书参编者有陈建光（百年大事要闻）；沈元苍（第十九章）；许国松（第七章、第八章、第九章）；高晓明（第十章、第十一章、第十四章、第十七章）；黄家祥（诏安概览、第一章、第二章、第三章、第四章、第五章、第六章、第十二章、第十三章、第十五章、第十六章、第十八章、第二十章）；沈瑞士（图片）。全书的设计、总纂由黄家祥负责，审稿由陈建光负责。

编纂过程中，承蒙诏安县委办、政府办、方志委、党史办、统计局、财政局、发改委、老区办等部门通力合作，并得益于陈碧火、许渊彪、沈明瑞、林再友、沈义和、徐养明、章燕云、朱琼芬、陈小琦、盛雄滨等人士提供的史志材料、研究成果，以及许少球、孙建新等人士提供的照片，还有一些单位、个人也给予帮助。在此，一并表示衷心的感谢！

由于本书涉及百年间地方上众多的人物、事件，加之编辑水平有限，错漏难免，诚盼读者不吝赐教。

编者

2019年12月